CURSO DE DIREITO DO CONSUMIDOR

www.saraivaeducacao.com.br
Visite nossa página

MARCO ANTONIO ARAUJO JUNIOR
BRUNNO GIANCOLI

CURSO DE DIREITO DO CONSUMIDOR

De acordo com:
- Decreto n. 11.567/2023 – Altera o Decreto n. 11.150/2022 (regulamenta a Lei do Superendividamento)
- Decreto n. 11.034/2022 – Regulamenta o SAC
- AgInt no AREsp n. 1.856.105/2022 – Decisão do STJ sobre a mitigação da teoria finalista
- Lei n. 14.181/2021 – Lei do Superendividamento

6ª edição

Av. Paulista, 901, Edifício CYK, 4º andar
Bela Vista – São Paulo – SP – CEP 01310-100

SAC | sac.sets@saraivaeducacao.com.br

DADOS INTERNACIONAIS DE CATALOGAÇÃO NA PUBLICAÇÃO (CIP)	
VAGNER RODOLFO DA SILVA – CRB-8/9410	
A663c	Araujo Junior, Marco Antonio
	Curso de direito do consumidor / Marco Antonio Araujo Junior, Brunno Giancoli. – 6. ed. – São Paulo : SaraivaJur, 2024.
	288 p.
	ISBN: 978-85-5362-333-4 (impresso)
	1. Direito. 2. Direito do consumidor. I. Giancoli, Brunno. II. Título.
	CDD 342.5
2023-2194	CDU 347.451.031

Índices para catálogo sistemático:

1. Direito do consumidor   342.5
2. Direito do consumidor   347.451.031

Diretoria executiva	Flávia Alves Bravin
Diretoria editorial	Ana Paula Santos Matos
Gerência de produção e projetos	Fernando Penteado
Gerência de conteúdo e aquisições	Thais Cassoli Reato Cézar
Gerência editorial	Livia Céspedes
Novos projetos	Aline Darcy Flôr de Souza
	Dalila Costa de Oliveira
Edição	Daniel Pavani Naveira
Design e produção	Jeferson Costa da Silva (coord.)
	Rosana Peroni Fazolari
	Guilherme Salvador
	Lais Soriano
	Tiago Dela Rosa
	Verônica Pivisan Reis
Planejamento e projetos	Cintia Aparecida dos Santos
	Daniela Maria Chaves Carvalho
	Emily Larissa Ferreira da Silva
	Kelli Priscila Pinto
Diagramação	Fernanda Matajs
Revisão	Paula Brito
Capa	Lais Soriano
Produção gráfica	Marli Rampim
	Sergio Luiz Pereira Lopes
Impressão e acabamento	Edições Loyola

Data de fechamento da edição: 16-10-2023

Dúvidas? Acesse www.saraivaeducacao.com.br

Nenhuma parte desta publicação poderá ser reproduzida por qualquer meio ou forma sem a prévia autorização da Saraiva Educação. A violação dos direitos autorais é crime estabelecido na Lei n. 9.610/98 e punido pelo art. 184 do Código Penal.

CÓD. OBRA 719700   CL 608635   CAE 841411

Apresentação da 6ª edição

É com grande satisfação que apresentamos a 6ª edição da obra *Curso de Direito do Consumidor*, fruto de um trabalho iniciado em 2009, quando a obra integrava a Coleção Elementos do Direito.

Nossa missão ao conceber e atualizar este livro é proporcionar a você, estudante, candidato a Exame de Ordem, concursando e operador do Direito, uma ferramenta de estudo e consulta que seja ao mesmo tempo abrangente e atualizada, estudando o Direito do Consumidor desde o seu surgimento até a Era Digital.

Como sabemos, a relação de consumo é complexa e abrange diversos aspectos do Direito, e é por isso que estruturamos esta obra em torno das quatro tutelas previstas no Código de Defesa do Consumidor.

Na análise da tutela material, aprofundamos nossos estudos na questão dos princípios e direitos do consumidor, explorando os sujeitos e objetos da relação de consumo, o estudo da responsabilidade civil, as práticas comerciais e a proteção contratual.

Na tutela administrativa, discutimos as sanções administrativas previstas na lei e a atuação dos órgãos de defesa do consumidor, com suas ferramentas para proteger e garantir direitos ao consumidor.

No estudo da tutela penal, abordamos a dimensão penal do Direito do Consumidor, destacando as infrações e sanções previstas na lei para condutas praticadas por fornecedores que foram tipificadas como crime.

Por fim, na tutela processual, exploramos os procedimentos legais disponíveis para a solução de conflitos na esfera judicial, garantindo eficiência e eficácia à norma protetiva.

Em uma área em constante evolução, é essencial manter-se atualizado. Portanto, nesta edição, incluímos a análise da jurisprudência do Superior Tribunal de Justiça, garantindo que você tenha acesso às Súmulas mais relevantes e recentes que moldam o Direito do Consumidor no Brasil.

Além disso, abordamos questões modernas e prementes, como a Lei do SAC (Serviço de Atendimento ao Consumidor) e a Lei do Superendividamento, desde as regras de direito material até a questão da conciliação e da renegociação das dívidas, oferecendo uma visão crítica das implicações legais desses tópicos na relação de consumo.

Esta obra foi cuidadosamente elaborada para atender a diversas necessidades. Aos estudantes de Direito, oferecemos uma sólida base de conhecimento para aqueles que buscam se aprofundar na área do Direito do Consumidor, auxiliando seus estudos acadêmicos.

Aos candidatos ao Exame de Ordem, destacamos os temas de maior relevância na 1ª fase e na 2ª fase, pretendendo que este livro sirva como um aliado valioso nessa jornada de preparação.

Como a disciplina de Direito do Consumidor é frequentemente abordada em concursos públicos, trabalhamos para que esta obra seja objetiva o suficiente para servir como uma ferramenta indispensável na preparação dos candidatos.

E, por fim, dada nossa experiência na atuação com Direito do Consumidor, trouxemos orientações práticas, análises atualizadas e estratégias legais para a atuação dos advogados que militam na defesa do consumidor ou do fornecedor, servindo a obra como um guia para o início da advocacia consumerista, uma área que lidera os *rankings* de distribuição de ações no Poder Judiciário.

Apresentação da 6ª edição

Em um mundo em constante transformação, sobretudo na Era Digital, o Direito do Consumidor é uma das áreas mais demandadas e desafiadoras do Direito. Nossa missão é fornecer a você, leitor, uma base sólida e atualizada para compreender, atuar e se sobressair neste campo.

Esperamos que este livro seja uma fonte valiosa de conhecimento e orientação, e que o auxilie em suas jornadas acadêmicas e profissionais. Desejamos a você muito sucesso em seus estudos e na prática do Direito do Consumidor.

Prof. Marco Antonio Araujo Junior – @profmarcoantonio
Prof. Brunno Pandori Giancoli – @brunnogiancoli

Sumário

Apresentação da 6ª edição... v

1. INTRODUÇÃO AO ESTUDO DO DIREITO DO CONSUMIDOR   1
1.1. O consumo como elemento da condição humana............. 1
1.2. Surgimento da proteção jurídica do consumidor.............. 2
1.3. Evolução do movimento consumerista................................ 4
1.4. Movimentos consumeristas no Brasil................................... 6
1.5. Tutela constitucional do consumidor.................................. 7
    1.5.1. A dignidade da pessoa humana e a defesa do consumidor 8
    1.5.2. A tutela do consumidor como direito e garantia fundamental... 9
    1.5.3. A defesa do consumidor como princípio da ordem econômica.. 10
1.6. O Código de Defesa do Consumidor como forma de tutela do consumidor.. 10
    1.6.1. O Código de Defesa do Consumidor: aspectos introdutórios 10
    1.6.2. Natureza jurídica das normas do CDC........................ 11
    1.6.3. Técnica de cláusula geral das normas do CDC............ 12
    1.6.4. Diálogo das fontes e o CDC 13
1.7. A proteção do consumidor no MERCOSUL........................ 14

2. RELAÇÃO JURÍDICA DE CONSUMO 17
2.1. Relação jurídica: noções introdutórias................................ 17
    2.1.1. Conceito de relação jurídica.. 17

2.1.2. Elementos estruturais da relação jurídica................... 17
2.2. Relação jurídica tutelada pelo direito do consumidor......... 18
    2.2.1. Aspectos introdutórios.,,,,.. 18
    2.2.2. Conceito e elementos da relação jurídica de consumo 18
2.3. Elementos subjetivos da relação jurídica de consumo: o consumidor.. 19
    2.3.1. Definição legal de consumidor..................................... 19
    2.3.2. Conceitos doutrinários do consumidor....................... 21
    2.3.3. Características da condição jurídica de consumidor... 22
    2.3.4. A destinação final como elemento marcante para a condição jurídica de consumidor... 22
    2.3.5. A problemática do consumidor pessoa jurídica........... 26
2.4. Elementos subjetivos da relação jurídica de consumo: o fornecedor... 27
    2.4.1. Definição legal de fornecedor....................................... 27
    2.4.2. Conceitos doutrinários de fornecedor......................... 28
    2.4.3. Problemáticas específicas de caracterização das pessoas jurídicas sem fins econômicos como fornecedoras 29
2.5. Elementos objetivos da relação jurídica de consumo: o produto... 31
    2.5.1. Definição legal de produto... 31
    2.5.2. Conceituação doutrinária de produto......................... 31
    2.5.3. Classificação dos produtos no CDC............................. 32
2.6. Elementos objetivos da relação jurídica de consumo: o serviço... 32
    2.6.1. Definição legal de serviço... 32
    2.6.2. Conceituação doutrinária de serviço 33
    2.6.3. Polêmica da remuneração dos serviços como elemento de caracterização... 34
    2.6.4. Problemática de enquadramento dos serviços bancários, financeiros, de crédito e securitários nas relações de consumo 35
    2.6.5. Serviços públicos nas relações de consumo................ 36

3. POLÍTICA NACIONAL DAS RELAÇÕES DE CONSUMO 39

3.1. Introdução 39
3.2. Objetivos da política nacional das relações de consumo ... 40
3.3. Princípios instituídos pela política nacional das relações de consumo 41
    3.3.1. Princípio do reconhecimento da vulnerabilidade do consumidor (art. 4º, I, do CDC) 42
        3.3.1.1. A hipervulnerabilidade 46
            3.3.1.1.1. Hipervulnerabilidade da criança e do adolescente 46
            3.3.1.1.2. Hipervulnerabilidade dos idosos 47
            3.3.1.1.3. Hipervulnerabilidade dos portadores de necessidades especiais 48
    3.3.2. Princípio da intervenção do Estado (art. 4º, II, do CDC) 48
    3.3.3. Princípio da harmonização de interesses (art. 4º, III, do CDC) 49
    3.3.4. Princípio da boa-fé e da equidade (arts. 4º, III, e 51, IV, do CDC) 50
    3.3.5. Princípio da informação (art. 4º, IV, do CDC) 53
    3.3.6. Princípio da educação (art. 4º, IV, do CDC) 53
    3.3.7. Princípio da transparência (art. 4º, *caput*, do CDC) ... 53
    3.3.8. Princípio do controle de qualidade e segurança dos produtos e serviços (art. 4º, V, do CDC) 54
    3.3.9. Princípio da coibição e repressão das práticas abusivas (art. 4º, VI, do CDC) 55
    3.3.10. Princípio da racionalização e melhoria dos serviços públicos (art. 4º, VII, do CDC) 55
    3.3.11. Princípio do estudo constante das modificações do mercado (art. 4º, VIII, do CDC) 55
    3.3.12. Princípio da efetividade (arts. 4º, VI, e 6º, V, do CDC) 56
    3.3.13. Princípio do fomento de ações direcionadas à educação financeira e ambiental dos consumidores (art. 4º, IX, do CDC) 56

3.3.14. Princípio da prevenção e tratamento do superendividamento como forma de evitar a exclusão social do consumidor (art. 4º, X, do CDC) 56
3.4. Instrumentos da política nacional das relações de consumo 57

4. DIREITOS BÁSICOS DO CONSUMIDOR 59

4.1. Introdução 59
4.2. Proteção da vida, saúde e segurança do consumidor 60
4.3. Educação do consumidor 60
4.4. Informação do consumidor 61
4.5. Proteção do consumidor contra publicidade enganosa ou abusiva e práticas comerciais condenáveis 63
4.6. Modificação e revisão das cláusulas contratuais 64
4.7. Prevenção e reparação de danos individuais e coletivos dos consumidores 64
4.8. Facilitação da defesa dos direitos dos consumidores 65
4.9. Adequação eficaz dos serviços públicos 67
4.10. Outros direitos básicos dos consumidores 68

5. NOCIVIDADE E PERICULOSIDADE DOS PRODUTOS E DOS SERVIÇOS 69

5.1. Introdução 69
5.2. Nocividade e periculosidade dos produtos 69
5.3. Nocividade e periculosidade dos serviços 73
5.4. O *recall* 73

6. RESPONSABILIDADE CIVIL: PREVENÇÃO E REPARAÇÃO DE DANOS AOS CONSUMIDORES 77

6.1. Aspectos gerais 77
6.2. Funções da responsabilidade civil 79
6.3. Dimensões da responsabilidade civil 84
6.4. Pressupostos gerais de configuração da responsabilidade civil: conduta do agente 85

Sumário

6.4.1. Definição e aspectos gerais	85
6.4.2. Formas de conduta: ação e omissão	87
6.4.3. Conduta e o agente	87
6.5. Pressupostos gerais de configuração da responsabilidade civil: o nexo causal	88
6.5.1. Aspectos gerais sobre o nexo causal	88
6.5.2. Conceito de nexo causal (nexo de causalidade)	88
6.5.3. Causalidade múltipla	89
6.5.4. Desenvolvimento doutrinário do nexo causal	90
6.5.4.1. Teoria da equivalência dos antecedentes	90
6.5.4.2. Teoria do dano direto e imediato	91
6.5.4.3. Teoria da causa próxima	92
6.5.4.4. Teoria da causa eficiente e teoria da causa preponderante	92
6.5.4.5. Teoria da causalidade adequada	92
6.5.4.6. Teoria do escopo da norma jurídica violada....	93
6.5.4.7. Teoria da ação humana	93
6.5.5. Nexo causal e sua interpretação doutrinária e jurisprudencial no Brasil	93
6.6. Pressupostos gerais de configuração da responsabilidade civil: o dano	94
6.6.1. Conceito de dano	94
6.6.2. Requisitos do dano indenizável	94
6.6.3. Dano patrimonial	96
6.6.4. Dano extrapatrimonial (dano moral)	96
6.6.5. Danos coletivos e difusos no CDC	97
6.7. A culpa e a responsabilidade civil nas relações de consumo	98
7. RESPONSABILIDADE CIVIL PELO FATO DO PRODUTO E DO SERVIÇO	99
7.1. Fundamento da responsabilidade pelo fato: a violação do dever de segurança	99
7.2. Conceito de defeito	100
7.3. Classificação dos defeitos	102

7.3.1. Defeito de criação ou de concepção 103
7.3.2. Defeito de produção ou fabricação 103
7.3.3. Defeito de comercialização e informação 104
7.4. Critérios de valoração dos defeitos dos produtos 104
7.5. Critérios de valoração dos defeitos dos serviços 105
7.6. Risco de desenvolvimento e a caracterização do defeito no produto e no serviço 106
7.7. Imputação de responsabilidade pelo fato do produto 107
7.8. Imputação de responsabilidade pelo fato do produto: o comerciante 108
7.9. Imputação de responsabilidade pelo fato do serviço 109
7.10. Imputação de responsabilidade pelo fato do serviço: o profissional liberal 109
7.11. Excludentes de responsabilidade pelo fato do produto e do serviço 112

8. RESPONSABILIDADE CIVIL PELO VÍCIO DO PRODUTO E DO SERVIÇO 115

8.1. Fundamento da responsabilidade pelo vício: a violação do dever de adequação 115
8.2. Conceito de vício do produto 116
8.3. Espécies de vício de produto 117
   8.3.1. Vício de qualidade 117
   8.3.2. Vício de quantidade 117
   8.3.3. Vício de informação 118
8.4. Responsabilidade pelo vício do produto: aspectos gerais .. 118
8.5. Eficácia específica da responsabilidade por vícios de produto: o direito de reclamação 119
8.6. Direito de reclamação por vício de produto: conteúdo e forma do seu exercício 122
   8.6.1. A substituição total ou de parte do produto 122
   8.6.2. Restituição imediata da quantia paga, monetariamente atualizada, sem prejuízo de eventuais perdas e danos 123

8.6.3. Abatimento proporcional do preço 123
8.6.4. Complementação do peso ou medida 124
8.7. Conceito de vício de serviço 124
8.8. Direito de reclamação dos vícios de serviço: conteúdo e eficácia de seu exercício 124
8.9. Indenização autônoma na responsabilidade pelos vícios: o dano *circa rem* e *extra rem* 125

9. PRESCRIÇÃO E DECADÊNCIA NO CDC 127

9.1. Introdução 127
9.2. Prescrição 127
9.3. Decadência 129
9.4. Distinção entre prescrição e decadência 131

10. DESCONSIDERAÇÃO DA PERSONALIDADE JURÍDICA 133

10.1. Aspectos gerais da desconsideração da personalidade jurídica 133
10.2. Desconsideração da personalidade jurídica no CDC 134
10.3. Responsabilidade dos grupos societários nas relações de consumo 135

11. PRÁTICAS COMERCIAIS NAS RELAÇÕES DE CONSUMO... 139

11.1. Introdução às práticas comerciais no mercado de consumo 139
11.2. Oferta 140
   11.2.1. Introdução ao tema 140
   11.2.2. Conceito de oferta 141
   11.2.3. Requisitos e consequência da oferta 141
   11.2.4. Conteúdo normativo do processo informacional da oferta 142
   11.2.5. Oferta de componentes e peças de reposição 144
   11.2.6. Oferta de produtos ou serviços por telefone 144

11.2.7. Orçamento de serviços	145
11.3. Publicidade	145
11.3.1. Introdução ao tema	145
11.3.2. Propaganda e/ou publicidade: sinonímia ou distinção das expressões	146
11.3.3. Tentativa conceitual	147
11.3.4. Princípios	147
11.3.5. Instrumentos publicitários especiais	149
11.3.6. Publicidade proibida	149
11.3.7. Publicidade com regulamentação especial	152
11.3.8. Prova da verdade e correção da publicidade	153
11.3.9. O Conselho de Autorregulamentação Publicitária (Conar)	153
11.3.10. Súmulas de Jurisprudência do Conar	155
11.3.11. Responsabilidade do fornecedor-anunciante, das agências e do veículo	156
11.4. Práticas comerciais abusivas	157
11.4.1. Introdução ao tema	157
11.4.2. Efeitos das práticas comerciais abusivas	158
11.4.3. Práticas comerciais abusivas em espécie	158
11.5. Cobrança de dívidas	165
11.5.1. Introdução ao tema	165
11.5.2. Caracterização da cobrança abusiva de dívidas	165
11.5.3. Manifestação da abusividade na cobrança de dívidas	166
11.5.4. Peculiar situação da cobrança de dívidas de serviços públicos por interrupção do fornecimento	168
11.5.5. Consequências da cobrança abusiva de dívidas	168
11.5.6. Cobrança de dívidas e repetição de indébito	169
11.5.7. Identificação do fornecedor nos documentos de cobrança de dívidas	170
11.6. Bancos de dados e cadastros de consumidores	171
11.6.1. Introdução ao tema	171
11.6.2. Banco de dados e cadastro de consumidores: comunicação de informações	172

11.6.3. Banco de dados e cadastro de consumidores: dano moral..................... 173
11.6.4. Banco de dados e cadastro de consumidores: período restritivo das informações..................... 173
11.6.5. Cadastro de fornecedores..................... 174
11.6.6. Cadastro positivo..................... 174
11.7. Comércio eletrônico..................... 176
11.7.1. Introdução ao tema..................... 176
11.7.2. Espécies de comércio eletrônico..................... 177
11.7.3. Direito dos consumidores no comércio eletrônico.... 178

12. PROTEÇÃO CONTRATUAL..................... 181
12.1. Introdução ao estudo do direito contratual..................... 181
12.1.1. Conceito de contrato..................... 181
12.1.2. A relação contratual na sociedade de consumo..................... 181
12.2. Cláusulas contratuais gerais..................... 183
12.2.1. Introdução ao tema..................... 183
12.2.2. Conceito e características das cláusulas contratuais gerais..................... 184
12.3. Interpretação dos contratos de consumo..................... 185
12.4. Direito de arrependimento nas relações de consumo..................... 186
12.5. Garantia contratual..................... 187
12.6. Cláusulas contratuais abusivas..................... 188
12.6.1. Caracterização e conceito..................... 188
12.6.2. Cláusulas abusivas e causas de revisão do contrato: distinção técnica..................... 190
12.6.3. Cláusulas abusivas em espécie..................... 190
12.6.4. Controle das cláusulas contratuais abusivas..................... 198
12.6.5. Sanções aplicadas às cláusulas contratuais abusivas 199
12.7. Crédito e superendividamento nas relações contratuais de consumo..................... 200
12.7.1. Crédito e superendividamento..................... 200
12.7.2. Caracterização e arguição jurídica do superendividamento..................... 201

12.7.3. Mínimo existencial 202
12.7.4. Renegociação das dívidas e conciliação 202
12.8. Prerrogativas dos consumidores nas concessões contratuais de crédito 203
    12.8.1. Introdução ao tema 203
    12.8.2. Rescisão ou resolução na concessão de crédito para os contratos de compra e venda e alienações fiduciárias de bens móveis e imóveis 205
12.9. Sistema de consórcio 206
12.10. Contrato de adesão 206
    12.10.1. Definição legal 206
    12.10.2. Características gerais do contrato de adesão 207
    12.10.3. Cláusula de limitação de direitos e os contratos de adesão 208
    12.10.4. Resolução dos contratos de adesão 208

13. SAC – SERVIÇO DE ATENDIMENTO AO CONSUMIDOR 211

13.1. Introdução 211
13.2. Multicanais 211
13.3. Atendimento 212
    13.3.1. Reclamação e cancelamento 212
    13.3.2. Qualidade do tratamento 212
    13.3.3. Acompanhamento e tratamento da demanda 212

14. TUTELA ADMINISTRATIVA DO CONSUMIDOR 213

14.1. Introdução 213
14.2. Atuação da administração pública federal na defesa dos interesses dos consumidores 213
    14.2.1. Sistema Nacional de Defesa do Consumidor – SNDC 214
    14.2.2. Poder regulamentar 216
    14.2.3. Poder de polícia 216
14.3. Sanções administrativas na relação de consumo: aspectos gerais 217

14.4. Sanções administrativas na relação de consumo: previsão legal 218
14.5. Sanções administrativas na relação de consumo: classificação doutrinária 219
    14.5.1. Sanção pecuniária 220
        14.5.1.1. Multa (art. 56, I, do CDC) 220
    14.5.2. Sanções objetivas 221
        14.5.2.1. Apreensão de produto (art. 56, II, do CDC).. 221
        14.5.2.2. Inutilização de produto (art. 56, III, do CDC). 222
        14.5.2.3. Cassação do registro de produto ou serviço (art. 56, IV, do CDC) 222
        14.5.2.4. Proibição de fabricação de produto (art. 56, V, do CDC) 223
        14.5.2.5. Suspensão de fornecimento de produto ou serviço (art. 56, VI, do CDC) 223
    14.5.3. Sanções subjetivas 223
        14.5.3.1. Suspensão temporária de atividade; interdição, total ou parcial, de estabelecimento, de obra ou de atividade (art. 56, VII e X, do CDC) 223
        14.5.3.2. Revogação de concessão ou permissão de uso; cassação de licença do estabelecimento ou de atividade (art. 56, VIII e IX, do CDC) 224
        14.5.3.3. Interdição de estabelecimento, obra ou atividade (art. 56, X, do CDC) 224
        14.5.3.4. Intervenção administrativa (art. 56, XI, do CDC) 224
        14.5.3.5. Imposição de contrapropaganda (art. 56, XII, do CDC) 225
14.6. Cumulatividade das sanções administrativas 226
14.7. Atenuantes e agravantes das sanções administrativas ... 226
14.8. Sanções administrativas na relação de consumo: reincidência das infrações 227
14.9. Sanções administrativas na relação de consumo: procedimento 227

15. TUTELA PENAL DO CONSUMIDOR 229

15.1. Aspectos gerais 229
15.2. Características 231
15.3. Classificação dos crimes nas relações de consumo 234
15.4. Tipos penais específicos do Código de Defesa do Consumidor 235
    15.4.1. Omitir dizeres ou sinais ostensivos sobre a nocividade ou periculosidade de produtos ou serviços (art. 63). 235
    15.4.2. Omissão de comunicação às autoridades competentes (art. 64) 236
    15.4.3. Execução de serviços altamente perigosos (art. 65). 237
    15.4.4. Abusos de publicidade (arts. 66 a 69) 238
    15.4.5. Emprego não autorizado de componentes usados (art. 70) 242
    15.4.6. Cobrança vexatória de dívida 242
    15.4.7. Impedimento de acesso às informações cadastrais (art. 72) 243
    15.4.8. Omissão na correção de dados incorretos (art. 73).. 244
    15.4.9. Omissão de entrega de termo de garantia (art. 74).. 245

16. TUTELA PROCESSUAL DO CONSUMIDOR 247

16.1. Introdução 247
16.2. Legitimidade concorrente (art. 82) 250
16.3. Ação de obrigação de fazer ou não fazer (art. 84) 250
16.4. Ações coletivas (art. 87) 252
16.5. Ações coletivas: interesses individuais homogêneos (arts. 91 a 100) 252
    16.5.1. Legitimidade 252
    16.5.2. Competência 253
    16.5.3. Processamento 253
    16.5.4. Prazo para habilitação 255
16.6. Ações de responsabilidade civil: defesa individual (art. 101) 255
16.7. Coisa julgada (art. 103) 256

17. CONVENÇÃO COLETIVA DE CONSUMO 259
17.1. Introdução 259
17.2. Conceito e natureza jurídica 260
17.3. Partes e legitimação 260
17.4. Objeto, forma e eficácia 260
17.5. Obrigatoriedade e sanções 261

Referências 263

1.
Introdução ao Estudo do Direito do Consumidor

1.1. O CONSUMO COMO ELEMENTO DA CONDIÇÃO HUMANA

O consumo em sentido lato não é uma prerrogativa humana. Trata-se, como explica Zygmunt Bauman, de uma necessidade biológica de qualquer criatura viva (*Globalização: as consequências humanas*, p. 88). Aliás, vida e consumo representam um binômio indissociável. Sob essa perspectiva, o ato de consumir nada mais é do que uma resposta a um conjunto de processos fisiológicos, os quais garantem a existência dos mais variados organismos. Consumir, portanto, como já alertava Ernesto Michelangelo Giglio, é inato à própria natureza orgânica dos seres, ou seja, é intrínseco ao sujeito (*O comportamento do consumidor*, p. 11).

A natureza biológica do consumo, entretanto, não pode ser considerada de forma isolada, justamente porque o ato de consumir é também moldado por fatores externos, pelo próprio ambiente. Sob essa ótica, o consumo resulta de variantes de pressão e adaptação. Consumir é, assim, um ato de sobrevivência dos seres vivos nos mais variados meios.

Mas o consumo propriamente humano possui algumas particularidades que o tornam mais complexo daquele realizado pelos demais seres vivos. O ato de consumir deixa de ser visto apenas como um impulso fisiológico ou um elemento de sobrevivência em um determinado ambiente.

Zygmunt Bauman citando Colin Campbell, explica que o ato de consumir nas sociedades modernas ganha uma matiz própria, tornando-se "'especialmente importante, se não central' para a vida da maioria das pessoas, 'o verdadeiro propósito da existência'" (*Vida para o consumo*, p. 38). Assim, é possível afirmar que o consumo é um dos elementos que compõem a própria condição humana.

A condição humana cria um ecossistema artificial de coisas e desejos, diferente do ambiente natural e completamente estranho à natureza fisiológica dos organismos vivos. Este artificialismo habita a humanidade, emprestando-lhe, como ensina Hannah Arendt, "certa permanência e durabilidade à futilidade da vida mortal e ao caráter efêmero do tempo humano" (*A condição humana*, p. 16).

Essa é a razão de ser da "sociedade de consumo" ou "de consumidores", traduzida por um emaranhado de coisas produzidas pelo trabalho, as quais resultam em uma cultura consumista, definida por Zygmunt Bauman como um modo peculiar pelo qual os membros de uma sociedade, de forma consciente ou inconsciente, avaliam coisas ou atos capazes de excitar, repelir ou estimular seus comportamentos sociais (*Vida para o consumo*, p. 70).

Parafraseando o cogito de Descartes, é possível afirmar que "compro, logo sou...", noutras palavras, o ser humano existe porque consome, tendo sua própria subjetividade definida pelo onipotente mercado de consumo. Daí a importância de um conjunto de normas, especialmente jurídicas, capazes de regular e controlar toda essa complexa teia de relacionamentos sociais.

1.2. SURGIMENTO DA PROTEÇÃO JURÍDICA DO CONSUMIDOR

O consumo leva invariavelmente a um relacionamento entre sujeitos, pois ínsita está a ideia de troca. E com ele surge a necessidade de normas comportamentais para disciplinar sua estrutura e efeitos, porquanto o consumo irrefreável sempre foi um propulsor de litígios. Tanto isso é verdade que, já nos tempos do Jardim do Éden, ensina Newton de Lucca (*Direito do consumidor*, p. 48), aparece uma grave questão a propósito do consumo de uma fruta da árvore do bem e do mal (simbolicamente representada na tradição cristã por uma maçã) que foi experimentada por Eva e Adão, contrariamente à ordem de Deus.

A normatização do consumo levou o tema a um inevitável processo de juridicização dos relacionamentos daí decorrentes, os quais sempre enfocaram a tutela de um dos sujeitos da relação: o consumidor.

O direito, conquanto seja essencial à sociedade, acompanha a condição humana de consumo, diante dos entrechoques dos relacionamentos entre as pessoas.

Nesse sentido, Marcos Bernardes de Mello alerta

> ser imperiosa e irremovível a necessidade que tem a comunidade de manter sob controle o comportamento de seus integrantes, contendo-lhes as irracionalidades e traçando-lhes normas obrigatórias de conduta, com o sentido de estabelecer uma certa ordem capaz de obter a coexistência pacífica no meio social (*Teoria do fato jurídico: plano da existência*, p. 4 e 5).

O final do século XIX marca o início do consumerismo (neologismo oriundo da palavra inglesa *consumerism*), o qual não é propriamente um movimento social, ou uma ideologia política, mas sim uma tendência de proteção jurídica às relações de consumo que se acompanhou ao longo da história.

O consumerismo pode ser visto como uma reação social de conscientização do consumo, o qual permitiu o surgimento de sistemas normativos de proteção. Essa reação decorre do fenômeno social que se desenvolveu progressivamente nos últimos dois séculos: o consumismo.

Em linhas genéricas, o consumismo nada mais é do que a aquisição de bens sem necessidade. Cientificamente, o fenômeno pode ser compreendido sob os mais variados ângulos. Mas, para o estudo do direito do consumidor e da origem do consumerismo como movimento jurídico, duas perspectivas do tema ganham destaque: a econômica e a da influência social.

Numa modelagem econômica, o consumismo pode ser entendido como um ciclo de disponibilidade financeira atrelado à quebra de uma rotina de entrada e saída. Exemplificando, ao receber um bônus salarial uma pessoa adquire produtos e serviços que não são normais na sua rotina de consumo. Sob a perspectiva da influência social, o consumismo deve ser visto como a necessidade de posse de produtos e serviços para a inserção de um indivíduo num determinado grupo social (casta social).

Uma roupa de grife ou um artigo de luxo, por exemplo, não são comprados pela qualidade da matéria-prima, mas porque coloca o adquirente (consumidor) em um grupo especial de possuidores. A identidade de uma pessoa acaba sendo dada pela regra de bens que possui, e essa forma de definição de quem se é, ou melhor, do que se tem, constitui o âmago do consumismo.

Tanto a disponibilidade financeira decorrente dos ciclos de trabalho dos indivíduos como o desejo de *status* social são comuns na vida de pessoas normais. Mas, evidentemente, criam um ambiente relacional que exige regulamentação e controle. Surge, assim, o movimento consumerista.

1.3. EVOLUÇÃO DO MOVIMENTO CONSUMERISTA

No final do século XIX e início do século XX, ensina Ernesto Michelangelo Giglio (*O comportamento do consumidor*, p. 169-170), surgiram os primeiros movimentos consumeristas em países como a França, a Alemanha, a Inglaterra e, principalmente, os Estados Unidos. Neles, podemos afirmar que o consumerismo nasceu. Nos Estados Unidos, a proteção ao consumidor havia começado em 1890 com a Lei Shermann, que é a lei antitruste americana.

Newton de Lucca (*Direito do consumidor*, p. 47) afirma que a doutrina, ao analisar historicamente o consumerismo, estabelece três fases relativas à evolução desse movimento no mundo.

A **primeira fase** surge após a Segunda Grande Guerra Mundial. Nela, ainda não se vislumbrava com clareza regras que distinguem e disciplinam de maneira harmônica os interesses dos fornecedores e consumidores. Surgem normas com preocupações rasas relativas ao preço, à informação e à rotulação adequada dos produtos.

A partir dos anos 1960, inicia-se a **segunda fase** do consumerismo. Ela foi marcada por um questionamento intenso do consumo e das práticas abusivas que os fornecedores realizavam no mercado, sobressaindo-se, na época, as associações de consumidores e o famoso advogado americano Ralph Nader.

De maneira geral, costuma ser apontada como marco inicial da segunda fase no mundo a famosa mensagem do Presidente da República norte-americana, John Fitzgerald Kennedy, em 15 de março de 1962, dirigida ao Parlamento (*special message to the congress on protecting consumer interest*), consagrando determinados direitos fundamentais do consumidor, quais sejam, o direito à segurança, à informação, à escolha e a ser ouvido, seguindo-se, a partir daí, um amplo movimento mundial em favor da defesa do consumidor.

Estavam lançadas, dessa forma, as bases do movimento consumerista internacional, tendo entrado para a história o dia 15 de março como o "dia mundial dos direitos do consumidor".

Merece destaque a atuação da Comissão de Direitos Humanos das Nações Unidas que, em sua 29ª sessão (Genebra, 1973), reconheceu direitos básicos do consumidor. Nesse mesmo ano, em 17 de maio de 1973, a Assembleia Consultiva do Conselho da Europa, pela Resolução n. 543, elaborou a Carta de Proteção do Consumidor, na qual foram traçadas as diretrizes básicas para a prevenção e a reparação dos danos aos consumidores.

Essa Carta, por sua vez, serviu de base para a Resolução do Conselho da Comunidade Europeia, de 14 de abril de 1975, que dividiu os direitos dos consumidores em cinco categorias:

a) direito à proteção da saúde e da segurança;

b) direito à proteção dos interesses econômicos;

c) direito à reparação dos prejuízos;

d) direito à informação e à educação;

e) direito à representação (direito de ser ouvido).

Finalmente, a **terceira fase**, correspondente aos dias atuais, de mais amplo espectro filosófico, marcada por consciência ética mais clara sobre ecologia e da cidadania.

Em abril de 1985, a Assembleia Geral da Organização das Nações Unidas, após dois anos de negociação com o Conselho Social e Econômico, adotou por consenso, por meio da Resolução n. 39/248, uma série de normas internacionais para proteção do consumidor, as quais tinham por finalidade oferecer diretrizes para os países, especialmente aqueles em desenvolvimento, a fim de que as utilizassem na elaboração ou aperfeiçoamento das normas e legislações de proteção ao consumidor, bem assim encorajar a cooperação internacional na matéria, ressaltando a importância da participação dos governos na implantação de políticas de defesa dos consumidores.

1.4. MOVIMENTOS CONSUMERISTAS NO BRASIL

No Brasil, a questão da defesa do consumidor começou a ser discutida, timidamente, nos primórdios dos anos 1970, com a criação das primeiras associações civis e entidades governamentais voltadas para esse fim. Assim, em 1974, foi criado no Rio de Janeiro o Conselho de Defesa do Consumidor (Condecon); em 1976, foi criada, em Curitiba, a Associação de Defesa e Orientação do Consumidor (Adoc); em 1976, em Porto Alegre, a Associação de Proteção ao Consumidor (APC); em maio de

1976, pelo Decreto n. 7.890, o Governo de São Paulo criou o Sistema Estadual de Proteção ao Consumidor, que previa em sua estrutura, como órgãos centrais, o Conselho Estadual de Proteção ao Consumidor e o Grupo Executivo de Proteção ao Consumidor, depois denominado Procon.

Mas o consumidor brasileiro, na verdade, só despertou para seus direitos na segunda metade da década de 1980, após a implantação do Plano Cruzado e a problemática econômica por ele gerada. A Constituição de 1988, finalmente, estabeleceu como dever do Estado promover a defesa do consumidor e até um prazo para a elaboração de um Código para esse fim.

1.5. TUTELA CONSTITUCIONAL DO CONSUMIDOR

A Constituição Federal de 1988 é o diploma que inaugura a efetiva proteção do consumidor no Brasil, seguindo o exemplo de outros países. Nela, a tutela é explícita nos arts. 5º, XXXII, 170, V, e 48 do Ato das Disposições Constitucionais Transitórias (ADCT). Outros dispositivos, contudo, também apresentam um conteúdo normativo implícito relacionado ao direito do consumidor.

Nesse último caso, é possível citar como exemplos: o art. 6º, que elenca os direitos sociais; os incisos V e VIII do art. 24, que, atribuem, respectivamente, competência concorrente à União, aos Estados e ao Distrito Federal para legislar sobre produção, consumo e responsabilidade por dano ao consumidor; o art. 150, § 5º, que exige que a lei estabeleça medidas para que os consumidores sejam esclarecidos acerca dos impostos que incidam sobre mercadorias e serviços; o art. 175, parágrafo único, II, determinando à lei dispor sobre os direitos dos usuários de serviços públicos; o art. 220, § 4º, que dispõe sobre a propaganda comercial de tabaco, bebida alcoólica, agrotóxicos, medicamentos e terapias nos meios de comunicação; e o art. 221, que trata das diretrizes a serem observadas na produção e na difusão de programas de rádio e televisão.

Todavia, não é objetivo desta obra realizar uma digressão de todas as normas constitucionais que impactam a defesa do consumidor. Nos próximos itens, realizaremos, tão somente, uma análise das principais normas que tratam do tema.

1.5.1. A dignidade da pessoa humana e a defesa do consumidor

A dignidade da pessoa humana (art. 1º, III, da CF) é o princípio estruturante de todo o ordenamento jurídico e, consequentemente, do direito do consumidor. Reflete, pois, um conjunto de valores civilizatórios incorporados ao patrimônio do homem. Seu conteúdo interliga-se às liberdades públicas, em sentido amplo, abarcando aspectos individuais, coletivos, políticos e sociais dos direitos pessoais tradicionais, bem como dos direitos metaindividuais (difusos, coletivos e individuais homogêneos).

Na essência, como bem observa José Afonso da Silva, a dignidade da pessoa humana "é um valor supremo que atrai o conteúdo de todos os direitos fundamentais do homem" (*Curso de direito constitucional*, p. 109).

Por tratar-se de um princípio com valor pré-constituinte e hierarquia supraconstitucional, todos os mecanismos de defesa do consumidor devem ser interpretados tomando-o como ponto de partida.

Uadi Lammêgo Bulos esclarece:

> o conteúdo do vetor é amplo e pujante, envolvendo valores espirituais (liberdade de ser, pensar, criar etc.) e materiais (renda mínima, saúde, alimentação, lazer, moradia, educação etc.) Seu acatamento representa a vitória contra a intolerância, o preconceito, a exclusão social, a ignorância e a opressão (*Curso de direito constitucional*, p. 389).

1.5.2. A tutela do consumidor como direito e garantia fundamental

No inciso XXXII do art. 5º da CF, a proteção do consumidor foi inserida no rol de direitos e garantias fundamentais. Essa inserção permite que o tema seja analisado sob dois ângulos distintos, quais sejam:

a) Proteção do consumidor como espécie de cláusula pétrea

As cláusulas pétreas podem ser entendidas como limitadores ao conteúdo ou substância de uma determinada norma diante de uma reforma constitucional. Operam, pois, como verdadeiras barreiras ao exercício do Poder Constituinte reformador ou derivado (art. 60, § 4º, IV, da CF). É nesse contexto que a proteção do consumidor se insere. Daí por que qualquer proposta de emenda tendente a prejudicar ou abolir direitos dos consumidores é fadada à inconstitucionalidade por aplicação direta do princípio da proibição do retrocesso social.

Para José Afonso da Silva, esse princípio estabelece que as normas constitucionais definidoras de direitos sociais, a exemplo dos direitos dos consumidores, seriam normas de eficácia limitada e ligadas ao princípio programático, que, inobstante tenham caráter vinculativo e imperativo, exigem a intervenção legislativa infraconstitucional para a sua concretização, vinculam os órgãos estatais e demandam uma proibição de retroceder na concretização desses direitos.

b) Proteção do consumidor como espécie de liberdade pública positiva

O direito do consumidor como liberdade pública positiva impõe ao Estado comportamentos (ações) que garantem sua efetivação. Assim, ao Estado não é concedida a possibilidade de abstenção, mas sim de atuação, ou seja, deve comparecer para a prestação de certas tarefas.

No caso específico da tutela dos consumidores, a atuação estatal ocorre por meio da atividade legislativa, que exige do legislador ordinário a criação de normas protetivas, tendo em vista a locução "na forma da lei" inserida no preceito constitucional.

Daí por que, como bem conclui Bruno Miragem, o direito do consumidor deve ser incluído entre os direitos fundamentais:

> da categoria a que Alexy denominou direitos de proteção. Estes têm seu fundamento necessário numa situação de desigualdade fática, procurando restabelecer a igualdade através da norma de proteção (*Curso de direito do consumidor*, p. 54).

1.5.3. A defesa do consumidor como princípio da ordem econômica

A Constituição Federal também inseriu a defesa do consumidor como um dos princípios da ordem econômica, conforme dispõe o inciso V do art. 170. Essa inserção, na lição de Eros Roberto Grau: "garante à defesa do consumidor a necessidade de implementação de específica normatividade e de medidas dotadas de caráter interventivo" (*A ordem econômica na constituição de 1988*, p. 250).

Essa matiz intervencionista garante ao inciso V do art. 170 a natureza de um princípio-programa, o qual necessita de uma ampla política pública para garantir a sua eficácia.

1.6. O CÓDIGO DE DEFESA DO CONSUMIDOR COMO FORMA DE TUTELA DO CONSUMIDOR

1.6.1. O Código de Defesa do Consumidor: aspectos introdutórios

A criação do Código de Defesa do Consumidor (CDC) tem como fundamento direto o art. 48 do ADCT da Constituição Federal de 1988, o qual determinou a criação do Código em 120 dias. Porém, apenas em 1990 ele foi aprovado por meio da Lei n. 8.078/90.

A história legislativa do CDC tem raízes nos trabalhos desenvolvidos pelo Conselho Nacional de Defesa do Consumidor (CNDC), órgão integrante do Ministério da Justiça, criado em julho de 1985.

O CDC pode ser enquadrado tipicamente como um código, muito embora existam autores que defendam posição diversa afirmando tratar-se de uma lei geral sobre consumo. É um código, pois cria uma perfeita estrutura de proteção aos consumidores em um sistema de proteção explicitado no seu art. 4º, o qual estabelece as regras gerais do sistema nacional de defesa do consumidor. Contudo, por tratar-se de um microssistema especial, ele apresenta algumas características particulares, as quais serão analisadas no item a seguir.

1.6.2. Natureza jurídica das normas do CDC

O art. 1º do CDC estabelece que as normas envolvendo a proteção do consumidor são de ordem pública e interesse social.

A "**ordem pública**" revela o caráter cogente do diploma, o qual se apresenta como um conjunto de regras diferenciadas e com um caráter preferencial diante de outras.

Como observa Bruno Miragem:

> na medida em que (o CDC) realiza o conteúdo de um direito fundamental, de matiz constitucional, retira da esfera de autonomia privada das partes a possibilidade de derrogá-la (norma imperativa) (*Curso de direito do consumidor*, p. 58).

NOTE BEM

A natureza cogente das normas do CDC não afasta a aplicação do princípio da liberdade de contratar e da autonomia privada. Essa base principiológica continua irradiando efeitos, mesmo nas relações de consumo, desde que mantenham harmonia com os demais princípios específicos do direito do consumidor.

Além disso, é importante ressaltar que o CDC possui também normas de caráter dispositivo, ainda que sejam situações isoladas, a exemplo do que ocorre com o prazo para o fornecedor sanar vício dos produtos (art. 18 do CDC).

Já o "**interesse social**" das regras positivadas no CDC revela a dimensão do seu conteúdo. Elas extrapolam o simples interesse dos envolvidos numa determinada relação, pois os seus efeitos são sensíveis por toda a sociedade. Assim, o interesse privado sucumbe diante do interesse difuso e coletivo, o qual servirá sempre como baliza hermenêutica da proteção do consumidor.

1.6.3. Técnica de cláusula geral das normas do CDC

A cláusula geral constitui uma técnica legislativa característica da segunda metade do século XX, conforme ensina Pietro Perlingieri, ao lado da técnica de legislar com normas regulamentares, ou seja, por meio de previsões específicas e circunstanciadas coloca-se a técnica das cláusulas gerais.

Para o autor, legislar por cláusulas gerais significa deixar ao juiz, ao intérprete, uma maior possibilidade de adaptar a norma às situações de fato (*Perfis do Direito Civil. Introdução ao Direito Civil Constitucional*, p. 27), tendo em vista que os enunciados normativos possuem um conteúdo propositalmente indeterminado, com o intuito de propiciar uma adaptação entre o sistema jurídico calcado em normas de conteúdo rígido e uma realidade cambiante, as quais exigem respostas mais ágeis para a solução dos conflitos sociais (Alberto Gosson Jorge Junior. *Cláusulas Gerais e o novo Código Civil*, p. 17).

Para Judith Martins-Costa, esses novos tipos de normas buscam a formulação da hipótese legal mediante o emprego de conceitos cujos termos têm significados intencionalmente vagos e abertos, os chamados "conceitos jurídicos indeterminados".

Por vezes, e aí encontraremos as cláusulas gerais propriamente ditas ao seu enunciado, em vez de traçar especificamente a hipótese e as suas consequências, é desenhado um modelo normativo com termos que apresentam, propositalmente, uma vagueza semântica (*A boa-fé no direito privado*, p. 4).

Em razão da adoção da técnica de cláusulas gerais, as normas positivadas no CDC, via de regra, não prescrevem certa conduta, mas, simplesmente, definem valores e parâmetros hermenêuticos. Servem, assim, como ponto de referência interpretativo e oferecem ao intérprete critérios axiológicos e os limites para sua aplicação.

Percebe-se a existência proposital de pontos de abertura, com isso, os enunciados garantem maior durabilidade ao sistema normativo do Código, tendo em vista a possibilidade de o estado-juiz adequá-los ao desenvolvimento e às mudanças das relações de consumo.

1.6.4. Diálogo das fontes e o CDC

As normas previstas no CDC, não obstante sejam de aplicação obrigatória e cumprimento coercitivo, não excluem quaisquer outras normas decorrentes de tratados, convenções internacionais de que o Brasil seja signatário, leis ordinárias internas e demais dispositivos de aplicação específica, naquilo que não conflitar com o Estatuto Consumerista.

Trata-se do que a doutrina chama de diálogo das fontes, expressão cunhada pelo doutrinador Erik Jayme e já citada pelo Supremo Tribunal Federal (STF) na ADIn 2.591, no voto do ministro Joaquim Barbosa ("ADIn dos bancos").

Sobre o assunto, Claudia Lima Marques ensina que o diálogo é um conceito de aplicação simultânea e coerente de muitas leis ou fontes de direito privado, sob a luz da Constituição Federal. Sua necessidade nasce diante do atual "pluralismo pós-moderno", que:

em um momento posterior à descodificação, à tópica e à microrrecodificação, procura uma eficiência não só hierárquica, mas funcional do sistema plural e complexo de nosso direito contemporâneo, a evitar a "antinomia", a "incompatibilidade" ou a "não coerência" (*Manual de direito do consumidor*, p. 89).

Cabe, como exemplo de aplicação do diálogo, a dicção entre o CDC e o Código Civil; o CDC e a Convenção de Varsóvia; o CDC e o Código Brasileiro de Aeronáutica etc.

1.7. A PROTEÇÃO DO CONSUMIDOR NO MERCOSUL

A previsão e a normatização da relação jurídica de consumo não se limitam aos diplomas normativos internos. Aliás, a tendência legislativa caminha para a criação de regras globais sobre esse tema, decorrente da intensificação do consumo internacional em razão dos meios eletrônicos e virtuais de comunicação.

A criação do Mercosul foi o marco do processo de aproximação entre os países do Cone Sul, cuja integração havia sido iniciada entre Brasil e Argentina em 1986, por meio do Programa de Integração e Cooperação Econômica (PICE). O objetivo do PICE era o estabelecimento de uma seara econômica comum, com a abertura de mercados e estímulo a setores específicos da economia dos dois países.

O Brasil, com o surgimento do Mercosul, elaborou em 29 de novembro de 1997 o Protocolo de Defesa do Consumidor, por meio do Comitê Técnico 7, da Comissão de Comércio.

Essa norma foi, contudo, descartada, pois sua aprovação representaria um retrocesso na legislação brasileira. O CDC já possuía definições mais modernas de proteção aos consumidores, que inclui a proteção das relações de consumo indiretas ou por acessoriedade, a exemplo dos bancos de dados de crédito.

O protocolo foi inicialmente assinado e aprovado pelo Ministério da Justiça brasileiro, mas a pressão política de diversos setores contribuiu para que a delegação brasileira da Comissão de Comércio do Mercosul recusasse o protocolo.

Em 15 de dezembro de 2000, na reunião de Cúpula das Américas, realizada em Florianópolis, os Presidentes dos quatro Estados partes do Mercosul assinaram a "Declaração de Direitos Fundamentais dos Consumidores do Mercosul".

Essa declaração não é tecnicamente um tratado internacional, mas sim uma simples declaração decorrente de uma Resolução da Assembleia Geral das Nações Unidas, por isso não pôde ser ratificado e, portanto, como ensina Oscar Vilhena Vieira (*Realinhamento constitucional*, p. 30-48), não obriga juridicamente os Estados, servindo apenas como paradigma moral.

Tal declaração consagra os direitos do consumidor como direitos humanos fundamentais dignos de proteção regional. Seus principais pontos são:

a) a proteção da vida, da saúde, do meio ambiente de consumo e da segurança do consumidor;

b) o equilíbrio nas relações de consumo, assegurado o respeito aos valores da dignidade, à lealdade e ao princípio da boa-fé objetiva;

c) a previsão de serviços públicos e privados adequados e seguros;

d) o acesso livre ao consumo;

e) a efetiva prevenção e reparação dos danos patrimoniais e extrapatrimoniais ao consumidor;

f) a educação para o consumo e o fomento para a criação de entidades de proteção do consumidor;

g) a informação clara e suficiente nas relações de consumo;

h) a proteção contra a publicidade ilícita;

i) a proteção contra as práticas comerciais abusivas e os métodos comerciais desleais;

j) a proteção contra as cláusulas contratuais abusivas;

k) a facilitação de acesso ao judiciário e demais instâncias administrativas, bem como às formas alternativas de solução de conflito, por meio de procedimentos ágeis e eficazes, para a proteção dos interesses individuais e difusos dos consumidores.

A declaração comprova, na lição de Beyla Esther Fellous (*Proteção do consumidor no Mercosul e na União Europeia*, p. 210-211), a vontade política dos Estados partes em avançar nas normas de proteção ao consumidor, por meio da harmonização das legislações internas de cada país.

Atualmente, existem oito acordos e normativas vinculadas ao Estatuto da Cidadania do Mercosul, a saber:

ACORDO OU NORMATIVA	ESTADO DE VIGÊNCIA
Acordo do Mercosul sobre Direito aplicável em matéria de Contratos Internacionais de Consumo	Não Vigente. Em processo de ratificação.
Plano de Ação para desenvolvimento e convergência de plataformas digitais para solução de conflitos de consumo nos Estados partes	Vigente
Defesa do Consumidor – Direitos Básicos	Vigente
Defesa do Consumidor – Proteção à Saúde e Segurança do Consumidor	Vigente
Defesa do Consumidor – Garantia Contratual	Vigente
Direito à Informação do Consumidor nas transações comerciais efetuadas por meio da internet	Vigente
Defesa do Consumidor – Princípios Fundamentais	Em processo de incorporação.
Defesa do Consumidor – Proteção ao Consumidor no Comércio Eletrônico	Vigente

Fonte: www.mercosur.int

2. Relação Jurídica de Consumo

2.1. RELAÇÃO JURÍDICA: NOÇÕES INTRODUTÓRIAS

2.1.1. Conceito de relação jurídica

Por relação jurídica, deve-se entender todo relacionamento social disciplinado pelo Direito, ou seja, por uma fonte normativa.

Para Francisco Amaral a relação jurídica deve ser entendida como

> um vínculo que o direito reconhece entre pessoas ou grupos, atribuindo-lhes poderes e deveres. Representa uma situação em que duas ou mais pessoas se encontram, a respeito de bens ou interesses jurídicos (*Direito civil: introdução*, p. 159).

2.1.2. Elementos estruturais da relação jurídica

A doutrina comumente entende haver em qualquer relação jurídica quatro elementos estruturais, a saber: sujeitos, objeto, fatos jurídicos e garantia:

    a) Sujeitos: são as pessoas ou entes despersonalizados entre os quais se estabelece uma ligação, um liame.

    b) Objeto: entende-se como um bem sobre o qual recai o interesse dos sujeitos.

c) **Fatos jurídicos:** são os acontecimentos naturais ou decorrentes da vontade humana previstos por uma norma jurídica. No dizer de Marcos Bernardes de Mello, o "fato, enquanto apenas fato, e a norma jurídica, enquanto não se realizarem seus pressupostos de incidência (suporte fáctico), não têm qualquer efeito vinculante relativamente aos homens" (*Teoria do fato jurídico: plano da existência*, p. 72).

d) **Garantia:** entende-se como um conjunto de providências coercitivas aptas a garantir os efeitos da relação jurídica caso ela seja violada ou ameaçada.

Sem esses elementos estruturais, a relação jurídica não se molda. Daí a importância de um estudo detalhado de cada um deles.

2.2. RELAÇÃO JURÍDICA TUTELADA PELO DIREITO DO CONSUMIDOR

2.2.1. Aspectos introdutórios

Os autores do anteprojeto do CDC utilizaram como conceito a relação jurídica para determinar a abrangência do microssistema de proteção do direito do consumidor.

O CDC, em momento algum, fala de contrato de consumo, ato de consumo ou negócio jurídico de consumo, mas sim de relação, termo que tem sentido mais amplo do que as demais expressões. Contudo, esse diploma não traz uma noção exata desse instituto.

2.2.2. Conceito e elementos da relação jurídica de consumo

Newton de Lucca, ao desenvolver doutrinariamente a relação jurídica de consumo, define-a como a que "se estabelece necessariamente entre fornecedores e consumidores, tendo por objeto a oferta de produtos e serviços no mercado de consumo" (*Direito do consumidor*, p. 56).

Diante desse conceito, podemos afirmar tratar-se de uma espécie de relacionamento que se forma a partir de três elementos essenciais: subjetivo, objetivo e finalístico:

a) por **elemento subjetivo**, devemos entender os sujeitos envolvidos, ou seja, o consumidor e o fornecedor.

b) por **elemento objetivo**, devemos entender o objeto sobre o qual recai a relação jurídica, sendo certo que, para a relação de consumo, esse elemento é denominado produto ou serviço.

c) por **elemento finalístico**, devemos entender que o consumidor deve adquirir ou utilizar o produto ou serviço como destinatário final.

> **NOTE BEM**
> Sem a presença de todos os elementos essenciais, a relação jurídica se descaracteriza como de consumo para efeitos de aplicação do CDC e de outros diplomas de proteção do consumidor.

É importante notar que a relação de consumo pode ser:

a) efetiva, com uma real transação entre o consumidor e o fornecedor; ou

b) presumida, realizada pela simples oferta ou pela publicidade inserida no mercado de consumo.

2.3. ELEMENTOS SUBJETIVOS DA RELAÇÃO JURÍDICA DE CONSUMO: O CONSUMIDOR

2.3.1. Definição legal de consumidor

O consumidor foi identificado inicialmente na Constituição Federal (art. 48 do ADCT) como agente a ser necessariamente protegido de forma especial. Já no CDC ele é definido, no *caput* do art. 2º, como toda pessoa física ou jurídica que adquire ou utiliza produto ou serviço como destinatário final.

A definição trazida no *caput* do art. 2º do CDC é a do chamado consumidor *standard, stricto sensu* ou negocial. Todavia, a legislação consumerista também é aplicável a terceiros que não são propriamente sujeitos de um negócio jurídico, mas foram equiparados a consumidores para efeitos de tutela legal, por força das disposições contidas no parágrafo único do art. 2º e nos arts. 17 e 29.

Tais dispositivos funcionam como verdadeiras normas de extensão do campo de incidência originário do CDC, dando origem aos chamados consumidores por equiparação, a saber:

a) **a coletividade:** o art. 2º, parágrafo único, equipara consumidor à "coletividade de pessoas, ainda que indetermináveis, que haja intervindo nas relações de consumo". Esse dispositivo afirma o caráter difuso do direito do consumidor.

b) **vítima de acidente de consumo:** no capítulo referente à responsabilidade civil pelo fato do produto e do serviço, prevê o art. 17 a equiparação a consumidores de todas as vítimas do evento (*bystander*). A finalidade desse dispositivo é dar a maior amplitude possível à responsabilidade pelo fato do produto e do serviço.

Sobre o assunto, o Superior Tribunal de Justiça (STJ) já se manifestou, afirmando que a relação de consumo se caracteriza, na hipótese de acidente com uma "aeronave que caiu sobre a casa das vítimas e realizava serviço de transporte de malotes para um destinatário final, ainda que pessoa jurídica". Em decorrência do art. 17 do CDC, "cabível, por equiparação, o enquadramento do autor, atingido em terra, no conceito de consumidor" (REsp 540.235/TO, 3ª T., j. 7-2-2006, rel. Min. Castro Filho, *DJ* 6-3-2006, p. 372).

c) **pessoas expostas às práticas comerciais e à disciplina contratual:** o art. 29 do CDC possui uma abrangência subjetiva bem mais extensa e ampla, bastando a simples exposição do consumidor às práticas comerciais ou à disciplina contratual. Prescinde-se, pois, da efetiva participação da pessoa na relação de consumo ou de ter sido atingida pelo evento danoso. A exposição, por si só, é suficiente.

O exemplo mais claro de aplicação desse dispositivo é a hipótese em que o fornecedor veicula publicidade enganosa. No caso em espécie, não se faz necessário que o consumidor adquira o produto ou serviço ou tenha danos efetivos, bastando, tão somente, que haja a veiculação da publicidade enganosa para a configuração da relação de consumo e a consequente aplicação das penalidades previstas no CDC.

2.3.2. Conceitos doutrinários do consumidor

Conceituar o consumidor não é uma tarefa fácil, tendo em vista as várias conotações que essa expressão pode alcançar (jurídica, política, econômica, psicológica etc.).

João Batista de Almeida, ao discorrer sobre o tema afirma que a doutrina consumerista possui certa tendência em aceitar um matiz econômico para definir o consumidor (*Manual de direito do consumidor*, p. 36).

Sob esse prisma, José Geraldo de Brito Filomeno afirma que o consumidor é "todo indivíduo que se faz destinatário da produção de bens, seja ele ou não adquirente, e seja ou não, a seu turno, também produtor de outros bens" (*Curadoria de proteção do consumidor*, p. 12).

Outros autores, a exemplo de Waldirio Bulgarelli, Fábio Konder Comparato, Othon Sidou e Antonio Herman de Vasconcellos e Benjamin, procuram traçar um conceito jurídico de consumidor.

O mais satisfatório é o proposto por Antonio Herman, o qual afirma que o consumidor é

> todo aquele que, para o seu uso pessoal, de sua família, ou dos que se subordinam por vinculação doméstica ou protetiva a ele, adquire ou utiliza produtos, serviços ou quaisquer outros bens ou informações colocados à sua disposição por comerciantes ou por qualquer outra pessoa natural ou jurídica, no curso de sua atividade ou conhecimento profissionais (*O conceito jurídico de consumidor*, p. 78).

2.3.3. Características da condição jurídica de consumidor

O consumidor protegido pelo direito do consumidor deve apresentar algumas características. São elas:

a) posição de destinatário fático ou econômico quando da aquisição de um produto ou da contratação de um serviço;

b) adquirente de um produto ou um serviço para suprimento de suas próprias necessidades, de sua família, ou dos que se subordinam por vinculação doméstica ou protetiva a ele, e não para desenvolvimento de outra atividade negocial, o que significa dizer ausência de intermediação, de reaproveitamento ou de revenda;

c) não profissionalidade, como regra geral, assim entendida a aquisição ou a utilização de produtos ou serviços sem querer prolongar o ciclo econômico desses bens ou serviços;

d) vulnerabilidade em sentido amplo (técnica, jurídica ou científica, fática ou socioeconômica e psíquica), isto é, o consumidor é reconhecido como a parte mais fraca da relação de consumo, afetado em sua liberdade pela ignorância, pela expansão do problema entre uma grande quantidade de pessoas, pela desvantagem técnica ou econômica, pela pressão das necessidades, ou pela influência da propaganda.

2.3.4. A destinação final como elemento marcante para a condição jurídica de consumidor

Embora o texto legal do CDC tenha indicado uma definição para o consumidor *standard* no art. 2º, muita discussão doutrinária e jurisprudencial surgiu em razão da expressão "destinatário final", a qual representa o elemento finalístico da relação de consumo.

Para explicar o conteúdo e a extensão da expressão "destinatário final" três teorias ganharam relevo na dogmática consumerista, a saber:

a) Teoria maximalista ou objetiva

Identifica como consumidor a pessoa física ou jurídica que adquire o produto ou utiliza o serviço na condição de destinatário final, não importando se haverá uso particular ou profissional do bem, tampouco se terá ou não a finalidade de lucro, desde que não haja repasse ou reutilização dele.

Destinatário final seria o fático do produto, aquele que o retira do mercado e o utiliza, o consome. É necessário analisar, portanto, a simples retirada do bem do mercado de consumo, ou seja, o ato objetivo, sem se importar com o sujeito que adquiriu o bem, podendo ser profissional ou não.

Não se encaixa nesse conceito, portanto, aquele que utiliza serviços ou adquire produto que participe diretamente do processo de transformação, montagem, produção, beneficiamento ou revenda, para o exercício de sua atividade.

Pela teoria maximalista, o art. 2º deve ser interpretado o mais extensamente possível para que as normas do CDC possam ser aplicadas a um número cada vez maior de relações no mercado. Seus adeptos sustentam que o CDC seria um Código geral de consumo, um Código para a sociedade de consumo.

O maximalismo é um modelo teórico de interpretação que representou, sob uma ótica política, uma ruptura com a tradição liberal do Código Civil de 1916.

Como anota Claudia Lima Marques, os maximalistas percebem nas normas do CDC, "o novo regulamento do mercado de consumo brasileiro, e não normas para proteger somente o consumidor não profissional" (*Contratos no Código de Defesa do Consumidor*, p. 254).

Na jurisprudência do STJ, contudo, essa posição prevaleceu de forma mais intensa até meados de 2003.

ATENÇÃO

O STJ possui diversos precedentes nos quais a teoria maximalista ou objetiva é adotada (REsp 329.587/SP; REsp 286.441/RS; REsp 488.274/MG; REsp 468.148/SP; REsp 445.854/MS; REsp 235.200/RS). Atualmente, contudo, não é comum julgados que utilizam essa base teórica.

b) Teoria finalista, subjetiva ou teleológica

Esse modelo teórico identifica como consumidor a pessoa física ou jurídica que retira definitivamente de circulação o produto ou serviço do mercado, utilizando o bem de consumo para suprir uma necessidade ou satisfação pessoal, e não para o desenvolvimento de outra atividade de cunho profissional ou empresarial.

A aquisição ou uso de um produto ou serviço para o exercício de atividade econômica, civil ou empresária descaracterizam a relação de consumo tutelada pelo CDC.

Logo, a aquisição de bens ou serviços por quem exerce atividade econômica, ainda que utilizados para mera incorporação no estabelecimento empresarial, serão tutelados pelas regras gerais do direito civil e do direito empresarial, dado que o bem ou serviço continuará, de alguma forma, inserido no processo produtivo.

Adota-se, assim, um conceito mais restrito de consumidor, levando-se em consideração a finalidade, ou seja, a razão da aquisição, deixando de ser analisada a vulnerabilidade no caso concreto.

ATENÇÃO
As 4ª e 6ª Turmas do STJ possuem uma orientação consolidada no finalismo. A 2ª Seção do STJ também possui orientação finalista, tendo como *leading case* o REsp 541.867/BA.
Esse precedente tem como objeto central de discussão a caracterização da relação de consumo na utilização de equipamentos e de serviços de crédito por empresa administradora de cartão de crédito.
Na ementa do acórdão, o STJ entendeu que a referida relação jurídica "não se reputa como relação de consumo e, sim, como uma atividade de consumo intermediária", fato este que impede a aplicação do CDC (2ª S., rel. Min. Antônio de Pádua Ribeiro, j. 10-11-2004, rel. p/ acórdão Min. Barros Monteiro, DJ 16-5-2005, p. 227).
É importante observar que a referência ao *leading case*, desde a sua publicação, surge em todas as ementas dos julgados da 2ª Seção do STJ nos quais se discute o enquadramento jurídico do consumidor.

c) Teoria mista, híbrida, finalismo aprofundado ou mitigado

Nascida a partir das interpretações jurisprudenciais e apoiada pelo trabalho doutrinário de Claudia Lima Marques, essa teoria estabelece uma visão mais equilibrada do conceito de consumidor.

Esse modelo entende que a relação de consumo não se caracteriza pela simples presença de um fornecedor e um consumidor destinatário final de um bem de consumo, mas pela presença de um sujeito que, além de destinatário, deve ser, necessariamente, vulnerável (*Comentários ao Código de Defesa do Consumidor*, p. 104).

O princípio da vulnerabilidade (art. 4º, I, do CDC) é o aspecto decisivo para determinação do conceito de consumidor. Sua análise garante a incidência do CDC a uma determinada relação como também permite sua exclusão, dando origem à noção de consumidor hipersuficiente, a exemplo das pessoas jurídicas que apresentem enorme porte financeiro e econômico.

A partir de 2012, percebe-se uma forte inclinação do STJ para a adoção desse modelo teórico, pois a sua aplicação é mais equilibrada e equitativa, transformando-se na base de interpretação da referida Corte a partir de 2017, com a edição do Informativo 600 (26 de abril de 2017).

> **ATENÇÃO**
>
> No Informativo 510 do STJ (período de 18 de dezembro de 2012), surge o primeiro precedente com menção expressa do finalismo aprofundado em sua ementa.
>
> No REsp 1.195.642/RJ, a ministra relatora Nancy Andrighi afirmou que "a jurisprudência do STJ, tomando por base o conceito de consumidor por equiparação previsto no art. 29 do CDC, tem evoluído para uma aplicação temperada da teoria finalista frente às pessoas jurídicas, num processo que a doutrina vem denominando 'finalismo aprofundado'. Assim, tem se admitido que, em determinadas hipóteses, a pessoa jurídica adquirente de um produto ou serviço possa ser equiparada à condição de consumidora, por apresentar frente ao fornecedor alguma vulnerabilida-

> de, que constitui o princípio-motor da política nacional das relações de consumo, premissa expressamente fixada no art. 4º, I, do CDC".

O finalismo mitigado, na atualidade, cristaliza-se como o modelo teórico adotado pelo STJ (também compartilhada com os demais Tribunais de Justiça do país). Os Acórdãos e as decisões monocráticas da Corte que enfrentam a temática afirmam em tom uníssono que:

> a teoria finalista deve ser mitigada nos casos em que a pessoa física ou jurídica, embora não se enquadre nas categorias de fornecedor ou destinatário final do produto, apresenta-se em estado de vulnerabilidade ou hipossuficiência técnica, autorizando a aplicação das normas previstas no Código de Defesa do Consumidor (AgInt no AREsp n. 1.856.105/RJ, rel. Min. Ricardo Villas Bôas Cueva, Terceira Turma, j. 2-5-2022, *DJe* 5-5-2022).

2.3.5. A problemática do consumidor pessoa jurídica

Uma questão polêmica na doutrina e na jurisprudência é a condição de consumidor da pessoa jurídica. E essa possibilidade, porém, é expressa de maneira clara no *caput* do art. 2º do CDC: consumidor é toda pessoa física ou jurídica, desde que destinatária final do bem.

Adquirindo um bem de consumo, fora de sua área de atuação, a pessoa jurídica pode invocar a proteção da legislação consumerista. Isso quer dizer que o CDC não protege a pessoa jurídica quando adquire bens de capital; e, ainda, na hipótese de serviços, que eles tenham sido contratados para satisfazer uma necessidade legal ou da natureza do negócio.

A pessoa jurídica será tratada como consumidora apenas quando fizer uso de um determinado produto ou serviço sem explorá-lo por meio de uma atividade econômica.

No entanto, a condição de consumidora da pessoa jurídica despertou um profundo debate doutrinário, o qual culminou com o surgimento de três principais teorias, tendo como escopo determinar a extensão e a aplicação da expressão "destinação final", trazida no art. 2º do CDC, a qual se torna mais complexa para as atividades e condutas desses entes jurídicos, especialmente no caso das sociedades, em comparação com as desenvolvidas pelas pessoas naturais. Essas teorias são conhecidas como:

- **a) teoria da recolocação física:** para essa teoria, basta que não se recoloque o bem fisicamente no mercado de consumo para que a pessoa jurídica tenha a condição de consumidora;

- **b) teoria da recolocação econômica:** essa teoria veda a possibilidade de a pessoa jurídica ser tratada como consumidora, pois tudo é repassado ao consumidor no custo final. Seus adeptos entendem que qualquer bem adquirido pela pessoa jurídica é empregado no seu ciclo de produção econômica, direta ou indiretamente, ou seja, todos os bens são entendidos como insumos de uma cadeia produtiva;

- **c) teoria mista:** essa teoria, defendida por Fábio Ulhôa Coelho, defende a adoção da estrita indispensabilidade do bem para a produção a fim de estabelecer o momento da caracterização da condição de consumidora da pessoa jurídica. Só os bens estritamente indispensáveis para a produção seriam tratados como insumos; os demais teriam a caracterização de bens de consumo e a consequente proteção do CDC (*O empresário e os direitos do consumidor: o cálculo empresarial na interpretação do Código de Defesa do Consumidor*).

2.4. ELEMENTOS SUBJETIVOS DA RELAÇÃO JURÍDICA DE CONSUMO: O FORNECEDOR

2.4.1. Definição legal de fornecedor

A definição legal de fornecedor é encontrada no art. 3º, *caput*, do CDC, o qual estabelece que ele pode ser pessoa física ou jurídica, pública ou privada, nacional ou estrangeira, bem como os entes despersonalizados, que desenvolvem atividades de produção, montagem, criação, construção, transformação, importação, exportação, distribuição ou comercialização de produtos ou prestação de serviços.

Trata-se de um conceito muito amplo, pois essa expressão é um gênero.

2.4.2. Conceitos doutrinários de fornecedor

Por fornecedor, deve-se entender qualquer participante de um ciclo produtivo de uma cadeia econômica de consumo. Para caracterização de sua condição, temos os seguintes critérios:

a) **Habitualidade:** trata-se do aspecto mais importante de caracterização da condição de fornecedor.

Por habitualidade, entende-se o exercício contínuo de determinado serviço ou fornecimento de produto.

Dessa forma, não caracterizam relação de consumo as estabelecidas por não profissionais, casual e eventualmente, o que, nada obstante, não os desonera dos deveres de lealdade, probidade e boa-fé, visando ao equilíbrio substancial e econômico do contrato, que deve cumprir a sua função social.

b) **Exercício de atividade econômica organizada:** o fornecedor deve desenvolver um conjunto de atos coordenáveis entre si, em função de uma finalidade precípua, qual seja o lucro.

A relação jurídica de consumo não se verifica em negócios puramente civis, a exemplo da locação. Para a condição de fornecedor, não basta que o sujeito coloque no mercado produtos e serviços, mas sim que o faça por meio de uma atividade rotineira, seja ela empresarial ou não. Com isso, temos que o conceito de fornecedor é mais amplo do que o conceito de empresário (art. 966 do CC).

Para explicar a atividade rotineira do fornecedor, parte da doutrina associa essa ideia à noção de profissionalismo. Sob esse prisma, fornecedor é o sujeito que exerce profissionalmente e de forma preponderante a atividade de fornecimento de produtos e serviços no mercado de consumo.

c) Autonomia no exercício de atividade: o fornecedor exerce atividades sem ser isento da dependência de terceiros.

O Poder Público também pode ostentar a condição de fornecedor de serviço toda vez que, por si ou por seus concessionários, atuar no mercado de consumo, prestando serviço mediante cobrança de preço.

O preço público ou tarifa é a contraprestação paga pelos serviços pedidos pelos consumidores ao Estado.

Assim, para haver preço, é necessário haver contrato, que é justamente a manifestação de vontade das partes de criar, modificar ou extinguir direitos.

Os entes despersonalizados também podem ser fornecedores de produtos e serviços. Previu o legislador a possibilidade de entes sem personalidade jurídica exercerem atividades produtivas no mercado de consumo.

Podemos citar como exemplo a massa falida de determinado fornecedor de produtos ou de determinado prestador de serviço. Outro exemplo bastante comum é a dos vendedores/prestadores de serviços ambulantes (camelôs).

2.4.3. Problemáticas específicas de caracterização das pessoas jurídicas sem fins econômicos como fornecedoras

A caracterização da condição de fornecedor é, em algumas situações específicas, uma tarefa árdua. Isso se deve, em especial, à falta de trabalhos doutrinários e precedentes da jurisprudência sobre esse elemento da relação de consumo. As principais situações desenvolvidas pela doutrina e pela jurisprudência são relacionadas às pessoas jurídicas sem finalidades econômicas.

As sociedades civis sem finalidade lucrativa, de caráter beneficente e filantrópico, são de difícil enquadramento na condição de fornecedor. A jurisprudência do STJ tem afirmado que, se essas entidades desempenharem atividades mediante remuneração, a condição de fornecedor fica caracterizada.

Nesse sentido, o julgamento do REsp 519.310/SP, de relatoria da Min. Nancy Andrighi (3ª T., j. 20-4-2004), esclarece que,

> para o fim de aplicação do Código de Defesa do Consumidor, o reconhecimento de uma pessoa física ou jurídica ou de um ente despersonalizado como fornecedor de serviços atende aos critérios puramente objetivos, sendo irrelevantes a sua natureza jurídica, a espécie dos serviços que prestam e até mesmo o fato de se tratar de uma sociedade civil, sem fins lucrativos, de caráter beneficente e filantrópico, bastando que desempenhem determinada atividade no mercado de consumo mediante remuneração.

Discute-se também a possibilidade de as sociedades cooperativas serem incluídas no rol de fornecedores de produtos e serviços do CDC.

Roberto Senise Lisboa defende a incidência do CDC nas relações entre cooperativa e cooperado, desde que esse último não possua poder deliberativo suficiente, em conjunto com outros cooperativados, para afastar as decisões tomadas por uma cúpula de dirigentes (*Responsabilidade civil nas relações de consumo*, p. 239).

Também a 3ª e a 4ª Turmas do STJ possuem precedentes favoráveis à aplicação do CDC nas relações entre cooperativa e cooperado, especialmente quando se trata da relação envolvendo outorga de crédito, os quais afirmam tratar de entendimento pacífico desse Tribunal:

> no sentido de que cooperativa de crédito, ao ofertar crédito aos associados, integra o sistema financeiro nacional, de modo que está sujeita às normas da Lei n. 8.078/90, que autoriza a revisão de cláusulas e condições excessivamente onerosas (AgRg no Ag 1.037.426/RS, 3ª T., j. 18-9-2008, rel. Min. Massami Uyeda, *DJe* 3-10-2008).

Em sentido contrário, outros autores entendem que não há que se falar em relação de consumo, já que a sociedade cooperativa caracteriza-se, principalmente, pela mutualidade e presença do próprio cooperado nas decisões da cooperativa.

A simples condição de cooperada não é suficiente para a caracterização da condição de consumidor. Essa posição é confirmada em precedente da 4ª Turma do STJ, o qual afirmou ser inaplicável o CDC:

> não só por ostentar o recorrente a qualidade de mero cooperado, mas também porque a taxa cobrada dos encargos diz respeito também a serviços de utilização comum postos à disposição dos associados (REsp 93.291/PR, 4ª T., j. 17-5-2005, rel. Min. Barros Monteiro, *DJ* 19-9-2005, p. 327).

2.5. ELEMENTOS OBJETIVOS DA RELAÇÃO JURÍDICA DE CONSUMO: O PRODUTO

2.5.1. Definição legal de produto

A definição legal de produto está inserida no § 1º do art. 3º do CDC, o qual estabelece que ele venha a ser *qualquer bem*, móvel ou imóvel, material ou imaterial. A amplitude da expressão "qualquer" foi introduzida de forma proposital, justamente para evitar qualquer exclusão ou exceções.

2.5.2. Conceituação doutrinária de produto

Produtos são necessariamente bens econômicos introduzidos pelo fornecedor no mercado de consumo. Os produtos resultam de um processo de produção ou fabricação, ou seja, resultante de atividade empresarial em série de transformação econômica.

Quanto aos bens do setor primário, tal como são os de natureza agrícola, entende-se que serão incluídos sob a esfera do CDC, tanto *in natura*, como após transformação, por intervenção do trabalho humano ou mecânico.

Se o bem adquirido ou utilizado não se inclui na atividade finalística do fornecedor, não há relação de consumo, e, portanto, não se converte em produto. Se, porém, cuidar-se de ato jurídico não enquadrável na atividade-fim, não haverá relação de consumo e sim uma relação civil ou empresarial, ordinárias, conforme o caso.

2.5.3. Classificação dos produtos no CDC

O art. 26 do CDC apresenta uma distinção entre os produtos duráveis e não duráveis em virtude do prazo decadencial para o exercício do direito de reclamação por vícios. Essa distinção, contudo, serve também de base para que a doutrina os classifique utilizando o mesmo critério.

Os **produtos duráveis** são os bens tangíveis que não se extinguem após o seu uso regular. Foram feitos para serem utilizados de forma reiterada, sofrem os desgastes naturais com o passar do tempo e a frequência do uso. Com o tempo, maior ou menor, deixarão de atender às finalidades para os quais se destinam ou, quando nada, terão reduzida a sua eficiência ou capacidade de funcionamento.

Contrario sensu, os **produtos não duráveis** são aqueles tangíveis que desaparecem ou acabam com o seu uso regular. A extinção pode ser imediata ou paulatina.

2.6. ELEMENTOS OBJETIVOS DA RELAÇÃO JURÍDICA DE CONSUMO: O SERVIÇO

2.6.1. Definição legal de serviço

O conceito de serviço está inserido no § 2º do art. 3º do CDC. Esse dispositivo define-o como toda atividade desenvolvida em favor do consumidor.

A prestação de serviço, assim, para sujeitar-se ao regime jurídico do CDC, deve consistir numa atividade e não num ato isolado no mercado de consumo. Da mesma forma, indica a definição legal que os serviços, objeto da relação jurídica de consumo, devem ser prestados mediante remuneração.

2.6.2. Conceituação doutrinária de serviço

Dada a amplitude conceitual dos serviços, muitas situações específicas são e foram palco de profundas discussões doutrinárias e jurisprudenciais. Entre as principais, temos:

a) **Relação de consumo e locação de imóveis:** a jurisprudência majoritária do STJ tem entendimento de que não se aplicam as regras do CDC nas relações locatícias, inclusive entre o lojista e o *shopping center* (AgRg no Ag 706.211/RS, 6ª T., j. 21-9-2006, rel. Min. Paulo Gallotti, *DJ* 5-11-2007, p. 387).

b) **Relação de consumo e condomínio:** a jurisprudência majoritária do STJ tem entendimento de que não se aplicam as regras do CDC nas relações condominiais.

c) **Relação de consumo e franquia:** o STJ já se pronunciou pela não aplicação das regras do CDC nas relações entre franqueado e franqueador.

d) **Relação de consumo e relação societária:** a relação entre os sócios, como regra, não se enquadra no conceito de relação de consumo.

Contudo, quando uma determinada estrutura societária for criada com o intuito de burlar a legislação consumerista, colocando o consumidor na condição de sócio para evitar a incidência de suas regras protetivas, o STJ entende que a caracterização da relação de consumo é possível.

Sobre o tema, a 3ª Turma do STJ permitiu a configuração da relação de consumo entre acionistas minoritários e a Brasil Telecom, adquirentes em condomínio de assinaturas telefônicas.

A Corte entendeu que o CDC deveria incidir na relação jurídica,

> porquanto não basta que o consumidor esteja rotulado de sócio e formalmente anexado a uma sociedade anônima para que seja afastado o vínculo de consumo. Além da presença de interesse coletivo existe, na hipótese, a prestação de serviços consistente na administração de recursos de terceiros, a evidenciar a relação de consumo encoberta pela relação so-

cietária (REsp 600.784/RS, 3ª T., j. 16-6-2005, rel. Min. Nancy Andrighi, DJ 1º-7-2005, p. 518).

Importante frisar que não estão submetidos à incidência do CDC as relações trabalhistas, as quais se submetem às regras específicas da CLT.

e) **Relação de consumo e plano de saúde:** o tema foi pacificado diante do teor das Súmulas 469 e 608 do STJ.

2.6.3. Polêmica da remuneração dos serviços como elemento de caracterização

A expressão "mediante remuneração", constante da definição de serviço no CDC (art. 3º, § 2º), deve ser analisada de forma abrangente, já que a remuneração, se não for feita de forma direta, o será de forma indireta.

No mercado de consumo quase nenhuma atividade é gratuita, muito embora às vezes assim pareça. O custo do produto ou do serviço está embutido em outros pagamentos realizados pelo consumidor, por exemplo, o estacionamento nos supermercados ou *shopping centers*; a instalação gratuita do rádio automotivo adquirido; o acesso gratuito à internet em aeroportos, escolas, bibliotecas, entre outros; o cafezinho gratuito após o almoço no restaurante etc.

Embora pareçam gratuitos, em regra, o preço desses serviços é cobrado de forma indireta, associado ao pagamento de um produto/serviço principal. Portanto, seja a remuneração direta ou indireta, cabe a aplicação do CDC.

Excluem-se da aplicação os serviços sem nenhuma remuneração propriamente ditos, que são raros, mas existentes. A título de exemplo: um médico viaja de avião e, durante a viagem, um passageiro tem um mal-estar, o comandante do voo solicita os préstimos profissionais do médico, no sentido de prestar primeiros socorros. Se não houver cobrança de honorários médicos, e no caso parece que não há, os serviços prestados o foram sem qualquer remuneração, e, portanto, não se aplica o CDC à hipótese.

2.6.4. Problemática de enquadramento dos serviços bancários, financeiros, de crédito e securitários nas relações de consumo

Ao tratar dos serviços bancários, financeiros, de crédito e securitários, o legislador preferiu expressamente determinar que essas atividades estariam também inclusas no rol dos serviços, para que não houvesse dúvida quanto à incidência do microssistema do CDC nessas atividades.

Não se trata de uma inserção sem critério, muito pelo contrário, o objetivo político foi muito claro: proteger uma das principais relações jurídicas de consumo no mercado atual, qual seja a de crédito.

A complexidade jurídica e política da expressão "serviços bancários, financeiros, de crédito e securitários" foi enorme. Esse tema teve seu auge como objeto da ADIn 2.591, interposta no STF pela Confederação Nacional das Instituições Financeiras (Consif).

A ementa do acórdão da referida ação, bem como dos embargos de declaração opostos pelo Procurador-Geral da República, pelo Instituto Brasileiro de Política e Direito do Consumidor (Brasilcon) e pelo Instituto Brasileiro de Defesa do Consumidor (Idec), informam, em síntese, que as instituições financeiras estão submetidas ao CDC, exceto no que diz respeito à definição do custo das operações ativas e da remuneração das operações passivas praticadas pelas mesmas instituições, e que o consumidor é o destinatário final das atividades bancárias, financeiras e de crédito (ADIn 2.591, Pleno, rel. Min. Carlos Velloso, rel. p/ acórdão Min. Eros Grau, j. 7-6-2006, *DJ* 29-9-2006, p. 31, e ED-ADIn 2.591, Pleno, rel. Min. Eros Grau, j. 14-12-2006, *DJ* 13-4-2007, p. 83).

Essa decisão do STF ressaltou o *status* constitucional de proteção do consumidor, especialmente em relação aos serviços bancários.

Decide o STF, nesse sentido, na mesma linha do entendimento consolidado do STJ, inclusive com a edição, em 2004, da Súmula 297, a qual estabelece que "o Código de Defesa do Consumidor é aplicável às instituições financeiras".

2.6.5. Serviços públicos nas relações de consumo

Os serviços públicos são tratados expressamente no art. 22 do CDC, muito embora esse dispositivo não traga qualquer definição ou abrangência do conteúdo dessas atividades.

Ao tratar do tema, Celso Antônio Bandeira de Mello define o serviço público como

> toda atividade de oferecimento de utilidade ou comodidade material destinada à satisfação da coletividade em geral, mas fruível singularmente pelos administrados, que o Estado assume como pertinente a seus deveres e presta por si mesmo ou por quem lhe faça as vezes, sob um regime de direito público – portanto, consagrador de prerrogativas de supremacia e de restrições especiais – instituído em favor dos interesses definidos como públicos no sistema normativo (*Curso de direito administrativo*, p. 612).

Todavia, não são todos os serviços públicos que se subordinam às normas de proteção ao consumidor. A distinção do regime jurídico aplicável aos serviços, noutras palavras, o CDC ou o regime de direito administrativo, está intimamente relacionado à classificação dessas atividades. Os serviços públicos se dividem em:

a) Gerais, coletivos, próprios (*uti universi*): são aqueles que possuem usuários indeterminados, sem a possibilidade de identificação dos destinatários.

São remunerados, em regra, por taxas, cujo pagamento é obrigatório e decorre da lei, independentemente da vontade do contribuinte. Nesse serviço, o contribuinte não tem a faculdade de optar ou não pelo fornecimento, tampouco pelo pagamento. Trata-se de uma imposição estatal. Exemplo: recapeamento de vias.

b) **Específicos, singulares ou impróprios (*uti singuli*)**: são aqueles prestados em unidades autônomas de utilização e identificação, com usuários determinados ou determináveis, com a possibilidade de aferir o *quantum* utilizado por cada destinatário.

Em regra, são serviços prestados pelo Estado, via delegação, por parceria com entes da administração descentralizada ou da iniciativa privada. Indicam uma relação contratual entre a administração pública e o usuário. São remunerados por tarifas ou preços públicos. Exemplo: água, esgoto, energia elétrica, telefonia, transporte público etc.

Nos serviços públicos *uti universi*, não se aplica o CDC, já que o pagamento da taxa é obrigatório e independe da vontade do contribuinte. Não é, portanto, uma relação de consumo, e sim de contribuição, pois não se efetua um pagamento direto pelo serviço prestado, mas um pagamento aos cofres públicos.

Essa é a atual orientação da 1ª Turma do STJ, tendo como um dos precedentes o REsp 493.181/SP, o qual explicitou que os serviços médicos prestados em hospital público não configuram relação de consumo, tendo em vista que o "conceito de 'serviço' previsto na legislação consumerista exige, para a sua configuração, necessariamente, que a atividade seja prestada mediante remuneração (art. 3º, § 2º, do CDC)", e o serviço médico ofertado em hospital público não apresenta essa característica.

Dessa forma, ele "pode ser classificado como uma atividade geral exercida pelo Estado à coletividade em cumprimento de garantia fundamental (art. 196 da CF/1988)", ou seja, de maneira universal, "o que impede a sua individualização, bem como a mensuração de remuneração específica", afastando a possibilidade da incidência das regras de competência contidas no CDC.

Por sua vez, nos serviços públicos *uti singuli*, há a adesão do destinatário ao serviço, e, por consequência, a contraprestação, que pode ser cessada sempre que o destinatário o pretender, já que a remuneração – tarifa ou preço público – é facultativa e se origina de uma relação contratual entre prestador e destinatário do serviço. Aqui, portanto, *incide o CDC*.

Essa é a atual orientação da 2ª Turma do STJ, tendo como um dos precedentes o REsp 840.864/SP (2ª T., j. 17-4-2007, rel. Min. Eliana Calmon, *DJ* 30-4-2007, p. 305), o qual explicitou que "os serviços prestados por concessionárias são remunerados por tarifa, sendo facultativa a sua utilização, que é regida pelo CDC, o que a diferencia da taxa, esta, remuneração do serviço público próprio", os quais são financiados pelos tributos e prestados pelo próprio Estado, para o qual a legislação consumerista é afastada, conforme se viu anteriormente.

É importante observar, porém, que a questão não é pacífica. Há, portanto, posicionamento doutrinário admitindo que, independentemente da natureza remuneratória do serviço público prestado – seja taxa, tarifa ou preço público –, em conformidade com o que dispõe o art. 22 do CDC, qualquer serviço público está sujeito às regras do Estatuto Consumerista.

3.
Política Nacional das Relações de Consumo

3.1. INTRODUÇÃO

A Política Nacional das Relações de Consumo, descrita no art. 4º do CDC, é um conjunto de normas programáticas que sintetizam as diretrizes, os princípios e os objetivos que devem ser observados e perseguidos por todos os agentes do mercado de consumo.

Normas programáticas, na lição de Inocêncio Mártires Coelho, são aquelas "que definem objetivos cuja concretização depende de providências situadas fora ou além" do próprio texto normativo do CDC (*Curso de direito constitucional*, p. 49).

Assim, por meio de uma política nacional, busca-se implantar um sistema jurídico único e uniforme, por meio de normas de ordem pública e interesse social, de aplicação necessária, destinada a tutelar os interesses de todos os consumidores.

A doutrina consumerista costuma afirmar que o modelo programático do art. 4º do CDC garante-lhe natureza de uma norma-objetivo, ou como prefere Erik Jayme, "norma narrativa".

Sobre esse conceito, Claudia Lima Marques explica que essa espécie normativa resulta de um método utilizado pelo legislador pós-moderno que, em vez de descrever condutas, opta por estabelecer normas que "narram seus objetivos, seus princípios, suas finalidades, positivando os objetivos do legislador no sistema de forma a auxiliar na interpretação teleológica e no efeito útil das normas" (*Comentários ao Código de Defesa do Consumidor*, p. 143).

3.2. OBJETIVOS DA POLÍTICA NACIONAL DAS RELAÇÕES DE CONSUMO

Em razão da natureza narrativa da política nacional das relações de consumo, o legislador estabeleceu, no *caput* do art. 4º do CDC, um conjunto de objetivos que deve ser alcançado. Os objetivos podem ser vistos como um programa de ação, isto é, uma série organizada de medidas para a consecução de uma finalidade.

O programa desenvolvido no art. 4º do CDC é afinado com os ditames da ordem econômica (art. 170) e da proteção dos direitos e garantias fundamentais (art. 5º) definidos na Constituição Federal, os quais se destinam a alcançar a harmonia, a compatibilidade e o equilíbrio entre todos os agentes e o mercado de consumo.

Dessa forma, toda a interpretação da legislação consumerista, como observa José Luiz Ragazzi, Raquel Schlommer Honesko e Vitor Hugo Nicastro Honesko, "deve ser realizada com vista a atingir tal objetivo, em todas as suas vertentes" (*Código de Defesa do Consumidor comentado*, p. 58).

Os principais objetivos que devem ser alcançados pela política nacional de consumo são:

a) o atendimento das necessidades dos consumidores;

b) o respeito à dignidade, à saúde e à segurança;

c) a melhoria da qualidade de vida; e

d) a harmonia nas relações de consumo.

3.3. PRINCÍPIOS INSTITUÍDOS PELA POLÍTICA NACIONAL DAS RELAÇÕES DE CONSUMO

Modernamente, muito se discute sobre a distinção entre princípios e regras. Há diversos critérios para essa distinção e, consequentemente, diversas teorias sobre o tema. Não é objeto deste livro realizar qualquer digressão sobre o assunto, mas, por razões metodológicas, é necessário adotar uma teoria, entre tantas avalizadas sobre o assunto.

A que melhor se adequada ao direito do consumidor foi desenvolvida por Robert Alexy (*Teoria dos direitos fundamentais*, p. 90). Ele afirma que os princípios são mandamentos de otimização, ou seja, "caracterizados por poderem ser satisfeitos em graus variados e pelo fato de que a medida devida de sua satisfação não depende somente das possibilidades fáticas, mas também das possibilidades jurídicas".

Já as regras são mandamentos com determinações específicas. Assim, "se uma regra vale, então, deve se fazer exatamente aquilo que ela exige, nem mais, nem menos". Com isso, conclui-se que a distinção entre princípio e regra reside numa percepção qualitativa, e não numa distinção de grau.

O art. 4º do CDC, ao estabelecer a Política Nacional das Relações de Consumo, trouxe em seus incisos normas de otimização de todo o sistema de proteção dos consumidores, as quais são qualitativamente mais abrangentes que as outras disposições do Código.

Nelas, temos uma fonte-síntese de todos os mecanismos protetivos das relações de consumo, ou seja, mandamentos *prima facie* de todas as demais regras do CDC e da legislação complementar do direito do consumidor.

O caráter *prima facie* dos princípios, na lição de Alexy, decorre, entre outras razões, da carga argumentativa que eles possuem, ou seja, eles sempre devem ser tomados como o primeiro elemento hermenêutico.

Isso quer dizer que os princípios inseridos nos incisos do art. 4º do CDC servem como razões para as demais regras de proteção aos consumidores, ou seja, devem iluminar sua correta aplicação.

Os princípios indicados na Política Nacional das Relações de Consumo são:

3.3.1. Princípio do reconhecimento da vulnerabilidade do consumidor (art. 4º, I, do CDC)

Vulnerabilidade, para os léxicos, é a qualidade ou estado de vulnerável que, por sua vez, significa o que pode ser vulnerado, magoado, prejudicado, ofendido; o que é frágil, que pode ser atacado ou ferido.

Tendo em vista haver desequilíbrio nas relações entre consumidor e fornecedor, pretende o legislador igualar essa equação.

> **NOTE BEM**
> Não fere o princípio constitucional da isonomia o tratamento diferenciado (protetivo e defensivo) dispensado pelo legislador infraconstitucional ao consumidor, o que se legitima pela discrepante relação de forças existentes entre estes e aqueles que detêm os mecanismos de controle da produção no mercado de consumo (fornecedores).

Vulnerabilidade é qualidade intrínseca, ingênita, peculiar, imanente e indissolúvel de todos que se colocam na posição de consumidor, pouco importando sua condição social, cultural ou econômica. É incindível no contexto das relações de consumo, não admitindo prova em contrário por não se tratar de mera presunção legal.

> **ATENÇÃO**
> Vulnerabilidade e hipossuficiência não se confundem. Para o CDC, todos os consumidores são vulneráveis, mas nem todos são hipossuficientes. A vulnerabilidade é um traço universal de todos os consumidores; a hipossuficiência é uma marca pessoal, limitada a alguns. A vulnerabilidade

> do consumidor justifica a existência do CDC. A hipossuficiência, por seu turno, legitima alguns tratamentos diferenciados no interior do CDC. A hipossuficiência pode ser econômica, quando o consumidor apresenta dificuldades financeiras, aproveitando-se o fornecedor dessa condição, ou processual, quando o consumidor demonstra dificuldade de fazer prova em juízo. Essa condição de hipossuficiente deve ser verificada no caso concreto, e é caracterizada quando o consumidor apresenta traços de inferioridade cultural, técnica ou financeira.

A doutrina aponta diversas espécies de vulnerabilidade do consumidor, quais sejam:

a) **Vulnerabilidade técnica:** capacidade técnica é o conhecimento de uma parte material ou conjunto de processos de uma arte ou prática. A etimologia da palavra "técnica" é diretamente ligada ao vocábulo grego *téchne*, cujo significado é "saber fazer". Assim, técnico é o sujeito que possui conhecimentos aprofundados sobre um determinado assunto, objeto, relação etc.

O consumidor não possui conhecimentos específicos sobre o produto ou o serviço que está adquirindo, tanto no que diz respeito às características quanto no que diz respeito à utilização. É o fornecedor que detém o monopólio do conhecimento e do controle sobre os mecanismos utilizados na cadeia produtiva.

Sobre o tema, José Reinaldo de Lima Lopes esclarece que

> o consumidor médio não tem como avaliar o que está comprando. Em caso de defeitos do produto deverá recorrer a quem tenha conhecimento especial relativo àquele produto, em nível semelhante ao do fabricante. Daí surge a necessidade de laboratórios e institutos de pesquisa independentes e confiáveis, capazes de atuar ao lado do consumidor (*Responsabilidade civil do fabricante e a defesa do consumidor*, p. 49).

b) **Vulnerabilidade jurídica:** resulta da falta de informação do consumidor a respeito de seus direitos, inclusive no que respeita a quem recorrer ou reclamar; a falta de assistência jurídica; a dificuldade de acesso à Justiça; a impossibilidade de aguardar a demorada e longa tramitação de um processo judicial que, por deturpação de princípios processuais legítimos, culmina por conferir "privilegiadas" situações aos réus.

A vulnerabilidade jurídica, ao contrário do que se imagina, não surge apenas durante um processo judicial, pode ocorrer, inclusive, numa fase extrajudicial, como também pré-processual e até pós-processual.

Um dos aspectos mais importantes da vulnerabilidade jurídica é a garantia do consumidor de um processo célere, sem embaraços processuais.

Sobre o tema, importante é o precedente no AgRg no Ag 184.616/RJ do STJ, o qual estabelece que não se deve admitir:

> a intervenção de terceiro quando já proferida sentença, na medida em que a anulação do processo, para permitir o chamamento da seguradora, acabaria por retardar o feito, prejudicando o consumidor, o que contraria o escopo do sistema de proteção do CDC.

c) Vulnerabilidade política ou legislativa: resulta da fraqueza política do consumidor no cenário brasileiro, mesmo reconhecendo o papel fundamental das entidades de proteção aos consumidores.

Essa espécie de vulnerabilidade é agravada principalmente por causa do conceito de sistema dominante, exercido pela chamada economia política.

Sobre o tema, Paulo Valério Dal Pai Moraes argumenta que as principais discussões sociais,

> principalmente as jurídicas, pendem para a proteção dos valores econômicos ao invés dos valores sociais, estabelecendo hierarquia odiável e aumentando a vulnerabilidade política que macula os consumidores, quando, em realidade, deveriam estar os sistemas mesclados para o atendimento das necessidades de todos os homens, e não somente de alguns (*Código de Defesa do Consumidor*: princípio da vulnerabilidade, p. 164).

A proteção efetiva do consumidor surgiu apenas com o CDC, o que ressalta o longo e penoso caminho que as conquistas jurídicas dos consumidores percorreram e ainda precisam percorrer.

d) Vulnerabilidade fática (ou socioeconômica): baseia-se no reconhecimento de que o consumidor é o elo fraco da corrente, e que o fornecedor se encontra em posição de supremacia, sendo o detentor do poder econômico.

A ânsia pela ascensão social traz consigo o desejo do consumo. O mercado de consumo vende ilusões, necessidades irreais, estilos de vida.

Ao mesmo tempo, nos convence da nossa insignificância diante da impossibilidade de consumir. Obscurecido em seu poder crítico, quer por razões de ordem biológica, quer por razões de ordem psicológica, o "ambicioso" consumidor "dá um passo maior que a perna", e cria um ciclo vicioso, aparentemente interminável, se não forem encontradas soluções em políticas de consumo.

Esse tipo de vulnerabilidade começou a ficar mais evidente quando a economia liberal do século XIX passou de um modelo de livre concorrência para o estabelecimento de grandes monopólios. Exatamente por causa disso é que foram criadas leis específicas para a defesa do consumidor nesse nível, qual seja, a livre concorrência no mercado de consumo.

A concorrência desleal evidencia a imensa vulnerabilidade econômica do consumidor, o qual não tem acesso aos níveis de concentração do mercado, de uniões empresariais, "ficando à mercê desse pesado jogo de domínio econômico que, atualmente, acontece no plano mundial".

Além dessas espécies de vulnerabilidades reconhecidas pela doutrina majoritária, já se discute a existência de outros perfis desse conceito.

Paulo Valério Dal Pai Moraes cogita a vulnerabilidade neuropsicológica, ambiental e tributária. A tendência desse princípio é o seu aumento qualitativo de incidência normativa. Trata-se de uma tendência nítida, especialmente na jurisprudência do STJ, que reiteradamente analisa a vulnerabilidade como valor para a interpretação das regras sobre direitos do consumidor.

3.3.1.1. A hipervulnerabilidade

Parte da doutrina reconhece, para determinadas categorias de consumidores, uma intensa vulnerabilidade, denominada hipervulnerabilidade.

Sobre o tema, explicam Adolfo Mamoru Nishiyama e Roberta Densa:

> Certas pessoas, classe, grupo ou categoria de pessoas podem ser consideradas hipervulneráveis, necessitando de proteção maior do que os consumidores em geral. São elas as pessoas portadoras de deficiência física, os idosos, as crianças e os adolescentes que possuem proteção especial na Magna Carta.
>
> O prefixo hiper (do grego *hypér*), designativo de alto grau ou aquilo que excede a medida normal, acrescido da palavra vulnerável, significa que alguns consumidores possuem vulnerabilidade maior do que a medida normal, em razão de certas características pessoais.
>
> Os hipervulneráveis possuem tratamento especial, tendo como fonte direta a Constituição Federal (A proteção dos consumidores hipervulneráveis: os portadores de deficiência, os idosos, as crianças e os adolescentes – Revista de Direito do Consumidor 76, p. 19).

Nesse rol de hipervulneráveis, podemos também incluir os consumidores virtuais.

Todas essas hipóteses serão analisadas individualmente a seguir.

3.3.1.1.1. *Hipervulnerabilidade da criança e do adolescente*

A hipervulnerabilidade da criança possui bases constitucionais. Estabelece o art. 227 da Constituição Federal que:

> é dever da família, da sociedade e do Estado assegurar à criança, ao adolescente e ao jovem, com absoluta prioridade, o direito à vida, à saúde, à ali-

mentação, à educação, ao lazer, à profissionalização, à cultura, à dignidade, ao respeito, à liberdade e à convivência familiar e comunitária, além de colocá-los a salvo de toda forma de negligência, discriminação, exploração, violência, crueldade e opressão.

A vulnerabilidade da criança e do adolescente resulta do diálogo das fontes entre o CDC e o ECA, o qual consagra no art. 17 o respeito a essas pessoas quando ostentarem a condição de consumidores.

O reconhecimento da vulnerabilidade diferenciada à criança e aos adolescentes ganha especial importância nas práticas comerciais, especialmente no que diz respeito ao *marketing* e à publicidade.

Ao tratar do tema, Bruno Miragem alerta: "se os apelos de *marketing* são sedutores aos consumidores em geral, com maior intensidade presume-se que o sejam em relação às crianças e adolescentes" (*Direito do consumidor*, p. 65).

3.3.1.1.2. Hipervulnerabilidade dos idosos

Da mesma forma que as crianças e os adolescentes, os idosos possuem proteção jurídica com *status* constitucional.

O art. 230 da Constituição Federal assim estabelece: "a família, a sociedade e o Estado têm o dever de amparar as pessoas idosas, assegurando sua participação na comunidade, defendendo sua dignidade e bem-estar e garantindo-lhes o direito à vida".

A hipervulnerabilidade do consumidor idoso resulta de diálogo das fontes do CDC e da Lei n. 10.741/2003, denominada Estatuto do Idoso.

A vulnerabilidade potencializada do consumidor idoso ganha relevo especialmente nas relações contratuais e práticas comerciais.

Nessa situação, como bem observa Cristiano Heineck Schmitt, esses consumidores hipervulneráveis demandam "uma proteção mais intensa, e melhor atenção do Estado para algumas formas de contratação, em que a idade se apresenta como fator de vulnerabilidade mais aguda" (*A hipervulnerabilidade do consumidor idoso*, p. 168).

3.3.1.1.3. Hipervulnerabilidade dos portadores de necessidades especiais

Também tem bases constitucionais a tutela dos portadores de necessidades especiais.

O § 2º do art. 227 da Constituição Federal estabelece que "a lei disporá sobre normas de construção dos logradouros e dos edifícios de uso público e de fabricação de veículos de transporte coletivo, a fim de garantir acesso adequado às pessoas portadoras de deficiência".

A hipervulnerabilidade dessa categoria de consumidores resulta do diálogo das fontes do CDC e das diversas leis que tutelam os interesses das pessoas portadoras de necessidades especiais, destacando-se o Estatuto da Pessoa com Deficiência (Lei n. 13.146/2015) e a Lei n. 10.098/2000.

Adolfo Mamoru Nishiyama e Roberta Densa alertam que a vulnerabilidade acentuada desses consumidores se encontra "justamente na dificuldade encontrada por ele em ter acesso aos bens de consumo" (A proteção aos consumidores hipervulneráveis: os portadores de deficiência, os idosos, as crianças e os adolescentes – *Revista de Direito do Consumidor* 76, p. 19).

3.3.2. Princípio da intervenção do Estado (art. 4º, II, do CDC)

Parte da doutrina, a exemplo de Luiz Otavio de Oliveira Amaral (*Teoria geral do direito do consumidor*, p. 72), também trata esse princípio como "princípio do dever governamental".

O princípio nasce para garantir a tutela e a defesa dos interesses do consumidor, para protegê-lo, para assegurar o acesso e garantir a qualidade e a adequação dos produtos e serviços. Isso porque o Estado pode e deve intervir no mercado de consumo.

Afirma Luiz Otavio de Oliveira Amaral: "é dever do Estado e logo de todo o governo, em todos os níveis, a promoção da defesa do consumidor brasileiro, inclusive contra o próprio Estado enquanto fornecedor" (*Teoria geral do direito do consumidor*, p. 72).

Assim, não se exige do Estado a neutralidade ao arbitrar, via legislativa ou judicial, as relações entre consumidores e fornecedores. Contudo, a intervenção deve respeitar a livre-iniciativa (art. 170 da CF), mas deve ser atuante e com resultados positivos, coibindo abusos e a concorrência desleal (art. 4º, II e VI, do CDC).

Na prática, verificamos essa atuação estatal por meio da Secretaria de Direito Econômico (SDE), dos Procons, do Ministério Público, bem como do incentivo para a criação de entidades civis de defesa do consumidor, tais como o Idec e a Adecon.

3.3.3. Princípio da harmonização de interesses (art. 4º, III, do CDC)

O princípio tem por escopo garantir a compatibilidade entre o desenvolvimento econômico e tecnológico e a efetiva proteção do consumidor, com base na boa-fé e no equilíbrio nas relações entre consumidores e fornecedores.

A harmonia indicada pelo CDC exige a igualdade substancial das partes da relação de consumo. Afirma Luiz Otavio de Oliveira Amaral que

> o objetivo do CDC referente à harmonização dos interesses dos participantes das relações de consumo exige, como pressuposto, a necessidade de nivelamento desses sujeitos dessa relação jurídica desigual por natureza, mas não por justiça. Assim, tratando-se desigualmente os que são desiguais pode-se alcançar o equilíbrio nessa relação social e jurídica (*Teoria geral do direito do consumidor*, p. 78).

José Geraldo Brito Filomeno (*Curso fundamental de direito do consumidor, passim*) aponta três instrumentos que devem ser utilizados na harmonização das relações de consumo, a saber:

a) **o *marketing* de defesa do consumidor:** consubstanciado nos serviços de atendimento ao consumidor;

b) **a convenção coletiva de consumo:** pactos estabelecidos entre as entidades civis de consumidores e as associações de fornecedores ou sindicatos da categoria;

c) **as práticas de *recall*:** a convocação de consumidores para o reparo de algum vício ou defeito apresentado pelo produto ou serviço adquirido pelo consumidor.

3.3.4. Princípio da boa-fé e da equidade (arts. 4º, III, e 51, IV, do CDC)

O termo "boa-fé" não é novo em nossa ordem jurídica, pois já figurava no revogado art. 131 do Código Comercial de 1850 e em inúmeros dispositivos do Código Civil de 1916.

Mas foi com o CDC que o termo "boa-fé" passou a ser utilizado com uma nova e moderna significação, para indicar valores éticos que estão à base da sociedade organizada e desempenham função de sistematização da ordem jurídica. É a chamada boa-fé objetiva que, desvinculada das intenções íntimas do sujeito, indica o comportamento objetivamente adequado aos padrões de ética, lealdade, honestidade e colaboração exigíveis nas relações de consumo. Boa-fé objetiva é ética negocial.

O CDC adotou, implicitamente, a cláusula geral de boa-fé objetiva no seu art. 4º, III, o que importa dizer que deve ser ela considerada em todas as relações jurídicas de consumo, a qual desempenha três funções distintas, a saber:

a) **função criadora (ou integrativa):** ela é fonte de novos deveres anexos ou acessórios, tais como o dever de informar, de cuidado, de cooperação e de lealdade.

Em toda e qualquer relação jurídica obrigacional de consumo esses deveres estão presentes, ainda que não inscritos expressamente no instrumento contratual.

Essa função também está prevista no art. 422 do CC.

b) função interpretativa: ela é um critério hermenêutico ou paradigma interpretativo destinado ao juiz para ser utilizado na interpretação de todo negócio jurídico que gera relação de consumo.

Por essa função, institui-se um privilégio à lealdade e à honestidade entre as partes e, consequentemente, proíbe-se a interpretação que dê a uma disposição contratual um sentido malicioso ou de qualquer forma dirigido a iludir, prejudicar ou tirar vantagem sem justa causa.

Para a aplicação da cláusula de boa-fé, o juiz parte do princípio de que em todas as relações de consumo as partes devem pautar-se por um padrão ético de confiança e lealdade, indispensável para o próprio desenvolvimento normal da convivência.

c) função de controle: limita o exercício dos direitos subjetivos, seja reduzindo a liberdade dos parceiros contratuais ao definir algumas condutas como abusivas, seja controlando a transferência dos riscos profissionais e liberando o devedor diante da não razoabilidade de outra conduta.

O CDC refere-se a esta função de controle em seu art. 51, IV, ao decretar a nulidade, por abusividade, das cláusulas contratuais que sejam incompatíveis com a boa-fé.

Em sua função de controle, a boa-fé representa o padrão ético de confiança e lealdade, indispensável para a convivência social; um limite a ser respeitado no exercício de todo e qualquer direito subjetivo.

Sobre o assunto, o STJ afirmou que

> age com abuso de direito e viola a boa-fé o banco que, invocando cláusula contratual constante do contrato de financiamento, cobra lançando mão do numerário depositado pela correntista em conta destinada ao paga-

mento dos salários de seus empregados, cujo numerário teria sido obtido junto ao BNDES (REsp 250.523/SP, 4ª T., j. 19-10-2000, rel. Min. Ruy Rosado de Aguiar, *DJ* 18-12-2000, p. 203).

A equidade, por sua vez, impõe o equilíbrio nas relações entre consumidores e fornecedores (art. 4º, III, do CDC). No inciso IV do art. 51, o CDC também se refere à equidade.

Segundo Aristóteles, a equidade tem uma função integradora e outra corretiva.

A equidade integradora tem lugar quando há vazio ou lacuna na lei, caso em que o juiz pode usar a equidade para resolver o caso, sem chegar ao ponto de criar uma norma, como se fosse o legislador. Deve o juiz procurar expressar, na solução do caso, aquilo que corresponda a uma ideia de justiça da consciência média, que está presente na sua comunidade.

A equidade corretiva, por sua vez, permite ao juiz ir além da lei para garantir a aplicação do justo. Em outras palavras, o direito, que é obra da justiça para estabelecer uma relação de igualdade e equilíbrio entre as partes, na justa proporção do que cabe a cada um, permite ao juiz aplicar, em certos casos, a equidade corretiva. Para aplicá-la, ensinava Aristóteles, o juiz deve usar a régua dos arquitetos de Lesbos, aquela que era flexível e maleável, que permitia ao engenheiro, quando media o objeto, acompanhar seus contornos.

Nesse sentido, a equidade é um princípio e uma técnica de hermenêutica que deve estar presente em toda a aplicação da lei. Contudo, é apenas no primeiro caso que a equidade é referida no CDC, quando no inciso IV do art. 51 fulmina de nulidade as cláusulas contratuais que lhe sejam incompatíveis.

A norma dá ao juiz a possibilidade de valoração da cláusula contratual, invalidando-a (total ou parcialmente) naquilo que for contrária à equidade e à boa-fé. O juiz não julgará por equidade (como no caso da equidade integradora), mas dirá o que não está de acordo com a equidade no contrato sob seu exame, dele excluindo o que for necessário para restabelecer o equilíbrio e a justiça contratual no caso concreto.

O princípio da equivalência contratual, núcleo dos contratos de consumo, tem por fundamento a equidade. O desequilíbrio do contrato, a desproporção das prestações das partes, ofendem o princípio da equidade.

3.3.5. Princípio da informação (art. 4º, IV, do CDC)

A informação é um dos valores fundamentais para o desenvolvimento das relações de consumo. É por meio dela que o consumidor desenvolve seu poder de decidibilidade negocial, pois afeta a essência do negócio, sua razão de ser.

Derivado da boa-fé objetiva, o princípio da informação deve ser aplicado durante todas as fases contratuais.

Sobre o tema, no V Congresso Brasileiro de Direito do Consumidor, foi aprovada a seguinte conclusão, que merece destaque:

> É dever do fornecedor nos contratos relacionais de consumo manter o consumidor adequada e permanentemente informado sobre todos os aspectos da relação contratual, especialmente aqueles relacionados ao risco, qualidade do produto ou serviço ou qualquer outra circunstância relevante para a sua decisão de consumo, durante todo o período em que perdurar a relação contratual (Benjamin, Antonio Herman de Vasconcellos e. *Manual de direito do consumidor*, p. 59).

3.3.6. Princípio da educação (art. 4º, IV, do CDC)

São responsáveis por essa obrigação não só o Estado, por meio das entidades de defesa do consumidor, como também os fornecedores de produtos e serviços.

3.3.7. Princípio da transparência (art. 4º, *caput*, do CDC)

Filia-se ao princípio da boa-fé, de que constitui uma derivação concretizadora, uma espécie de subprincípio, isso porque as relações de consumo devem se firmar em ambiente de absoluta transparência entre as partes, sob pena de viciar a manifestação de vontade do consumidor (art. 4º, IV, do CDC).

Significa clareza, nitidez, precisão, sinceridade. A principal consequência do princípio da transparência é, por um lado, o dever de informar do fornecedor e, por outro, o direito à informação do consumidor.

Transparência não importa apenas em dever negativo do fornecedor. Importa também num conjunto diversificado de deveres procedimentais que recaem sobre aqueles que fornecem produtos e serviços no mercado de consumo.

Nessa dimensão, a transparência tem a ver com a qualidade e a quantidade da informação que o fornecedor tem que prestar ao consumidor, consoante arts. 8º, parágrafo único, 9º, 10, 30, 31, 36, 46, 52, 54, § 4º, do CDC.

3.3.8. Princípio do controle de qualidade e segurança dos produtos e serviços (art. 4º, V, do CDC)

O princípio impõe ao fornecedor de produtos e serviços cuidados especiais acerca da qualidade e da segurança, incentivando a criação de meios eficientes para o controle.

Pelo princípio da segurança, todo o sistema de responsabilidade civil se estrutura. O fundamento da responsabilidade civil do fornecedor é o risco a ser evitado pelo princípio da segurança.

O dever do controle de segurança é uma verdadeira cláusula geral imposta a todos os fornecedores, sob pena de responder independentemente de culpa (objetivamente) pelos danos que causar ao consumidor.

Esse dever é imanente ao dever de obediência às normas técnicas de segurança. O fornecedor passa a ser a garantia dos produtos e serviços que oferece no mercado de consumo.

As regras da experiência comum evidenciam que os bens de consumo sempre têm um resíduo de insegurança, que pode não merecer atenção do legislador. O direito só atua quando a insegurança ultrapassar o patamar da normalidade e da previsibilidade.

O que se quer é uma segurança dentro dos padrões da expectativa legítima dos consumidores, e esta não é aquela do consumidor-vítima. O padrão não é estabelecido tendo por base a concepção individual do consumidor, mas, muito ao contrário, a concepção coletiva da sociedade de consumo.

O princípio também prevê a necessidade de criação de meios alternativos de solução de conflitos de consumo, por exemplo, a arbitragem.

3.3.9. Princípio da coibição e repressão das práticas abusivas (art. 4º, VI, do CDC)

O consumidor tem especial proteção quanto à coibição e à repressão das práticas abusivas, que se encontram previstas nos arts. 39 a 41 do CDC. A concorrência desleal, a utilização indevida de inventos, criações, marcas, nomes comerciais e signos distintivos foram destacadas no texto do art. 4º, VI, do CDC, com referência, inclusive, à publicidade, que de modo algum pode constranger, enganar, iludir ou prejudicar o consumidor.

3.3.10. Princípio da racionalização e melhoria dos serviços públicos (art. 4º, VII, do CDC)

De forma a garantir que todos os consumidores tenham acesso irrestrito aos serviços públicos necessários, tais como, água, esgoto, energia elétrica, telefonia etc., o CDC impôs como princípio o dever de racionalizar e melhorar os serviços públicos prestados pelo Estado. Não basta a existência do serviço público, ele deve ser eficaz, qualificado, adequado e acessível.

3.3.11. Princípio do estudo constante das modificações do mercado (art. 4º, VIII, do CDC)

O mercado de consumo não é estático, e as modificações do mercado devem ser estudadas e analisadas *pari passu*, de forma a garantir que o consumidor não seja prejudicado.

3.3.12. Princípio da efetividade (arts. 4º, VI, e 6º, V, do CDC)

A efetividade representa a necessidade de alcance concreto das normas de direito do consumidor.

Sobre o tema, explica Bruno Miragem:

> A presença de múltiplos órgãos e entidades, públicos e privados, assim como a multiplicação das técnicas de tutela de direitos (judicial, administrativa), e a adoção de novos instrumentos visando à proteção *in concreto* dos direitos dos consumidores, revelam uma estratégia legislativa clara em benefício da efetividade da norma. Por outro lado, o princípio da efetividade incide também sobre os processos de tomada de decisão de todas as autoridades (judiciais ou administrativas) que se ocupam da aplicação das normas do CDC, determinando-lhes, dentre as diversas possibilidades de ação ou decisão, a opção necessária por aquela que proteja de modo mais efetivo o direito dos consumidores (*Curso de direito do consumidor*, p. 133).

3.3.13. Princípio do fomento de ações direcionadas à educação financeira e ambiental dos consumidores (art. 4º, IX, do CDC)

O princípio do fomento das ações direcionadas à educação financeira e ambiental dos consumidores foi inserido pela Lei n. 14.181/2021, como uma maneira de estimular a educação financeira dos consumidores e evitar o superendividamento.

3.3.14. Princípio da prevenção e tratamento do superendividamento como forma de evitar a exclusão social do consumidor (art. 4º, X, do CDC)

Esse princípio foi incluído pela Lei n. 14.181/2021 e visa evitar a exclusão social do consumidor que sofre com o constrangimento, a preocupação e a humilhação de não conseguir pagar suas dívidas e ficar caracterizado como devedor perante a sociedade.

> **NOTE BEM**
> Parte dos princípios descritos nos incisos do art. 4º do CDC representam normas programáticas, e não princípios em sentido estrito. Essas normas destinam-se a implementação de políticas públicas direcionadas ao Estado para garantir a efetividade da defesa do consumidor no Brasil.

3.4. INSTRUMENTOS DA POLÍTICA NACIONAL DAS RELAÇÕES DE CONSUMO

O art. 5º do CDC enumera instrumentos jurídicos que o Poder Público pode lançar mão para dar efetivo cumprimento à Política Nacional das Relações de Consumo.

> **ATENÇÃO**
> Os instrumentos indicados no art. 5º representam um rol meramente exemplificativo.

Os principais instrumentos da Política Nacional são:

a) **assistência jurídica integral e gratuita:** a assistência jurídica tem basicamente duas funções: orientar o consumidor e defendê-lo em juízo.

É princípio constitucional que o carente tenha acesso irrestrito à Justiça, sem ônus, segundo o art. 5º, LXXIV, da CF.

A Lei n. 1.060/50 estabelece os critérios para a gratuidade judicial, prevendo que o consumidor carente esteja isento de custas processuais e honorários advocatícios sucumbenciais.

b) **promotorias de Justiça e defesa do consumidor:** o Ministério Público tem especial atuação junto à defesa dos consumidores.

Primeiro, pelo que impõe a Constituição Federal nos arts. 127 e 129, III, e, depois, nos termos dos arts. 51, § 4º, 81, 82, I, 91 e 92 do CDC.

Quando não atuar como legitimado ordinário, deverá atuar como fiscal da lei.

c) **delegacias especializadas:** com o objetivo de efetivar a punição dos que cometem crimes de consumo, o art. 5º, III, prevê a criação e a instalação de delegacias de polícia especializadas para esse fim.

d) **Juizados Especiais Cíveis e varas especializadas:** impõe o texto a criação de Juizados Especiais para o julgamento de causas relativas às relações de consumo, assim como Varas Especializadas para tal finalidade.

Os Juizados Especiais foram efetivamente criados pela Lei n. 9.099/95. Nele, poderá o consumidor, pessoa física, postular em causas de até 20 salários mínimos, sem a presença de advogado e sem a necessidade de pagamento de custas processuais em primeiro grau.

e) **associação de defesa do consumidor:** a lei prevê que o Poder Público estimule a criação e o desenvolvimento de associações para a defesa do consumidor, como forma de educar, informar e auxiliar nos conflitos que possam surgir da relação de consumo.

f) **prevenção e tratamento judicial e extrajudicial do superendividamento e de proteção do consumidor:** institui mecanismos de tratamento judicial ao consumidor que se enquadre no superendividamento, visando a sua proteção.

g) **conciliação e mediação de conflitos que envolvem o superendividamento:** a Lei n. 14.181/2021 inova ao trazer a criação de núcleos de conciliação e mediação para os conflitos oriundos do superendividamento.

4.
Direitos Básicos do Consumidor

4.1. INTRODUÇÃO

Direitos básicos do consumidor são aqueles interesses nucleares, materiais ou instrumentais, relacionados a direitos fundamentais universalmente consagrados que, diante de sua relevância social e econômica, o legislador disciplinou de maneira específica.

Surgem como uma necessidade de repersonalização do consumidor, ou seja, como instrumento de tutela de sua dignidade.

O art. 6º do CDC nos traz um rol mínimo, o qual sintetiza os principais institutos de proteção. Por isso, outros direitos e outras garantias serão assegurados aos consumidores, conforme dispõe o art. 7º do CDC:

> Art. 7º Os direitos previstos neste Código não excluem outros decorrentes de tratados ou convenções internacionais de que o Brasil seja signatário, da legislação interna ordinária, de regulamentos expedidos pelas autoridades administrativas competentes, bem como dos que derivem dos princípios gerais do direito, analogia, costumes e equidade.
> Parágrafo único. Tendo mais de um autor a ofensa, todos responderão solidariamente pela reparação dos danos previstos nas normas de consumo.

As fontes do direito do consumidor são múltiplas e variadas, não se esgotando apenas no texto do próprio Código.

Sobre o tema, esclarece Bruno Miragem que,

por intermédio da técnica do diálogo das fontes, acrescem ao nível de proteção do consumidor as normas que prevejam um maior nível de proteção destes direitos, ou de detalhamento destas possibilidades na legislação extravagante ao CDC (*Direito do consumidor*, p. 117).

4.2. PROTEÇÃO DA VIDA, SAÚDE E SEGURANÇA DO CONSUMIDOR

Trata-se de direito indisponível e assegurado pelo art. 5º da CF. Ademais, quis o legislador deixar claro que os produtos e serviços colocados no mercado de consumo não devem expor o consumidor a potenciais danos à saúde, à segurança e ao patrimônio (*the right to safety*).

O propósito da disposição foi, nitidamente, proteger a incolumidade física dos consumidores, harmonizando-se com a regra-objetivo do art. 4º, *caput*.

4.3. EDUCAÇÃO DO CONSUMIDOR

A formação de cidadãos aptos a exercer a livre manifestação de vontade, conscientes de seus direitos e deveres perante a sociedade, é imprescindível para a harmonização das relações de consumo.

A doutrina aponta para dois tipos de educação para o consumidor:

a) a educação formal, a ser dada nos diversos cursos desde o ensino fundamental nas escolas públicas e privadas; e

b) a educação informal, de responsabilidade dos fornecedores, no sentido de bem informar o consumidor sobre as características dos produtos e serviços já colocados no mercado de consumo.

A educação é um direito de todos e um dever do Estado, nos termos do art. 205 da CF. Deve-se ressaltar que os entes públicos, de igual modo, têm o dever de educar e de informar o cidadão sobre a melhor maneira de se comportar no mercado de consumo.

A Lei n. 14.181/2021 trouxe de forma inovadora o princípio da educação financeira contra o endividamento, como uma forma de ensinar ao consumidor como manter o orçamento familiar em um patamar saudável, evitando gastos excessivos.

4.4. INFORMAÇÃO DO CONSUMIDOR

Trata-se de um dos direitos mais importantes nas relações de consumo (*right to be informed*). Ele está diretamente relacionado com os princípios da transparência e da vulnerabilidade. A informação torna-se imprescindível para colocar o consumidor em posição de igualdade.

O direito à informação não é um fim em si. Na verdade, tem por finalidade garantir ao consumidor o exercício de outro direito ainda mais importante, que é o de escolher conscientemente.

É o que se tem chamado de consentimento informado, vontade qualificada ou, ainda, consentimento esclarecido.

O direito à informação faz-se presente em todas as áreas de consumo, antes, durante e depois de qualquer relação jurídica contratual.

Em contrapartida ao direito de informação, nasce para o fornecedor o dever de informar, corolário do princípio da boa-fé objetiva, que se traduz na cooperação, na lealdade, na transparência, na correção, na probidade e na confiança que devem existir nas relações de consumo.

Cumpre-se o dever de informar quando a informação recebida pelo consumidor preenche três requisitos principais:

    a) adequação: os meios de informação devem ser compatíveis com os riscos do produto ou do serviço e o seu destinatário;

    b) suficiência: a informação deve ser completa e integral;

c) veracidade: além de completa, a informação deve ser verdadeira, real. Somente a informação verdadeira permite o consentimento informado.

Ressalte-se que o dever de informar tem graus, que vão desde o dever de esclarecer, passando pelo dever de aconselhar, podendo chegar ao dever de advertir, é o que se extrai do próprio texto legal.

No inciso III do art. 6º, o CDC fala em informação adequada e clara; no art. 8º, fala em informações necessárias e adequadas; no art. 9º, fala em informação ostensiva e adequada quando se tratar de produtos e serviços potencialmente nocivos e perigosos à saúde ou à segurança.

Destarte, além do dever de informar ao consumidor (dever de informar) e de esclarecê-lo (dever de esclarecer), tem o fornecedor especialista, diante de um consumidor não especialista, o dever de aconselhá-lo e de orientá-lo (dever de aconselhamento), o que significa dotar o consumidor de todas as informações e indicações necessárias, bem assim a posição crítica de especialista, para que possa escolher entre as diversas opções que se lhe apresentam.

O dever de informar do fornecedor é de duas ordens:

a) dever de informar nas relações individualizadas: deve ocorrer nas tratativas, na oferta e no contrato. Todas as informações sobre o preço, objeto do contrato, condições de pagamento, uso e perigosidade devem ser apresentadas pelo fornecedor de forma ampla e irrestrita, sem qualquer ônus pecuniário ao consumidor;

b) dever de informar nas relações com pessoas indeterminadas: trata-se de um dever intimamente relacionado com os mecanismos publicitários. Como a publicidade atinge a massa de consumidores, não pode o fornecedor incluir dado falso capaz de induzir em erro o consumidor, nem omitir dado essencial, que, se conhecido, afastaria o consumidor.

Finalmente, cumpre salientar que o direito básico de informação previsto no art. 6º, III, do CDC foi alterado com a edição da Lei n. 12.741/2012. Com a redação atual do dispositivo, os consumidores passam a ter o direito de serem informados sobre toda a carga tributária incidente sobre os produtos e serviços adquiridos.

A informação da carga tributária poderá constar em painel afixado em local visível do estabelecimento, ou por qualquer outro meio eletrônico ou impresso, de forma a demonstrar o valor ou o percentual, ambos aproximados, dos tributos incidentes sobre todas as mercadorias ou serviços postos à venda (§ 2º do art. 1º da Lei n. 12.741/2012).

Estabelece o § 1º do art. 1º da Lei n. 12.741/2012 que

> a apuração do valor dos tributos incidentes deverá ser feita em relação a cada mercadoria ou serviço, separadamente, inclusive nas hipóteses de regimes jurídicos tributários diferenciados dos respectivos fabricantes, varejistas e prestadores de serviços.

O art. 6º foi alterado pela Lei n. 14.181/2021, que incluiu o inciso XIII, inserindo o direito de informação acerca dos preços dos produtos que forem comercializados por unidade de medida, tais como quilo, litro, metro, ou ainda qualquer unidade. Garante-se, portanto, a informação adequada em relação ao valor a ser pago pelo consumidor.

4.5. PROTEÇÃO DO CONSUMIDOR CONTRA PUBLICIDADE ENGANOSA OU ABUSIVA E PRÁTICAS COMERCIAIS CONDENÁVEIS

O Capítulo V do CDC trata especificamente das práticas comerciais e dedica três seções para cuidar das regras que o fornecedor deve cumprir para a oferta e a publicidade de seus produtos no mercado de consumo.

Esse tema será analisado com mais detalhes no Capítulo 11 deste livro.

4.6. MODIFICAÇÃO E REVISÃO DAS CLÁUSULAS CONTRATUAIS

Em razão desse direito básico, pode o consumidor requerer em juízo a alteração das cláusulas que estabeleçam contraprestações desproporcionais, relativizando a aplicação da regra do *pacta sunt servanda*, no caso concreto.

Assim, o contrato é passível de alteração sempre que a cláusula não se revelar justa.

A cláusula injusta ou desproporcional é aquela que deixa de estabelecer direitos ou obrigações com reciprocidade. O consumidor pode pleitear, a qualquer tempo, a nulidade da cláusula injusta ou desproporcional sem que se leve à anulação do contrato.

A doutrina afirma que o art. 6º, V, do CDC adotou a chamada teoria da quebra da base objetiva do negócio jurídico. Essa teoria tem como objetivo primordial guiar o fenômeno contratual, adequando-o ao escopo originariamente avençado entre as partes, ou seja, para essa teoria, a modificação das circunstâncias em que o contrato fora concluído, se forem de tal ordem que prejudiquem o alcance do fim almejado pelas partes ou afetem a relação de equivalência entre as prestações devidas pelos sujeitos envolvidos, poderá engendrar o pedido de revisão do referido negócio jurídico.

Sobre o tema, salienta Luís Renato Ferreira da Silva que a teoria da quebra da base "resguarda situações onde o contrato resta frustrado, perdendo seu sentido por rompimento de sua base" (*Revisão dos contratos*: do Código Civil ao Código do Consumidor, p. 40).

4.7. PREVENÇÃO E REPARAÇÃO DE DANOS INDIVIDUAIS E COLETIVOS DOS CONSUMIDORES

A prevenção dos danos deve ser efetuada por meio de políticas de conscientização, além de outras medidas para evitar a propagação de lesões e prejuízos aos consumidores.

Na prevenção, não se exclui a ideia de uma tutela processual, mas essa dimensão é mais eficaz por meio de uma tutela administrativa pelos órgãos e pelas entidades de proteção ao consumo (ex.: agências reguladoras).

A efetividade do CDC nasce para a garantia da plena reparação de danos, não havendo falar em indenização tarifada.

Destarte, as cláusulas contratuais que estabelecerem valores limitados de indenização por prejuízo moral ou material advindo de relação contratual entre consumidor e fornecedor são consideradas nulas, tanto em razão do art. 6º, VI, como do art. 51, I, do CDC, salvo em hipóteses específicas e justificáveis, como é o caso das relações de consumo entre o fornecedor e o consumidor pessoa jurídica, situação esta prevista no art. 51, I.

Interessa ressaltar o fato de o legislador ter inserido a prevenção e a reparação dos direitos coletivos e difusos, o que pode ser requerido por meio do Ministério Público, das Associações de Defesa do Consumidor, das entidades e órgãos da Administração Pública ou da União, Estados, Distrito Federal e Municípios.

4.8. FACILITAÇÃO DA DEFESA DOS DIREITOS DOS CONSUMIDORES

Em razão da vulnerabilidade presumida do consumidor, o legislador conferiu ao juiz o poder para decretar, a seu critério, a inversão do ônus da prova, se presente a verossimilhança das alegações do consumidor ou a hipossuficiência.

A verossimilhança pode ser determinada, inclusive, em razão de fato omissivo praticado pelo réu. Essa orientação encontra-se assentada no Informativo 358 do STJ (REsp 974.994/SP, rel. Min. Nancy Andrighi, j. 5-6-2008).

É preciso esclarecer que a inversão do ônus da prova não é automática e deve ser examinada no caso concreto. Os requisitos são analisados objetivamente pelo juiz e devem ser apurados segundo as regras ordinárias de experiência.

A inversão do ônus da prova do CDC pressupõe dificuldade ou impossibilidade relativa na produção da prova, não a impossibilidade absoluta da prova em si. Ela pode ser requerida, especialmente, quando ficar evidenciada a vulnerabilidade técnica em estágio acentuado, surgindo, assim, a chamada hipossuficiência técnica.

Sua aplicação é mais evidente nas relações jurídicas eletrônicas, as quais demandam provas periciais complexas.

Tal orientação é consagrada no Informativo 364 do STJ, o qual assentou que

> a hipossuficiência técnica do consumidor, na hipótese de saques não autorizados em conta bancária, dificilmente poderá ser afastada pelo total desconhecimento, por parte do cidadão médio, dos mecanismos de segurança utilizados pelo banco para o controle de seus procedimentos e ainda das possíveis formas de superação dessas barreiras a eventuais fraudes. Logo, no caso, impõe-se a inversão do ônus da prova ao fornecedor do serviço (o banco) a fim de ser respeitado o CDC.

Muito se discute a respeito do momento da inversão do ônus da prova. Para alguns doutrinadores, tal inversão deve ser decretada no momento do julgamento; para outros, a inversão deve ser decretada, se possível, até a fase saneadora do processo.

O Informativo 324 do STJ deixa claro que essa questão não está pacificada no Tribunal. Duas orientações sobre o tema despontam:

a) a inversão do ônus é regra de instrução processual;

b) a inversão do ônus é regra de julgamento.

O Informativo 324 mostra uma tendência dos Ministros para a segunda orientação.

Vejamos o debate do aresto:

> Ao iniciar-se o julgamento neste Superior Tribunal, o Min. Castro Filho, valendo-se de precedentes, conheceu e deu provimento ao recurso, ao entender que essa inversão é realmente regra de instrução e determinou o

retorno dos autos para que o juízo se pronunciasse a respeito do direito do recorrente de fazer a prova. Por sua vez, a Min. Nancy Andrighi, em seu voto-vista, valendo-se da lição de vários doutrinadores, inclusive estrangeiros, posicionou-se no sentido inverso, o de que a regra do art. 6º, VIII, do CDC é de julgamento. Aludiu que, após o oferecimento e a valoração da prova produzida na fase instrutória, o juiz, diante do conjunto probatório, se ainda em dúvida para julgar a demanda, pode determinar a inversão em favor do consumidor, pois não há que se falar em surpresa ao fornecedor, visto que esse tem ciência de que, em tese, haverá a inversão, além do que, é ele quem dispõe do material técnico do produto, certo que o consumidor é a parte vulnerável da relação e litigante eventual. O Min. Ari Pargendler, em seu voto-vista, acompanhou integralmente a divergência ao não conhecer do especial. Já o Min. Carlos Alberto Menezes Direito, apesar de entender que a inversão deve dar-se quando da produção da prova, acompanhou a divergência apenas quanto ao resultado, ao fundamento de que o acórdão destacara tratar-se de responsabilidade objetiva. Assim, entendeu que a hipótese é de aplicação do art. 14 do CDC, de inversão legal, e, incumbida a recorrente de provar a excludente de sua responsabilidade, não cuidou de prová-la. Ao concluir o julgamento, o Min. Humberto Gomes de Barros, em seu voto-vista, acompanhou o Min. Relator. Ao final, conclui-se que a tese quanto à inversão ou não do ônus ainda pende de definição na Turma. Precedente citado: REsp 241.831/RJ, *DJ* 3-2-2003 (REsp 422.778/SP, rel. Min. Castro Filho, rel. p/ acórdão Min. Nancy Andrighi, j. 19-6-2007).

Ressalte-se que, no que diz respeito à matéria publicitária, não se faz necessário atender a qualquer requisito de verossimilhança ou hipossuficiência, uma vez que o ônus da prova já é invertido como regra, nos termos do art. 38 do CDC.

4.9. ADEQUAÇÃO EFICAZ DOS SERVIÇOS PÚBLICOS

O serviço público, prestado diretamente pelo Poder Público, por seu permissionário ou concessionário, deve satisfazer às condições de regularidade, continuidade, eficiência, segurança e modicidade das tarifas. Esse direito também é estabelecido na Lei n. 8.987/95, que regula o regime de concessão e permissão da prestação de serviços públicos.

Os deveres dos órgãos públicos das empresas, concessionárias e permissionárias ou sob qualquer outra forma de empreendimento estão estipulados no art. 22 do CDC; eles devem fornecer serviços adequados, eficientes e seguros e, quanto aos essenciais, contínuos. Destarte, caso o fornecedor não cumpra o estabelecido em lei, deve arcar com as perdas e os danos daí advindos.

A doutrina e a jurisprudência têm enfrentado reiteradamente o tema da possibilidade de corte de fornecimento dos serviços essenciais no caso de inadimplência do consumidor no pagamento dos débitos.

O STJ aceita a interrupção dos serviços públicos de fornecimento de água e luz, entre outros, de forma majoritária. Contudo, estabelece que o corte não ocorrerá se prejudicar a segurança e a saúde de uma coletividade de consumidores.

O interesse coletivo é o ponto nevrálgico para a questão. Sua presença impede o corte nos serviços, essa orientação é bem detalhada no REsp 943.850/SP, cujo acórdão ressalta o caráter essencial do fornecimento de água (1ª T., rel. Min. José Delgado, j. 28-8-2007, *DJ* 13-9-2007, p. 177).

4.10. OUTROS DIREITOS BÁSICOS DOS CONSUMIDORES

Os direitos fundamentais do consumidor não encontram a sua fonte única e exclusiva no art. 6º, mas também em tratados ou convenções internacionais que o Brasil é signatário, notadamente a Resolução da Organização das Nações Unidas (ONU) n. 39/248, de 1985.

5.
Nocividade e Periculosidade dos Produtos e dos Serviços

5.1. INTRODUÇÃO

Os produtos e serviços oferecidos no mercado de consumo não poderão acarretar riscos à saúde e à segurança dos consumidores, salvo aqueles que por sua natureza e fruição apresentem risco inerente, ou seja, os que previsivelmente apresentem os riscos (ex.: agrotóxicos, cigarro, bebidas alcoólicas, medicamentos, fogos de artifício).

5.2. NOCIVIDADE E PERICULOSIDADE DOS PRODUTOS

Embora o legislador tenha se utilizado de conceito aberto acerca de periculosidade e nocividade, cabendo ao magistrado, no caso concreto, a análise de sua caracterização, adotamos a classificação da autora Roberta Densa (*Direito do consumidor*, p. 39-40), com alterações, a saber:

    a) **Nocividade/periculosidade latente ou inerente:** são os produtos que apresentam perigo latente, previsível. O consumidor com grau de conhecimento padrão tem ciência da existência de perigo ou risco no consumo do produto fornecido.

    Nesses casos, é obrigatória a informação do fornecedor sobre a nocividade ou periculosidade do produto, a qual deve ser ostensiva e adequada. A inexistência da informação configura tipo penal previsto no art. 63 do CDC, que impõe pena de detenção de seis meses a dois anos e multa.

b) Nocividade/periculosidade adquirida: são os produtos que, à primeira vista, não apresentam perigo ou risco latente e, posteriormente, em razão de defeitos de fabricação, põem em risco a saúde e a segurança do consumidor.

Nesse caso, se for constatado defeito após a colocação do produto no mercado de consumo, o fornecedor será obrigado a comunicar o fato às autoridades competentes e aos consumidores (*recall*) e, ainda, caso tenha havido dano, o consumidor poderá ser indenizado pelo fornecedor, já que o mesmo fornecedor sabe ou deveria saber sobre o alto grau de nocividade ou periculosidade do produto.

Sobre o assunto, a posição do STJ é clara, conforme se vê nos Informativos 340 (período de 26 a 30-11-2007) e 440 (período de 21 a 25-6-2010).

O primeiro trata da hipótese da periculosidade de anticoncepcionais. O teor da decisão estabeleceu que

> a responsabilidade do laboratório como fornecedor, pois a simples suposição de que houvera a participação de terceiros no derramamento do medicamento ineficaz no mercado é relevada pela constatação da prova carreada aos autos de que o laboratório produziu e deu essencial colaboração para que fosse consumido e de que houve dano aos consumidores, o que afasta a cogitação de aplicar-se a excludente de responsabilidade objetiva (art. 12, § 3º, I, do CDC). Sua responsabilidade exsurge, sobretudo, do fato de ter produzido manufatura perigosa sem adotar medidas eficazes para garantir que tal produto fosse afastado de circulação. O Min. Castro Filho, em seu voto vista, adentra a questão da legitimidade do órgão de defesa para a proteção dos interesses individuais homogêneos, apesar de a Min. Relatora haver aplicado a Súm. 284-STF, a impedir o exame da questão (REsp 866.636/SP, rel. Min. Nancy Andrighi, j. 29-11-2007).

O segundo trata da hipótese da periculosidade de veículos automotores. O teor da decisão estabeleceu que

5 • Nocividade e Periculosidade dos Produtos e dos Serviços

a montadora de veículos sofreu sanções consistentes em multas impostas pelo Departamento de Proteção e Defesa do Consumidor (DPDC) no grau máximo e pelo Procon estadual devido à infração ao CDC, pelo fato de ela ter colocado, no mercado, veículos com defeito de fabricação, sendo que, posteriormente, promoveu convocação (*recall*), a fim de efetuar reparos nos cintos de segurança de dois modelos de automóveis por ela fabricados. Nesse contexto, a Turma entendeu que, segundo a inteligência do *caput* do art. 10 do CDC, pune-se, efetivamente, o fornecedor que, sabendo ou devendo saber da nocividade ou periculosidade do produto, coloca-o no mercado. Por sua vez, seu § 1º cuida daquele fornecedor que, vindo a saber da periculosidade do produto depois de colocá-lo no mercado, deixa de comunicar o fato às autoridades competentes e aos consumidores, o que não se verificou na hipótese dos autos. Destarte, situações que se excluem não coexistem; consequentemente, não podem sofrer, cumulativamente, sanções. Ressaltou-se que o fato de haver concorrência de competências administrativas para a tutela do consumidor tem como objetivo assegurar a eficiência da defesa consumerista. Ademais, de acordo com a *ratio essendi* do parágrafo único do art. 5º do Dec. 2.181/1997, não se mostra lícito nem razoável admitir que, pela mesma infração, todas as autoridades possam sancioná-la, pois raciocínio inverso conduziria à conclusão de que a ora recorrida poderia ser punida tantas vezes quantas fosse o número de órgãos de defesa do consumidor existentes no país. Com essas considerações, a Turma, ao prosseguir o julgamento, após o voto-vista do Min. Luiz Fux e a retificação do voto do Min. relator, negou provimento ao recurso (REsp 1.087.892/SP, j. 22-6-2010, rel. Min. Benedito Gonçalves).

A única exceção a esse posicionamento majoritário do STJ diz respeito à periculosidade do cigarro.

Sobre o tema, o Tribunal, em Acórdão inserido no Informativo 432 (período de 26 a 30-4-2010), estabeleceu que o cigarro

> não se revela como produto defeituoso (art. 12, § 1º, do mesmo Código) ou de alto grau de nocividade ou periculosidade à saúde ou segurança, esse último de comercialização proibida (art. 10 do mesmo diploma). O art. 220, § 4º, da CF chancela a comercialização do cigarro, apenas lhe restringe a propaganda, ciente o legislador constituinte dos riscos de seu consumo. Já o CDC considera defeito a falha que se desvia da normalidade, capaz de gerar frustração no consumidor, que passa a não experimentar a segurança que se espera do produto ou serviço. Destarte, diz respeito a

algo que escapa do razoável, que discrepa do padrão do produto ou de congêneres, e não à capacidade inerente a todas as unidades produzidas de o produto gerar danos, tal como no caso do cigarro. Frise-se que, antes da Constituição Federal de 1988 (gênese das limitações impostas ao tabaco) e das legislações restritivas do consumo e publicidade que a seguiram (notadamente, o CDC e a Lei n. 9.294/1996), não existia o dever jurídico de informação que determinasse à indústria do fumo, conduta diversa daquela que, por décadas, praticou. Não há como aceitar a tese da existência de anterior dever de informação, mesmo a partir de um ângulo principiológico, visto que a boa-fé (inerente à criação desse dever acessório) não possui conteúdo *per se*, mas, necessariamente, insere-se em um conteúdo contextual, afeito à carga histórico-social. Ao se considerarem os fatores legais, históricos e culturais vigentes nas décadas de cinquenta a oitenta do século anterior, não há como cogitar o princípio da boa-fé de forma fluida, sem conteúdo substancial e contrário aos usos e costumes por séculos preexistentes, para concluir que era exigível, àquela época, o dever jurídico de informação. De fato, não havia norma advinda de lei, princípio geral de direito ou costume que impusesse tal comportamento. Esses fundamentos, por si sós, seriam suficientes para negar a indenização pleiteada, mas se soma a eles o fato de que, ao considerar a teoria do dano direto e imediato acolhida no direito civil brasileiro (art. 403 do CC/2002 e art. 1.060 do CC/1916), constata-se que ainda não está comprovada pela Medicina a causalidade necessária, direta e exclusiva entre o tabaco e câncer, pois ela se limita a afirmar a existência de fator de risco entre eles, tal como outros fatores, como a alimentação, o álcool e o modo de vida sedentário ou estressante. Se fosse possível, na hipótese, determinar o quanto foi relevante o cigarro para o falecimento (a proporção causal existente entre eles), poder-se-ia cogitar o nexo causal juridicamente satisfatório. Apesar de reconhecidamente robustas, somente as estatísticas não podem dar lastro à responsabilidade civil em casos concretos de morte supostamente associada ao tabagismo, sem que se investigue, episodicamente, o preenchimento dos requisitos legais. Precedentes citados do STF: RE 130.764/PR, *DJ* 19-5-1995; do STJ: REsp 489.895/SP, *DJe* 23-4-2010; REsp 967.623/RJ, *DJe* 29-6-2009; REsp 1.112.796/PR, *DJ* 5-12-2007; e REsp 719.738/RS, *DJe* 22-9-2008 (STJ, REsp 1.113.804/RS, j. 27-4-2010, rel. Min. Luis Felipe Salomão).

c) **Nocividade/periculosidade exagerada:** são os produtos proibidos de serem inseridos no mercado de consumo, ainda que o fornecedor tenha todos os cuidados acerca das informações sobre o risco ou perigo.

Caso sejam inseridos, o fornecedor responderá pelo tipo penal previsto no art. 64 do CDC, com pena de detenção de seis meses a dois anos e multa, sem prejuízo de infringir outros artigos do Código Penal, de acordo com a extensão da infração praticada.

O fornecedor encontra-se proibido de colocar no mercado de consumo produto que apresente alto grau de nocividade ou periculosidade ao consumidor; contudo, caso tenha conhecimento da nocividade ou da periculosidade somente após ter colocado o produto no mercado de consumo, terá o *dever de informar as autoridades competentes*, e ainda o *dever de informar o consumidor*, de forma clara e inequívoca, mediante anúncio publicitário na imprensa escrita e falada, a respeito do defeito do produto (*recall*).

5.3. NOCIVIDADE E PERICULOSIDADE DOS SERVIÇOS

A mesma classificação apresentada para a nocividade e periculosidade dos produtos também é aplicável aos serviços, tendo em vista que os arts. 9º e 10 do CDC não fazem diferença entre seus objetos.

5.4. O *RECALL*

O § 1º do art. 10 do CDC cuida do instituto do *recall*, o qual, segundo Rizzatto Nunes, trata-se de um mecanismo protecionista que impede, ainda que tardiamente, o sofrimento de algum dano em razão da periculosidade e nocividade de bens de consumo introduzidos no mercado pelo consumidor (*Curso de direito do consumidor*, p. 164).

Por meio dele, o fornecedor assume o dever de prestar informações relevantes aos consumidores dos riscos existentes em determinados bens de consumo em circulação.

Leonardo de Medeiros Garcia explica que a comunicação aos consumidores serve para alertá-los do "cuidado que devam ter quando da utilização ou evitando, quando necessário, a compra ou utilização do mesmo bem de consumo" (*Direito do consumidor*, p. 110). Além das informações prestadas ao consumidor, o fornecedor deve comunicar o fato às autoridades competentes.

> **NOTE BEM**
> Todas as informações prestadas, bem como os gastos para sua veiculação, de acordo com § 2º do art. 10 do CDC, devem ser patrocinados pelos fornecedores responsáveis pelo produto ou serviço.

Com o *recall*, o fornecedor se compromete a sanar os vícios dos produtos ou serviços, sem qualquer custo ao consumidor. Além do saneamento, o fornecedor também poderá fixar um valor a título indenizatório por eventuais danos sofridos.

> **ATENÇÃO**
> O STJ entende que o *recall* não isenta de responsabilidade os fornecedores pelos danos provenientes dos vícios e defeitos, mesmo na hipótese de inobservância do procedimento pelo consumidor (REsp 1.010.392/RJ, rel. Min. Humberto Gomes de Barros, 3ª T.). Contudo, a doutrina afirma que o não atendimento do *recall* pelo consumidor permite a redução do *quantum* indenizatório em razão de sua culpa concorrente.

Atualmente, a Portaria n. 618/2019 do Ministério da Justiça e Segurança Pública regulamenta os principais aspectos do procedimento do *recall*. Seus principais pontos são:

1) O fornecedor que tomar conhecimento da possibilidade de que tenham sido introduzidos produtos/serviços que apresentem nocividade ou periculosidade deverá, no prazo de vinte e quatro horas (não devendo ultrapassar o prazo máximo de dez dias), comunicar à Secretaria Nacional do Consumidor sobre o início das investigações.

O fornecedor que, posteriormente à introdução do produto ou serviço no mercado de consumo, tiver conhecimento da sua nocividade ou periculosidade, deverá comunicar o fato, no prazo de dois dias úteis, à Senacon e ao órgão normativo ou regulador competente (art. 3º).

2) Deverá elaborar um plano de mídia para comunicar os interessados (art. 4º).

3) O plano de atendimento ao consumidor deverá adotar técnicas e mecanismos de informação (art. 5º).

6.
Responsabilidade Civil: Prevenção e Reparação de Danos aos Consumidores

6.1. ASPECTOS GERAIS

A responsabilidade não é objeto de estudo apenas pelas ciências jurídicas. Ela é tratada e investigada nas mais variadas áreas do saber humano.

No entanto, seja qual for o campo de estudo, existe um aspecto nuclear presente em todos os seus sentidos, qual seja: ela é um mecanismo de resposta a uma determinada falha comportamental, a qual culmina com a imposição de uma sanção, de uma pena.

Portanto, o responsável é pessoa (natural ou jurídica) que, por ter violado determinada norma de conduta, vê-se exposto a determinadas consequências.

No estudo da responsabilidade, duas acepções se destacam pela sua importância social: a jurídica e a moral. Muito embora tenham laços e uma origem comum, pois ambas disciplinam os efeitos da violação de determinada norma comportamental, a responsabilidade moral não se confunde com a responsabilidade jurídica. É certo que as duas traduzem uma necessidade de desfazimento de um mal realizado. Contudo, a forma como o infrator será responsabilizado é o traço distintivo entre essas duas categorias.

Na responsabilidade moral, o infrator adere voluntariamente aos seus efeitos. Trata-se de um exame de consciência. Já a responsabilidade jurídica resulta de um ato de coação, por meio de um ato estatal, visando manter a paz social, traduzida na expressão "bem comum".

Outra diferença entre essas duas categorias reside na noção de lesão. Na responsabilidade moral não se cogita, pois, de saber se houve, ou não, prejuízo, porque um simples pensamento induz essa espécie de responsabilidade. A moral castiga o pecado sem se preocupar se existe algum resultado ou não. Já a responsabilidade jurídica, em especial a civil, pressupõe, obrigatoriamente, a noção de lesão, de prejuízo. O autor da lesão será obrigado a recompor o direito atingido, reparando em espécie ou em pecúnia o mal causado.

A responsabilidade jurídica, especificamente, possui duas nuances de estudo de maior relevo: a responsabilidade civil e a responsabilidade penal. Cumpre lembrar que essas categorias jurídicas gozam de uma natureza comum. A diferença entre elas reside na origem da norma jurídica violada e a consequente obrigação de reparar, bem como o diâmetro e a forma da repercussão dos seus efeitos.

A responsabilidade civil possui um diâmetro mais amplo que a penal. Somente as condutas humanas mais graves, que atingem bens sociais de maior relevância, são sancionadas pela lei penal. No que diz respeito à forma de repercussão, a responsabilidade civil se viabiliza, quanto possível, por meio de um valor pecuniário arbitrado para compensar ou reparar o dano, ao passo que a responsabilidade penal se viabiliza com a pena.

Por tratar-se de uma sanção mais intensa, a sanção penal é monopólio estatal, diferentemente do que ocorre com a sanção civil, hipótese que o ordenamento relega ao particular a ação para restabelecer-se, à custa do ofensor, no *status quo* anterior à ofensa.

6.2. FUNÇÕES DA RESPONSABILIDADE CIVIL

A responsabilidade civil tem como objetivo a realização de processos sociais de adaptação, integração e continuidade de um convívio social pacífico. Para garantir maior eficácia desses processos, as normas sobre responsabilidade civil devem ser vistas sob um prisma funcional.

A função, ou funções, de um instituto se traduz por um conjunto de regras com um mesmo significado. Uma vez identificada a significação de determinadas regras, o intérprete pode aplicá-las de maneira mais adequada, evitando, assim, que a norma se torne injusta ao caso concreto.

A injustiça, numa perspectiva funcional, nada mais é do que a falta de correspondência das normas aos valores e objetivos que inspiram um determinado ordenamento jurídico.

A doutrina desenvolveu diversas funções específicas dessa disciplina, as quais vêm sendo paulatinamente inseridas em diversos textos normativos. Hoje, as principais funções da responsabilidade civil são:

Funções da responsabilidade civil	a) Função ressarcitória; b) Função compensatória; c) Função punitiva; e d) Função sociopreventiva.

a) Função ressarcitória

Na função ressarcitória, temos o objetivo precípuo da responsabilidade civil, qual seja: retornar as coisas ao *status quo ante*.

Sua aplicação está submetida ao parâmetro do princípio da *restitutio in integrum*, isto é, tanto quanto possível, repõe-se a vítima à situação anterior à lesão. Isso se faz por meio de uma indenização fixada numa relação direta com o dano provocado.

A função ressarcitória é um conjunto de regras garantidoras do patrimônio da vítima lesada. Trata-se verdadeiramente de um mecanismo de concretização e manutenção do princípio constitucional da propriedade privada.

b) Função compensatória

Existem diversos aspectos da vida de um indivíduo (direitos e bens) que, muito embora componham seu patrimônio ideal, não possuem uma valoração direta, e, portanto, não podem ser ressarcidos.

É o caso de uma lesão à intimidade, à privacidade, à imagem de um indivíduo. Nesses casos, a aplicação da função ressarcitória se torna inviável, tendo em vista que o retorno ao *status quo ante* é impossível. A lesão sofrida é indelével, porquanto atinge o "ser" do indivíduo e não o "ter".

Muito embora não seja possível desfazer o dano, a função compensatória garante à vítima a possibilidade de um benefício, tenha ou não natureza pecuniária, para neutralizar fatos negativos, os quais, na maioria das vezes, trazem sentimentos de tristeza e de dor ocasionados à vítima. Trata-se de uma solução paralela, mas tão eficaz quanto às regras da função ressarcitória.

Isso porque o caráter hedonista do dinheiro garante à função compensatória um ótimo instrumento de neutralização da dor provocada pelo dano. Contudo, é bom observar que o valor a ser pago pelo prejuízo, ao contrário do que ocorre na função ressarcitória, não é equivalente ao dano. O valor da indenização limita-se a reequilibrar a situação danosa com um conjunto de bens correspondentes (via de regra, uma soma em dinheiro).

c) Função punitiva

A função punitiva, também conhecida por *punitive damages* pela doutrina anglo-saxã, tem uma dupla finalidade. A primeira garante uma modificação e uma conscientização do comportamento danoso do ofensor por meio da atribuição de uma sanção, consistindo esta na diminuição de seu patrimônio material. A segunda gera uma projeção social da indenização, ou seja, que a conduta do ofensor sirva de exemplo para outros.

A função punitiva possui duas teorias que lhe dão sustentação: a teoria da pena privada e a teoria do desestímulo.

A teoria da pena privada foi defendida por Boris Starck em um ensaio publicado em 1947 (*Essai d'une théorie générale de la responsabilité civile considerée en sa double fonction de garantie et de peine privée*).

Tem como fundamento a insuficiência das respostas oferecidas pela aplicação das funções ressarcitória e compensatória ao caso concreto, em razão da limitação da indenização ao dano efetivamente sofrido.

Para Starck, a condenação em ação de responsabilidade civil tem função de garantia, que se traduz na alocação de uma soma em dinheiro em favor da vítima que sofreu lesões aos seus interesses essenciais (direito da personalidade e direito sobre seus bens). Essa garantia (indenização) tem papel quase penal, porque a condenação proposta é pesada e deve cobrir todas as perdas econômicas e morais.

Paolo Gallo (*Pene private e responsabilità civile*), doutrinador italiano defensor da teoria da pena privada, afirma existir quatro hipóteses merecedoras da aplicação de uma pena privada, aliada às funções ressarcitória e compensatória da responsabilidade civil, a saber:

- casos de responsabilidade civil sem dano, isto é, sem dano de natureza econômica imediatamente perceptível, como ocorre no vasto setor das lesões aos direitos da personalidade;
- situações em que o lucro obtido com o ato ilícito é superior ao dano;
- hipóteses em que a probabilidade de condenação de ressarcir os danos é inferior relativamente à probabilidade de causar danos; e
- crimes de bagatela, ou seja, as condutas que, pelo valor irrisório do seu objeto, não são hábeis a desencadear a pretensão punitiva do Estado. Assim, a responsabilidade civil punitiva, aqui, supriria a lacuna ora existente no nosso orde-

namento jurídico, que, ao reconhecer a atipicidade penal da conduta, não oferece qualquer outro mecanismo apto a desestimular o ato.

Já a teoria do desestímulo estabelece que o *quantum* indenizatório arbitrado deva estabelecer uma quantia significativa o bastante, de modo a conscientizar o ofensor de que não deve persistir no comportamento lesivo.

Essa teoria é a mais aceita pela doutrina e jurisprudência nacionais.

Ela foi aparentemente recepcionada pelo Projeto de Lei n. 6.960/2002, por meio de uma genérica autorização ao juiz para acréscimo de parcela punitiva, determinando-se que a reparação do dano moral deve constituir também "adequado desestímulo ao lesante".

O atual Código Civil, em nenhuma de suas numerosas disposições sobre a responsabilidade civil, contemplou essa função. Do CDC, ela foi excluída pelo veto presidencial ("Art. 16. Se comprovada a alta periculosidade do produto ou do serviço que provocou o dano, ou grave imprudência, negligência ou imperícia do fornecedor será devida multa civil de até um milhão de vezes o Bônus do Tesouro Nacional – BTN, ou índice equivalente que venha substituí-lo, na ação proposta por qualquer dos legitimados à defesa do consumidor em juízo, a critério do juiz, de acordo com a gravidade e proporção do dano, bem como a situação econômica do responsável").

Contudo, a função punitiva, aos poucos, recebe adeptos tanto na doutrina como na jurisprudência, e a tendência atual permanece sendo no sentido de aumentar o valor das indenizações a esse título.

A função punitiva é um mecanismo acessório e, portanto, deve ser aplicada em situações específicas. No Brasil, por ora, deve ser aplicada especialmente para os agentes que praticam condutas danosas reiteradas, a qual será caracterizada quando uma mesma conduta danosa for praticada contra mais de uma vítima, massificadamente.

Um dos principais problemas para a adoção da função punitiva no Brasil é a determinação do beneficiário dos valores fixados. Alguns autores entendem que os valores arbitrados são devidos à própria vítima. Mas essa orientação sofre críticas severas, sob o argumento de que o resultado pecuniário arbitrado a título punitivo caracteriza uma forma de enriquecimento sem causa da vítima, de acordo com o art. 884 do CC.

A orientação jurisprudencial dominante tem apontado que os valores a título punitivo devem ser destinados ao próprio Estado e não à vítima, a exemplo do Fundo de Defesa de Direitos Difusos, previsto no art. 13 da Lei n. 7.347/85:

> Art. 13. Havendo condenação em dinheiro, a indenização pelo dano causado reverterá a um fundo gerido por um Conselho Federal ou por Conselhos Estaduais de que participarão necessariamente o Ministério Público e representantes da comunidade, sendo seus recursos destinados à reconstituição dos bens lesados.

Mas essa interpretação também não é isenta de críticas. Muitos questionam a forma de controle e gestão desses valores, os quais poderiam ser desviados para outras finalidades.

A doutrina ainda aponta outra solução para a destinação dos valores resultantes da aplicação da função punitiva. Trata-se de uma interpretação extensiva do parágrafo único do art. 883 do CC, que permite a reversão de quantias para um estabelecimento de beneficência, a critério do juiz.

Com isso, afasta-se a possibilidade de vir a ocorrer um ganho injusto da vítima. Na prática, essa hipótese dependeria de uma expressa determinação, na sentença, dos valores a esse título e da indicação da instituição beneficiada.

d) Função sociopreventiva

Essa função representa o esforço do legislador no sentido de evitar ou de prevenir a infração. Trata-se de um mecanismo acautelatório da responsabilidade civil, pois se manifesta de uma forma mais suave que a pena em sentido *lato*, e justamente por isso seu emprego apresenta-se de forma vantajosa.

A função sociopreventiva, como o próprio nome sugere, é pautada pelo princípio da prevenção, o qual estabelece um sistema jurídico baseado na prudência, criando, assim, um dever geral de segurança, o qual deve servir de leme para a responsabilidade civil moderna.

Essa função deve ser exercida pelo Estado, por meio de órgãos regulatórios, além de outras entidades da sociedade, pois é uma obrigação de todos prevenir a ocorrência de danos e, na medida do possível, aumentar o nível de segurança dos indivíduos.

No CDC, temos a função sociopreventiva de maneira evidenciada, especialmente, com os mecanismos para a suspensão de publicidade enganosa e abusiva, bem como para a proibição de comercialização de produtos perigosos.

6.3. DIMENSÕES DA RESPONSABILIDADE CIVIL

As dimensões se traduzem nas extensões que a responsabilidade civil envolve, ou seja, sua abrangência, seu campo de atuação social. Isso significa compreender as formas de tutela que o Estado dispõe para impedir violações de deveres jurídicos:

a) **Dimensão repressiva da responsabilidade civil:** a repressão é a atuação concreta da sanção, ou seja, a tutela dessa dimensão exige a imputação de alguém pela prática de determinado dano, o qual poderá ser reprimido mediante o ressarcimento ou compensação da lesão, na forma específica ou em dinheiro.

A sanção garante a eficácia das normas jurídicas e, consequentemente, restabelece os efeitos de deveres violados. Ela garante a integridade e a pujança do ordenamento jurídico.

b) **Dimensão preventiva da responsabilidade civil:** a dimensão preventiva da responsabilidade civil possui um caráter de intimidação, visando evitar o dano. Ela é o verdadeiro fundamento primário da responsabilidade civil, qual seja, o interesse da manutenção do equilíbrio social estabelecido.

A dimensão preventiva encontra seu fundamento no princípio da precaução. Ele surgiu nos anos 1980, embora só tenha obtido uma consagração formal em 1992, na conferência do Rio de Janeiro sobre questões ambientais.

Apesar de o princípio da precaução ter se delineado em setores específicos e gerado situações de responsabilidade particulares, sua ideologia irradiante garante sua aplicação para todo o sistema.

Assim, a dimensão preventiva, na qual esse princípio dá sustentação, impõe um dever de conduta mais elevado a todos os agentes sociais, e não apenas aos que desenvolvem atividade de risco, ou seja, um dever de segurança no tráfego jurídico.

O dever de segurança de tráfego é a projeção material mais sensível da dimensão preventiva e é perfeitamente alinhado à função sociopreventiva da responsabilidade civil. Passa-se a entender que quem cria situação ou fonte de perigo deve tomar todas as providências necessárias para que ela não se concretize.

Com a sua violação, configura-se o abuso, pois o dever impõe a todos a obrigação de atuar de modo a não causar danos a outrem, e a todos onera com o dever de solidariedade.

Processualmente, a dimensão preventiva se concretiza por meio da ação inibitória e da ação de remoção de ilícito.

6.4. PRESSUPOSTOS GERAIS DE CONFIGURAÇÃO DA RESPONSABILIDADE CIVIL: CONDUTA DO AGENTE

6.4.1. Definição e aspectos gerais

A conduta é o primeiro elemento estrutural da obrigação de indenizar, sem ela não há o que se cogitar de responsabilidade civil. Contudo, para que ela possa revelar efeitos jurídicos, deve ser revestida de alguns contornos mínimos de configuração.

Exige-se, para que haja conduta, um mínimo de participação subjetiva, ou seja, vontade. A voluntariedade haverá de estar presente no instante inicial da conduta, seja ela comissiva ou omissiva. Trata-se de uma vontade livre, pois conduta desprovida de liberdade não é conduta.

A voluntariedade não quer dizer que a conduta deva ser necessariamente querida pelo agente, ou seja, intencional. A intencionalidade é a projeção mental dos efeitos do ato, portanto, nada mais do que um estágio específico da voluntariedade. Há inúmeros casos em que não existe intenção na conduta, mas a sua prática gera, incontestavelmente, a obrigação de indenizar.

Ao lado do elemento da voluntariedade, a conduta, para gerar responsabilidade civil, deve ser consciente. Essa exigência não significa que o agente precise manifestá-la com a ciência e a intenção da prática do ato danoso. A consciência deve ser da conduta em si, não do específico conteúdo jurídico desse ato, ou de suas consequências jurídicas.

Consciente é o movimento físico em resposta a comandos processados na área do cérebro que sugerem o completo controle da conduta e seus efeitos pelo ser humano que age. Os atos, sob controle das áreas de consciência do cérebro, são sempre voluntários, mas o inverso não é verdadeiro, há vontades inconscientes.

Da mesma forma que a voluntariedade, a consciência também poderá ser desprezada em situações específicas para a caracterização da conduta do agente. Tomemos como exemplo um motorista que dirige um veículo diariamente na mesma rota. Em razão do automatismo da conduta, distrai-se e colide o veículo.

6.4.2. Formas de conduta: ação e omissão

A conduta humana poderá ser tanto comissiva como omissiva.

O comportamento comissivo se manifesta por meio de uma ação. A ação é a forma mais comum de exteriorização da conduta, porque, fora do domínio contratual, as pessoas estão obrigadas a abster-se da prática de atos que possam lesar o seu semelhante, de sorte que a violação desse dever geral de abstenção se obtém por meio de um fazer.

Já o comportamento omissivo decorre de uma atitude negativa. Trata-se de uma decisão voluntária que resulta na violação de um dever jurídico especial de praticar um ato que permitiria, possivelmente, impedir a consumação do dano.

A caracterização da responsabilidade civil pela omissão do agente cria um problema específico em determinar qual a medida ou em que casos há obrigação de indenizar.

A omissão só adquire relevância jurídica quando o omitente tem dever jurídico de agir – de praticar um ato para impedir o resultado –, seja ele advindo da lei, do negócio jurídico ou de uma conduta anterior, criando o risco da ocorrência do resultado.

6.4.3. Conduta e o agente

Será responsável, como regra geral, o agente que deu causa a um dano em razão de uma conduta própria. É a responsabilidade direta, por fato próprio, cuja justificativa está no próprio princípio informador da teoria da reparação.

Ainda que a responsabilidade por ato próprio seja a regra no ordenamento, não estão excluídas outras situações especiais. O Código Civil permite imputar responsabilidade a alguém em razão de uma conduta de terceiro, a quem o responsável está ligado, de algum modo, por um dever jurídico. Também autoriza que alguém seja responsabilizado por dano causado por um animal ou coisa que estava sob sua guarda.

Todas essas situações podem se refletir na responsabilidade civil decorrente das relações de consumo.

6.5. PRESSUPOSTOS GERAIS DE CONFIGURAÇÃO DA RESPONSABILIDADE CIVIL: O NEXO CAUSAL

6.5.1. Aspectos gerais sobre o nexo causal

A ideia de dano indenizável pressupõe um prévio equacionamento entre dois fatores, quais sejam, uma lesão de um bem jurídico e um agente imputável. Contudo, essa equação depende da verificação concreta de uma relação causal entre esses fatores.

A causa enquanto elemento estrutural da responsabilidade é, assim, um resultado de uma escolha, de uma opção do operador do direito, a qual muitas vezes não retrata a realidade dos acontecimentos.

Por essa razão, a relação causal, também conhecida como nexo de causalidade ou nexo causal, é, sem dúvida, um dos elementos mais complexos e delicados da responsabilidade civil.

A problemática se agrava ainda mais com o tratamento legislativo dado à matéria. O único dispositivo do Código Civil sobre o tema é pouco elucidativo (art. 403), suscitando uma série de controvérsias sobre a possibilidade ou não da reparação de um determinado dano.

6.5.2. Conceito de nexo causal (nexo de causalidade)

O conceito de nexo causal não é jurídico, decorre das leis naturais. É um vínculo, uma ligação ou relação da causa e seu efeito, da conduta e do resultado, diretamente ou como sua consequência previsível.

Todavia, não será necessário que o dano resulte apenas imediatamente ao fato ou ato que o produziu. Bastará que se verifique que o dano não ocorreria se o fato ou ato não tivesse acontecido.

Em vez de falar-se em vínculo causal, melhor seria utilizar a expressão processo, mais adequado ao atual estágio do direito obrigacional contemporâneo. Assim, a relação causal pode ser vista como um processo equacionado num determinado espaço-tempo, que une um comportamento a um evento atribuindo-lhe responsabilidade.

Em suma, o nexo causal é um elemento referencial entre a conduta e o resultado, por meio do qual é possível concluir quem é o indivíduo imputável pelo dano.

É bom lembrar que a imputabilidade não se confunde com o nexo de causalidade. A imputabilidade diz respeito a elementos subjetivos e o nexo causal a elementos objetivos, consistentes na ação ou na omissão do sujeito atentatório do direito alheio, produzindo dano patrimonial ou extrapatrimonial. Porém, nada obsta, como nos ensina Serpa Lopes, que haja imputabilidade sem nexo causal.

6.5.3. Causalidade múltipla

A principal problemática do nexo causal surge nas hipóteses de causalidade múltipla, isto é, quando há uma cadeia de condições, com várias circunstâncias concorrendo para o evento danoso, e temos que precisar qual dentre elas é a causa real do resultado.

A ideia de causalidade múltipla ou concurso de causas permite a distinção de várias figuras, cuja aplicação e efeito não se confundem. São elas:

a) **Causas complementares:** a causalidade complementar, também tratada pela doutrina sob a rubrica de causalidade conjunta ou concausa, verifica-se quando uma lesão decorre de duas ou mais causas, e a ausência de apenas uma delas implicaria o desaparecimento integral do efeito lesivo.

Há, portanto, concausas quando o resultado lesivo é decorrência de fatos diversos que, isoladamente, não teriam eficácia suficiente para causar o dano.

A concausalidade pode ocorrer de forma preexistente, simultânea ou superveniente.

Concausas preexistentes são aquelas que já existiam antes mesmo da conduta do agente, ou seja, os antecedentes da relação causal.

As *concausas simultâneas* são aquelas contemporâneas à conduta do agente. São condições presentes que, entrelaçadas, permitem a ocorrência do evento danoso.

As *concausas supervenientes* são aquelas verificadas após o desencadeamento do nexo causal e, embora concorram para o agravamento do resultado, geram a responsabilidade do agente pelo resultado final do dano.

    b) Causas cumulativas: a causalidade cumulativa ocorre quando cada uma das causas do evento danoso teria, isoladamente, determinado a produção do resultado de forma idêntica.

Em regra, quando vários agentes causam o dano de forma simultânea, a ofensa é a única razão pela qual se justifica plenamente a regra da solidariedade, com base no art. 942 do CC.

    c) Causas alternativas: a causalidade alternativa ocorre quando não é possível definir, com um grau absoluto de certeza, qual dos vários participantes em certo ato causou o dano.

6.5.4. Desenvolvimento doutrinário do nexo causal

Diversas teorias surgiram para resolver o problema do nexo causal. As principais são:

6.5.4.1. Teoria da equivalência dos antecedentes

Também conhecida como teoria objetiva da causalidade ou da *conditio sine qua non* (condição sem a qual não), é atribuída ao penalista alemão Maximiliano Von Buri.

Para os defensores dessa teoria, causa é a soma de todas as condições tomadas em conjunto, positivas e negativas. O efeito dano (*uno* e incindível) não poderá ser subdividido em partes, atribuindo-se a cada uma delas condição isolada e autônoma.

Condição é causa sempre que não se possa suprimi-la mentalmente, sem que o evento venha a ser eliminado. Logo, todas as condições (antecedentes necessários, não suficientes) se equivalem.

A crítica que se faz dessa teoria é a regressão infinita do nexo causal, atingindo elementos remotíssimos e indiretos com respeito ao evento.

6.5.4.2. Teoria do dano direto e imediato

A teoria do dano direto ou imediato, também conhecida como teoria do nexo causal direto e imediato ou teoria da interrupção do nexo causal, exige, para a imputação de responsabilidade, uma relação de causa e efeito direta e imediata ao dano.

Paulo de Tarso Vieira Sanseverino explica que o

> ponto nuclear da teoria reside na fixação da noção de "causalidade necessária" ou de "necessariedade da causa", o que é particularmente relevante nos processos causais complexos em que concorram mais de uma série de causas.
>
> O curso normal do nexo causal é desviado pelo surgimento de um novo fator, que acaba conduzindo para o resultado lesivo, sendo essa circunstância qualificada como "causa estranha", rompendo o "liame de necessariedade entre a causa e o efeito". O importante é que a causa direta e imediata não é necessariamente a mais próxima, não sendo a distância temporal, mas lógica (*Princípio da reparação integral*, p. 161).

Para muitos autores, esta foi a teoria que serviu de sustentação ao Código de Napoleão, adotada pelo nosso e por outros códigos civis, como se depreende da leitura do art. 403 do CC.

O dano deve ser consequência necessária da inexecução da obrigação. Assim, pouco importa saber se a causa é a mais próxima ou a mais remota. Não é o tempo, propriamente, que revela a responsabilidade pela ocorrência do dano, mas a sua proximidade lógica.

Assim, é indenizável todo o dano que se filia a uma causa, ainda que remota, desde que ela seja causa necessária, por não existir outra que explique o mesmo dano.

6.5.4.3. Teoria da causa próxima

Por essa teoria, causa é aquela que, no complexo dos antecedentes do dano, aparece em último lugar na série, vale dizer, a causa derradeira (*proximate causae*).

A teoria da causa próxima reduz, portanto, a responsabilidade do agente à mera questão cronológica.

6.5.4.4. Teoria da causa eficiente e teoria da causa preponderante

Por essa teoria, interessa apenas o acontecimento que estabeleceu a relação causal de maior grau de eficiência no resultado.

6.5.4.5. Teoria da causalidade adequada

Essa teoria examina a adequação da causa em função da possibilidade e da probabilidade de determinado resultado vir a ocorrer à luz da experiência comum. Significa dizer que a ação tem que ser idônea para produzir o resultado.

Para que se verifique a adequação da causa, realiza-se um juízo retrospectivo de probabilidade que, no âmbito doutrinário, é denominada prognose póstuma e cuja fórmula se resume na seguinte indagação: ação ou a omissão que se julga era apta ou adequada para produzir normalmente esta consequência?

De acordo com essa teoria, quanto maior é a probabilidade com que determinada causa se apresenta para gerar um dano, tanto mais adequada é em relação a esse dano.

A causa, portanto, deve ser estabelecida por meio de um juízo abstrato, segundo a ordem natural das coisas e a experiência da vida, e não em concreto, a considerar os fatos tal como se deram, já que, em tais circunstâncias, as condições são mesmo equivalentes.

6.5.4.6. Teoria do escopo da norma jurídica violada

Essa teoria toma como base o pressuposto de que não é possível individualizar um critério válido para se aferir o nexo causal em todas as hipóteses de responsabilidade civil.

Desse modo, o julgador, ao avaliar a função da norma violada, determina se o evento danoso recai em seu âmbito de proteção.

6.5.4.7. Teoria da ação humana

Para os seus adeptos, a causalidade, no campo do direito, não se assenta na mera cadeia de precedentes físicos (como ocorre nas ciências naturais), mas sim, na concatenação material que sofre interferência do homem (ser de liberdade), que intervém como agente dos acontecimentos, influindo nos fatos com sua conduta.

Na ótica de seus defensores, em vez de se fazer a pergunta tradicional "quando a ação é causa do resultado?", deve-se antes questionar "quando um sujeito é autor de determinado resultado".

6.5.5. Nexo causal e sua interpretação doutrinária e jurisprudencial no Brasil

No Brasil, como o nexo causal não foi muito estudado, é natural que a doutrina e a jurisprudência tenham realizado diversas confusões.

No STF, prevalece a teoria da causalidade direta ou imediata, também conhecida como teoria da interrupção do nexo causal. Para tanto, cumpre ler o acórdão proferido pela 1ª Turma do STF no julgamento do RE 130.764/PR, sendo relator o Ministro Moreira Alves, em 12 de maio de 1992.

6.6. PRESSUPOSTOS GERAIS DE CONFIGURAÇÃO DA RESPONSABILIDADE CIVIL: O DANO

O dano é verdadeiramente a pedra angular para a configuração da responsabilidade civil. A doutrina e a jurisprudência praticamente se mostram unânimes em declarar que não é possível cogitar responsabilidade civil sem sua ocorrência.

6.6.1. Conceito de dano

Dano consiste na lesão socialmente relevante de um bem juridicamente tutelado. Pode ser individual, coletivo ou difuso, patrimonial ou extrapatrimonial (art. 6º, VI, do CDC). Nem sempre a transgressão de uma norma ocasiona o dano. Apenas a lesão iníqua a um interesse, ou seja, um dano injusto que garante modernamente a aplicação do princípio pelo qual a ninguém é dado prejudicar outrem (*neminem laedere*).

Do ponto de vista físico, o dano significa o aniquilamento ou a alteração de uma condição favorável de um indivíduo ou grupo num determinado espaço-tempo.

Já do ponto de vista jurídico, ele se verifica em razão da inobservância de uma norma, a qual, para conceder um efeito favorável ao prejudicado, estabelece um determinado comportamento.

Abstratamente, o dano resulta da violação de um valor juridicamente protegido por uma norma.

Concretamente, o dano é a perda ou deterioração de um bem pertencente à pessoa ofendida. Resulta de uma diferença, de uma diminuição de um *status* pessoal numa relação espaço-tempo.

6.6.2. Requisitos do dano indenizável

Para que o dano seja efetivamente indenizável é preciso conjugar quatro requisitos de configuração, a saber:

a) **Violação de um interesse jurídico protegido:** trata-se da diminuição ou destruição de um bem jurídico, patrimonial ou extrapatrimonial, pertencente a uma pessoa natural ou jurídica.

Hoje já se cogita a violação de um bem da coletividade, a exemplo dos danos ambientais.

b) **Certeza:** ninguém poderá ser obrigado a compensar a vítima por um dano abstrato ou hipotético. A certeza do dano refere-se à sua existência.

A certeza do dano não se confunde com a ideia de atualidade. A atualidade ou futuridade do dano é atinente à determinação do conteúdo do dano e ao momento em que ele se produziu. O dano pode ser atual ou futuro, desde que seja consequência necessária, certa, inevitável e previsível da ação.

c) **Subsistência:** o dano deve subsistir no momento de sua exigibilidade em juízo.

Se o dano já foi reparado pelo responsável, o prejuízo é insubsistente, mas, se o foi pela vítima, a lesão subsiste pelo *quantum* da reparação; o mesmo se diga se terceiro reparou o dano, caso em que ele ficará sub-rogado no direito do prejudicado.

d) **Imediatidade:** significa que só se indenizam, em regra, os danos diretos e imediatos.

Trata-se de uma aplicação do disposto no art. 403 do CC. Esse dispositivo afirma que as perdas e danos só incluem os prejuízos e os lucros cessantes por efeito direto e imediato da inexecução.

Contudo, em certos casos, o agente da conduta imputável responderá pelos prejuízos ulteriores provocados em outras esferas individuais, muito embora não tivesse qualquer intenção de causar este efeito. Trata-se do chamado dano reflexo ou em ricochete. O dano reflexo consiste no prejuízo que atinge extensivamente a pessoa próxima, ligada à vítima direta do dano. Trata-se de um dano consequente, daí o porquê de sua nomenclatura.

6.6.3. Dano patrimonial

O dano patrimonial se verifica pela diferença entre o valor atual do patrimônio da vítima e aquele que teria, no mesmo momento, se não houvesse a lesão. O dano patrimonial possui duas dimensões temporais: o dano emergente e o lucro cessante.

Dano presente ou emergente é o que consiste num *déficit* real e efetivo no patrimônio do lesado, isto é, uma concreta diminuição, um prejuízo real.

Dano futuro ou lucro cessante ou frustrado é o alusivo à privação de um ganho pela vítima, ou seja, bens e valores que ele deixou de auferir, em razão do prejuízo que lhe foi causado.

6.6.4. Dano extrapatrimonial (dano moral)

À luz da Constituição vigente, o dano extrapatrimonial (dano moral) pode ser conceituado como violação do direito à dignidade. Dessa maneira, sua configuração não está necessariamente vinculada a alguma reação psíquica da vítima.

Pode-se sofrer ofensa à dignidade de pessoa humana sem dor, vexame, sofrimento, assim como pode haver dor, vexame e sofrimento sem violação da dignidade. Dor, vexame, sofrimento e humilhação podem ser consequências e não causas.

Com essa ideia, abre-se espaço para o reconhecimento do dano extrapatrimonial em relação a várias situações nas quais as vítimas não têm consciência do efeito anímico da lesão, como se dá, por exemplo, com os incapazes em geral.

Os danos extrapatrimoniais englobam outros aspectos da pessoa humana que não estão diretamente vinculados à sua dignidade. Nessa categoria, incluem-se os chamados novos direitos da personalidade: a imagem, o bom nome, direitos autorais, relações afetivas, convicções etc.

Resulta daí que o dano extrapatrimonial, em sentido amplo, envolve esses diversos graus de violação dos direitos da personalidade, abrangendo todas as ofensas à pessoa, considerada esta em suas dimensões individual e social, ainda que a sua dignidade não seja arranhada.

Por se tratar de algo imaterial ou ideal, a prova do dano extrapatrimonial não pode ser feita pelos mesmos meios utilizados para a comprovação do dano material.

Nesse ponto, a razão se coloca ao lado daqueles que entendem que o dano extrapatrimonial está ínsito na própria ofensa. Em outras palavras, o dano extrapatrimonial existe *in re ipsa*, deriva inexoravelmente do próprio fato ofensivo, de tal modo que, provada a ofensa, *ipso facto*, está demonstrado o dano extrapatrimonial à guisa de uma presunção natural, uma presunção *hominis* ou *facti*, que decorre das regras da experiência comum.

6.6.5. Danos coletivos e difusos no CDC

Além da possibilidade de se pleitear a reparação de danos individuais, o inciso VI do art. 6º do CDC prevê expressamente a hipótese de danos patrimoniais e morais coletivos e difusos.

Essa possibilidade decorre da constatação de que os danos aos consumidores, em muitos casos, atingem uma pluralidade indeterminada (e praticamente indeterminável) de pessoas, impedindo sua decomposição num feixe de interesses individuais.

Ocorrido o dano coletivo, surge automaticamente uma relação jurídica obrigacional que pode ser assim destrinchada:

a) sujeito ativo: a coletividade lesada (detentora do direito à reparação);

b) sujeito passivo: o causador do dano (agente da conduta); e

c) objeto: a reparação, que pode ser tanto pecuniária quanto não pecuniária.

6.7. A CULPA E A RESPONSABILIDADE CIVIL NAS RELAÇÕES DE CONSUMO

Hoje é pacífico na doutrina que a responsabilidade civil dos fornecedores nas relações de consumo prescinde do elemento da culpa, salvo na hipótese da responsabilidade civil dos profissionais liberais pelo fato do produto, como se verá no item 7.10 do capítulo seguinte.

A culpa (e também o dolo) nasce da inobservância de um dever de cuidado, exprime um juízo de reprovabilidade sobre uma conduta, pois, diante das circunstâncias específicas do caso, o agente devia, e podia ter agido de outro modo.

7.
Responsabilidade Civil pelo Fato do Produto e do Serviço

7.1. FUNDAMENTO DA RESPONSABILIDADE PELO FATO: A VIOLAÇÃO DO DEVER DE SEGURANÇA

A responsabilidade pelo fato tem como objeto a falha do dever de segurança dos produtos e serviços postos em circulação no mercado de consumo.

Na doutrina brasileira, há os que preferem a expressão acidente de consumo para caracterizar essa hipótese de responsabilidade, pois ela se materializa numa repercussão externa; noutras palavras, atinge a incolumidade físico-psíquica do consumidor e do seu patrimônio.

Sobre esse ponto de vista, Antonio Herman de Vasconcellos e Benjamin esclarece que essa última expressão destaca melhor a consequência do dano (*Manual de direito do consumidor*, p. 114).

A segurança é um dos princípios norteadores da Política Nacional das Relações de Consumo (art. 4º do CDC), e o dever por ela criado pode ser visto como uma projeção do dever de confiança nas relações jurídicas. A importância do tema fez com que a doutrina desenvolvesse a chamada teoria da qualidade.

Para os adeptos dessa teoria, a segurança é da essência dos produtos e serviços postos em circulação, bem como dos seus instrumentos contratuais decorrentes.

Sobre o tema, esclarece Claudia Lima Marques:

> Da aceitação de uma teoria da qualidade nasceria, no sistema do CDC, um dever anexo para o fornecedor (uma verdadeira garantia implícita de segurança razoável, como no sistema anterior norte-americano). Este dever seria "anexo" ao produto, isto é, concentrado no bem e não só "anexo" ao contrato. Por conseguinte, seria um dever legal de todos os fornecedores que ajudam a introduzir (atividade de risco) o produto no mercado. Mas, no sistema do CDC, só haverá violação deste dever nascendo a responsabilidade de reparar os danos, quando existir um defeito no produto (por influência europeia) (*Comentários ao Código de Defesa do Consumidor*, p. 259).

Assim, a violação ou o não atendimento do dever de segurança permite a caracterização do chamado "defeito" dos produtos e serviços ou vícios por insegurança, na lição de Antonio Herman de Vasconcellos e Benjamin (*Manual de direito do consumidor*, p. 116 e s.).

Dada a sua importância, a caracterização do defeito eleva-o a condição de elemento estrutural da responsabilidade pelo fato, ao lado da conduta do agente, do nexo causal e do dano.

Falha de Segurança → Defeito do Produto/Serviço → Responsabilidade Civil do Fornecedor por Acidente de Consumo

7.2. CONCEITO DE DEFEITO

O § 1º do art. 12 e o § 1º do art. 14 do CDC seguiram a orientação da Diretiva 85/374/CEE da União Europeia para conceituar o defeito do produto e do serviço. A melhor doutrina também faz referência direta a esse diploma.

Dessa forma, os produtos e os serviços defeituosos podem ser definidos como os bens de consumo que não apresentam a segurança que deles o mercado legitimamente espera.

> **ATENÇÃO**
> As jurisprudências do STJ e de alguns Tribunais de Justiça utilizam a expressão "defeito" de forma equivocada referindo-se aos vícios dos

> produtos e serviços. Por essa razão, existem diversos acórdãos cujo sentido literal da linguagem utilizada não possui a mesma dimensão técnico-jurídica.

Desse conceito, é possível extrair duas conclusões.

A primeira conclusão é que a definição apresentada é ampla e vaga. O conteúdo da expressão "segurança legitimamente esperada" permite englobar uma ampla variedade de hipóteses com características específicas. Porém, essa forma conceitual adotada pela Diretiva e pelo CDC não foi feita ao acaso.

O legislador optou pela utilização de uma cláusula geral, justamente para garantir uma maior flexibilidade do sistema. Judith Martins-Costa explica que as cláusulas gerais são uma modalidade de normas, dotadas de vagueza socialmente típica, ao lado dos princípios e dos conceitos jurídicos indeterminados (*A boa-fé no direito privado*, p. 303).

A técnica de cláusula geral adotada pelo CDC para a definição de defeito é apontada pela doutrina como correta.

Esclarece Paulo de Tarso Vieira Sanseverino que

> a riqueza das relações de consumo e a imensa gama de atividades desenvolvidas no universo social impedem que se estabeleça, previamente, em fórmulas legislativas fechadas, a totalidade das situações que devem ser consideradas como defeitos (*Responsabilidade civil no Código do Consumidor e a defesa do fornecedor*, p. 128).

Assim, o dimensionamento específico do que venha a ser a "segurança legitimamente esperada" passa a ser papel do juiz, na condição de intérprete da cláusula geral.

A segunda conclusão que é possível extrair do conceito de defeito é que a Diretiva e o CDC não criaram um sistema de segurança absoluta. O que se espera é o enquadramento dos produtos e dos serviços dentro dos padrões de uma expectativa legítima dos consumidores, o qual é fixado de forma coletiva pela própria sociedade de consumo.

Para que essa fixação seja possível no caso concreto, Antonio Herman de Vasconcellos e Benjamin, explica que

> o juiz leva em conta a percepção de fragmentos da sociedade de consumo, assim o faz com os olhos postos em matizes coletivos específicos de uma determinada categoria de consumidores, seja por mera divisão geográfica, seja por determinação de classes sociais, seja, finalmente, por levar em consideração a capacidade de assimilar informação (é o caso das crianças, dos idosos, dos analfabetos, dos portadores de deficiência). Tal não quer significar, todavia, que o juiz, para chegar ao quadro geral da expectativa legítima, não considere a situação individual do consumidor-vítima. Só que assim o fará como um dado a mais, entre outros (*Manual de direito do consumidor*, p. 126).

7.3. CLASSIFICAÇÃO DOS DEFEITOS

A doutrina em geral classifica os defeitos tomando como parâmetro aspectos dogmáticos similares, divergindo, apenas, quanto à nomenclatura adotada.

Antonio Herman de Vasconcellos e Benjamin divide os defeitos quanto à origem, com base na doutrina de Luiz Gastão Paes de Barros Leães, em três modalidades: fabricação, concepção e comercialização.

Zelmo Denari classifica-os em defeitos de concepção, de produção e de informação ou comercialização.

James Marins divide-os conforme a fase do *iter* produtivo em que os defeitos surjam, dividindo-os em criação (projeto e fórmula), produção (fabricação, construção, montagem, manipulação, acondicionamento) e informação (publicidade, apresentação, informação insuficiente ou inadequada).

Sílvio Luiz Ferreira da Rocha classifica-os em defeitos de construção, de fabricação ou de informação.

E, finalmente, José Reinaldo Lima Lopes classifica-os em defeitos de fabricação, de projeto e de instruções inadequadas.

Neste livro, adota-se um critério híbrido, justamente para aproveitar os principais aspectos desenvolvidos pelos demais doutrinadores. Dessa maneira, a classificação dos defeitos pode ser assim apresentada:

7.3.1. Defeito de criação ou de concepção

A falha de segurança está na estrutura, no projeto ou nas fórmulas do produto ou do serviço.

A doutrina italiana explica que o defeito de concepção apresenta uma falha de segurança fora dos padrões exigidos, não obstante tenha sido produzido de acordo com planos e especificações exigidos para a execução ou fabricação do produto e do serviço.

Afirma Antonio Herman de Vasconcellos e Benjamin que os defeitos de concepção possuem três traços característicos, quais sejam:

a) a inevitabilidade;

b) a dificuldade de previsão estatística quanto à sua frequência; e

c) a manifestação universal.

Essa última característica é, sem dúvida, o seu traço distintivo, pois, como afirma o referido autor,

> o defeito de concepção não se limita a apenas um ou outro produto ou serviço da cadeia de produção, mas, ao revés, manifesta-se em todos os produtos daquela série ou em todos os serviços executados (*Manual de direito do consumidor*, p. 128).

7.3.2. Defeito de produção ou fabricação

É o defeito decorrente da falha instalada no processo produtivo e está presente na fabricação, na montagem, na construção ou no acondicionamento do produto.

Afirma Antonio Herman de Vasconcellos e Benjamin que os defeitos de fabricação possuem três traços característicos, quais sejam:

a) a inevitabilidade, por tratar-se de um desdobramento natural dos processos de automatização dos bens de consumo;

b) a previsibilidade estatística quanto à sua frequência; e

c) a manifestação limitada em alguns consumidores.

7.3.3. Defeito de comercialização e informação

Trata-se do defeito decorrente da apresentação do produto e do serviço ao consumidor, a qual inclui todo o processo de informação destinado ao mercado de consumo, manifestada principalmente na rotulagem, na embalagem, nas instruções de uso e nas mensagens publicitárias.

No dizer de José Reinaldo de Lima Lopes, essa categoria "não se trata de um defeito da coisa em si, mas da insuficiente ou errônea informação sobre o seu uso adequado" (*A responsabilidade civil do fabricante*, p. 61).

A manifestação do defeito pode ocorrer de duas formas. A primeira ocorre quando o fornecedor não esclarece a forma correta de utilização do produto e do serviço. Já a segunda se dá quando o fornecedor não alerta o consumidor acerca dos cuidados e precauções a serem tomados na utilização de um produto ou serviço (exemplo: informações para o manuseio cuidadoso no uso de produtos inflamáveis).

7.4. CRITÉRIOS DE VALORAÇÃO DOS DEFEITOS DOS PRODUTOS

Os incisos do § 1º do art. 12 do CDC estabelecem critérios para o aplicador do direito determinar se um produto pode ser considerado defeituoso.

Os critérios de valoração para os produtos defeituosos são:

a) apresentação (art. 12, § 1º, I): a apresentação consiste num ato unilateral do fornecedor para divulgação dos elementos característicos do produto. Deve ela, portanto, funcionar como uma barreira eficaz à possível incidência ou materialização de defeitos, uma vez que o consumidor devidamente informado tem condições de avaliar os riscos no uso e na fruição do bem adquirido;

b) o uso e os riscos que razoavelmente dele se esperam (art. 12, § 1º, II): a razoabilidade afasta a necessidade de segurança absoluta. Contudo, o critério utilizado pelo CDC liga esse dever à expectativa do consumidor em relação ao produto, no que tange à segurança que dele se espera;

c) a época em que foi colocado em circulação (art. 12, § 1º, III): o momento em que o produto foi colocado em circulação é o marco temporal para se averiguar a existência do defeito. Percebe-se que a falha de segurança já deve existir no momento de sua colocação no mercado de consumo, não cabendo avaliá-la no instante da ocorrência do dano ou do julgamento do juiz.

É por essa razão que o § 2º do art. 12 dispõe que o produto não pode ser considerado defeituoso pelo fato de outro de melhor qualidade ter sido colocado no mercado. Se o fornecedor, em razão dos avanços tecnológicos, melhora a qualidade de seu produto, não pode ser penalizado, já que não era defeituoso o produto que foi substituído.

7.5. CRITÉRIOS DE VALORAÇÃO DOS DEFEITOS DOS SERVIÇOS

Os incisos do § 1º do art. 14 do CDC repetem parcialmente os critérios de valoração apresentados no item anterior para a valoração dos defeitos dos produtos.

Aqueles relacionados ao uso e riscos esperados, bem como o critério da época de circulação, também são mantidos para a análise do defeito dos serviços.

Apenas o critério de apresentação do produto (inciso I do § 1º do art. 12) é substituído por um critério aplicável especificamente aos serviços, qual seja o modo de seu fornecimento.

A forma do fornecimento do serviço é, sem dúvida, o principal critério para determinar se um serviço é defeituoso ou não.

No ato do fornecimento, é possível verificar se as técnicas exigidas para o desenvolvimento adequado da prestação foram utilizadas corretamente, de acordo com os padrões exigidos pelos órgãos reguladores, bem como pela própria sociedade de consumo.

7.6. RISCO DE DESENVOLVIMENTO E A CARACTERIZAÇÃO DO DEFEITO NO PRODUTO E NO SERVIÇO

O risco de desenvolvimento é aquele que não pode ser identificado quando da colocação do produto ou do serviço no mercado em função de uma impossibilidade científica e técnica, somente sendo descoberto posteriormente com o seu uso.

Para que se caracterize o risco de desenvolvimento, o defeito não pode ser perceptível na época do lançamento do produto ou do serviço. Deve corresponder a uma impossibilidade absoluta da ciência em perceber o defeito, e não à impossibilidade subjetiva do fornecedor.

O CDC não prevê expressamente os riscos de desenvolvimento em seu texto quando trata da exclusão de responsabilidade do fornecedor, abrindo espaço para a discussão doutrinária.

Alguns juristas sustentam que são causa excludente de responsabilidade os riscos de desenvolvimento, que, na época de colocação do produto ou do serviço no mercado, eram absolutamente impossíveis de prever, com fundamento nos arts. 12, § 1º, III, e 14, § 1º, III, do CDC.

Para a doutrina majoritária, os danos advindos dos riscos do desenvolvimento devem ser indenizados pelo fornecedor, visto que os arts. 12, § 3º, e 14, § 3º, do CDC não excluem expressamente a responsabilidade do fornecedor.

Paulo de Tarso Vieira Sanseverino sustenta o não acatamento, em nosso sistema, da exoneração da responsabilidade civil do fornecedor pelo risco de desenvolvimento, afirmando que, em princípio, os riscos de desenvolvimento constituem modalidade de defeito de projeto ou concepção do produto ou do serviço, estando perfeitamente enquadrados nos arts. 12, *caput*, e 14, *caput*, do CDC. Desse modo, a exclusão da responsabilidade do fornecedor, nessa hipótese, deveria ter constado de maneira expressa no rol de causas de exclusão da responsabilidade do fornecedor, como ocorreu no direito comunitário europeu (*Responsabilidade civil no código do consumidor e a defesa do fornecedor*, p. 335).

7.7. IMPUTAÇÃO DE RESPONSABILIDADE PELO FATO DO PRODUTO

O *caput* do art. 12 indica quais são os responsáveis imputáveis pela reparação dos danos aos consumidores pelo fato do produto. Em vez de utilizar o vocábulo "fornecedor", preferiu o legislador inserir rol taxativo dos responsáveis, quais sejam fabricante, construtor, importador e produtor.

A doutrina, para melhor explicar a responsabilidade de cada um desses fornecedores, reúne-os em três categorias distintas, a saber:

a) **Fornecedor real:** compreende o fabricante, produtor e construtor.

Na lição de Ronaldo Alves Andrade (*Curso de direito do consumidor*, p. 157-159), o fabricante é a pessoa física ou jurídica que cria ou processa produtos em escala, seja artesanal ou industrial, para serem colocados no mercado de consumo. Já o produtor é quem coloca no mercado de consumo produtos da natureza, ou seja, produtos da agroindústria. Finalmente, o construtor é a pessoa que desenvolve atividades ligadas à incorporação civil, engenharia ou arquitetura.

Os fornecedores reais são os verdadeiros responsáveis pela falha de segurança (defeito), tendo em vista que participam direta e ativamente do processo de criação e concepção do produto.

b) **Fornecedor presumido:** assim entendido o importador de produto industrializado ou *in natura*.

A imputação de responsabilidade ao importador é uma expressão do dever de segurança que todos os fornecedores do ciclo econômico devem observar.

Claudia Lima Marques observa que

> ao importador foi imposto um dever legal próprio de só introduzir no mercado brasileiro produtos livres de defeitos, isto é, com a segurança que deles se espera. Assim, pelas normas do CDC, o importador responde pelos danos causados, tanto nos casos em que o defeito advém de uma falha na esfera de sua atividade (falha de manipulação, acondicionamento, guarda), quanto nos casos em que o defeito teria sua origem no projeto, na fabricação, na construção ou na montagem do bem (*A responsabilidade do importador pelo fato do produto segundo o Código de Defesa do Consumidor*, p. 283).

c) **Fornecedor aparente:** aquele que apõe seu nome ou marca no produto final.

Pode ser visto como o fabricante ou o produtor.

7.8. IMPUTAÇÃO DE RESPONSABILIDADE PELO FATO DO PRODUTO: O COMERCIANTE

O comerciante também pode ser responsabilizado pelo fato do produto, na forma do art. 13 do CDC. Aquele deverá indenizar o consumidor sempre que não puder ser identificado ou quando não houver identificação do fornecedor (fabricante, construtor, produtor ou importador), ou, ainda, na hipótese de o comerciante não conservar adequadamente o produto. Trata-se, contudo, de uma responsabilidade subsidiária.

Importante notar que, nesses casos, o comerciante que arca com a indenização terá o direito de regresso diante do causador do dano, devendo o comerciante demonstrar a culpa do fornecedor no evento danoso para ter os prejuízos ressarcidos, vedada a denunciação da lide, nos termos do art. 88 do CDC.

A vedação da denunciação, nesse caso, foi também confirmada pelo STJ, sob o seguinte argumento:

Sempre que não houver identificação do responsável pelos defeitos nos produtos adquiridos, ou seja, ela (sic) difícil, autoriza-se que o consumidor simplesmente litigue contra o comerciante, que perante ele fica diretamente responsável (REsp 1.052.244, rel. Min. Nancy Andrighi, j. 26-8-2008, DJ 5-9-2008).

7.9. IMPUTAÇÃO DE RESPONSABILIDADE PELO FATO DO SERVIÇO

O art. 14 do CDC utiliza a expressão "fornecedores de serviço" para indicar os responsáveis pela reparação de danos aos consumidores pelo fato do serviço, ao contrário da imputação específica determinada no art. 12 do CDC.

A imputação genérica pelo CDC ocorre, como bem observa Antonio Herman de Vasconcellos e Benjamin, "porque, de regra, o fornecedor do serviço é o próprio prestador, aquele, pessoa física ou jurídica, que entrega a prestação" (*Manual de direito do consumidor*, p. 138).

Quando o fornecimento for realizado por um terceiro, todos os prestadores de serviço da cadeia serão responsabilizados. Trata-se de uma interpretação extensiva do disposto no art. 34 do CDC.

7.10. IMPUTAÇÃO DE RESPONSABILIDADE PELO FATO DO SERVIÇO: O PROFISSIONAL LIBERAL

O legislador faz diferenciação com relação à responsabilidade do profissional liberal. Conforme a regra do § 4º do art. 14 do CDC, a prestação de serviços do profissional liberal é orientada pela teoria da responsabilidade subjetiva, ou seja, exige a demonstração de sua culpa.

A justificativa desse tratamento diferenciado, na lição de Bruno Miragem, decorre da

> natureza da prestação realizada pelo profissional liberal, que de regra será de caráter personalíssimo (*intuitu personae*), isolada, e que por isso não

detém estrutura complexa de fornecimento do serviço, em relação ao qual o interesse básico do consumidor estará vinculado ao conhecimento técnico especializado deste fornecedor (*Direito do consumidor*, p. 298).

Por se tratar de regra excepcional, sua interpretação deve ser feita de forma restritiva, devendo-se, assim, estabelecer sua correta extensão, partindo-se da identificação de quem se inclui no conceito de profissional liberal.

Segundo Paulo Luiz Netto Lôbo (*Responsabilidade civil dos profissionais liberais e o ônus da prova*, p. 541-550), o conceito de profissionais liberais abrange:

a) as profissões regulamentadas (arquitetura, medicina, psicologia etc.);

b) as que exigirem graduação universitária ou apenas formação técnica;

c) reconhecidas socialmente mesmo sem exigência de formação escolar.

Dessa forma, podemos resumidamente afirmar que o profissional liberal é a pessoa que exerce atividade especializada de prestação de serviço de natureza predominantemente intelectual e técnica, sem qualquer vínculo de subordinação.

Antonio Herman de Vasconcellos e Benjamin sintetiza essa identificação afirmando que o profissional liberal é o "prestador de serviço solitário, que faz do seu conhecimento uma ferramenta de sobrevivência" (*Manual de direito do consumidor*, p. 139).

Além da questão em torno da identificação correta do profissional liberal, o outro aspecto determinante nessa modalidade de responsabilidade civil diz respeito à compreensão correta da culpa.

Esse elemento se manifesta na conduta do agente por meio da imprudência (conduta positiva) ou da negligência (conduta negativa), as quais podem ser compreendidas como a falta de cautela ou cuidado, mas principalmente com imperícia.

Essa manifestação decorre de falta de habilidade no exercício de atividade técnica, caso em que se exige, de regra, maior cuidado ou cautela do profissional.

A culpa do profissional liberal se materializa pelo descumprimento de um dever de cuidado que o agente podia conhecer e devia observar, ou, como querem outros, a omissão de diligência exigível. Para configurar a culpa temos os seguintes elementos:

a) **Conduta voluntária com resultado involuntário:** na culpa, não há intenção, mas há vontade.

Não há conduta intencional, mas tensional.

b) **Previsão ou previsibilidade:** embora involuntário, o resultado poderá ser previsto pelo agente.

Previsto é o resultado que foi representado, mentalmente antevisto.

Não sendo previsto, o resultado terá que, pelo menos, ser previsível, este é o limite mínimo da culpa.

Há dois critérios de aferição da previsibilidade: o objetivo e o subjetivo. O primeiro tem em vista o homem médio, diligente e cauteloso. O segundo deve ser aferido tendo em vista as condições pessoais do sujeito, como idade, sexo, grau de cultura etc.

c) **Falta de cuidado, cautela, diligência ou atenção:** a falta de cautela exterioriza-se por meio da imprudência, da negligência e da imperícia.

Não são, como se vê, espécies de culpa, nem elementos desta, mas formas de exteriorização da conduta culposa.

É bom observar que ainda que se considere a exigência da verificação da culpa como condição para o reconhecimento do defeito do serviço, ela sempre será objeto de prova, podendo ser presumida em vista das circunstâncias do caso ou em decorrência da inversão do ônus da prova prevista no art. 6º, VIII, do CDC.

O último aspecto relacionado à responsabilidade pelo fato do serviço do profissional liberal diz respeito ao dever de informação que esse agente possui em relação aos consumidores/clientes.

A doutrina afirma tratar-se de dever de informação incrementado, o qual nasce do próprio dever de segurança. Como principal exemplo da aplicação desse dever, temos a obrigação médica.

Sobre o assunto, o STJ entende que os médicos devam ser responsabilizados solidariamente com o hospital quando "deixar de cumprir com a obrigação de obter consentimento informado a respeito de cirurgia de risco" (REsp 467.878/RJ, 4ª T., rel. Min. Ruy Rosado de Aguiar, j. 5-12-2002, *DJ* 10-2-2003, p. 222).

7.11. EXCLUDENTES DE RESPONSABILIDADE PELO FATO DO PRODUTO E DO SERVIÇO

Excludente de responsabilidade é o fato que isenta o agente da conduta delituosa de arcar com os ônus decorrentes do resultado danoso à vítima.

Via de regra, são situações que afastam o nexo de causalidade, porém também é possível reconhecê-la por meio do afastamento de outros elementos de configuração da responsabilidade civil.

As excludentes de responsabilidade pelo fato do produto e do serviço previstas no CDC são:

a) **Falta de colocação do produto no mercado:** trata-se de uma excludente específica da responsabilidade pelo fato do produto prevista no art. 12, § 3º, I, do CDC.

Se o produto não foi colocado no mercado, ou seja, se não existe conduta, não há que se imputar responsabilidade no fornecedor. A colocação do produto no mercado deve ser feita de maneira consciente e voluntária pelo fornecedor.

Importante notar que o fato de ter colocado o produto no mercado, ainda que de maneira gratuita, não exime a responsabilidade.

Em relação ao ônus da prova, cabe ao próprio fornecedor provar que o produto não foi colocado em circulação. Trata-se de uma presunção que milita em favor do consumidor.

b) Ausência de defeito do produto e do serviço: trata-se de excludente de responsabilidade aplicável tanto na responsabilidade pelo fato do produto (art. 12, § 3º, II, do CDC) quanto na responsabilidade pelo fato do serviço (art. 14, § 3º, I, do CDC).

O defeito do produto ou do serviço é o pressuposto essencial da responsabilidade pelo fato. Se não houver defeito não haverá nexo de causalidade entre o prejuízo sofrido pelo consumidor e a ação do fornecedor, ressalvando que a prova de ausência de defeito deve ser feita pelo fornecedor.

c) Culpa exclusiva do consumidor ou de terceiro: trata-se, também, de excludente de responsabilidade aplicável tanto na responsabilidade pelo fato do produto (art. 12, § 3º, III, do CDC) quanto na responsabilidade pelo fato do serviço (art. 14, § 3º, II, do CDC).

Cabe ao fornecedor provar que o consumidor ou terceiro agiu com culpa no evento danoso, considerando aqui o "terceiro" qualquer pessoa estranha à relação de consumo.

Importante observar que o art. 34 do CDC prevê a solidariedade entre os atos dos prepostos e representantes do fornecedor. Assim, não poderá o fornecedor alegar a exclusão de responsabilidade por ato de seus prepostos ou representantes, visto que estes não são considerados terceiros na relação de consumo.

Na responsabilidade pelo fato, tem-se discutido se é possível considerar a culpa concorrente do ofendido causa de atenuação da responsabilidade civil, hipótese esta prevista no art. 945 do CC.

O STJ, em acórdão da relatoria do ministro Ruy Rosado, já reconheceu essa possibilidade (REsp 287.849/SP).

d) Caso fortuito e força maior: o CDC não elencou o caso fortuito e a força maior entre as causas de exclusão de responsabilidade.

Por essa razão, persiste divergência sobre a sua aplicação nas hipóteses de responsabilidade pelo fato.

Parte da doutrina entende que, por estar o CDC fundado na teoria do risco do negócio/atividade, a responsabilidade objetiva não admite que o caso fortuito ou a força maior excluam o dever de indenizar, já que não se encontram previstos no CDC como causas de exclusão da responsabilidade, considerando as que lá estão como *numerus clausus*.

Autores como Rizzatto Nunes entendem que as causas de exclusão de responsabilidade estão previstas no CDC como *numerus clausus*, daí por que não podem ser reconhecidas (*Curso de direito do consumidor*, p. 285).

Contudo, a doutrina dominante e a jurisprudência do STJ reconhecem a aplicação dessa excludente.

Essa orientação surgiu com o precedente do REsp 120.647/SP, rel. Min. Eduardo Ribeiro, *DJ* 15-5-2000. A ementa do referido acórdão estabelece que

> o fato de o art. 14, § 3º, do CDC não se referir ao caso fortuito e à força maior, ao arrolar as causas de isenção de responsabilidade do fornecedor de serviços, não significa que, no sistema por ele instituído, não possam ser invocadas. [...] A inevitabilidade e não a imprevisibilidade é que efetivamente mais importa para caracterizar o fortuito. E aquela há de entender-se dentro de certa relatividade, tendo-se o acontecimento como inevitável em função do que seria razoável exigir-se.

Ainda que o acórdão se refira ao fato do serviço, o precedente também se aplica ao fato do produto.

8.
Responsabilidade Civil pelo Vício do Produto e do Serviço

8.1. FUNDAMENTO DA RESPONSABILIDADE PELO VÍCIO: A VIOLAÇÃO DO DEVER DE ADEQUAÇÃO

A adequação dos produtos e dos serviços no mercado de consumo é um dos deveres explícitos da Política Nacional das Relações de Consumo do CDC (art. 4º, II, *d*).

Trata-se, sinteticamente, de uma cláusula geral fundamentada no princípio da boa-fé objetiva e na teoria da confiança contratual.

A falha no dever de adequação permite a caracterização do vício, cuja ocorrência torna possível a imputação de responsabilidade dos fornecedores da cadeia de consumo.

Falha de Adequação → Vício do Produto/Serviço → Responsabilidade Civil do Fornecedor

Ao tratar do tema, o CDC, nos arts. 18 a 25, enfatiza a proteção e a prevenção da esfera econômica do consumidor. Contudo, há quem defenda a possibilidade de reparação extrapatrimonial decorrente da falha de adequação dos produtos e serviços, orientação esta a que nos filiamos, conforme se verá no item 8.9, adiante.

8.2. CONCEITO DE VÍCIO DO PRODUTO

O vício do produto é uma falha que o torna impróprio ou inadequado ao consumo, produz a desvalia, a diminuição do seu valor e frustra a expectativa do consumidor, mas sem colocá-lo em risco.

No dizer de Bruno Miragem, o vício é um efeito decorrente da "violação aos deveres de qualidade, quantidade, ou informação" (*Direito do consumidor*, p. 309), inviabilizando, assim, o atendimento das finalidades que dele legitimamente se espera.

É bom esclarecer que o vício do produto previsto no CDC não se confunde com o vício redibitório previsto nos arts. 441 a 446 do CC, pois a garantia assegurada pelo CDC é bem mais ampla.

Enquanto os vícios redibitórios do Código Civil dizem respeito aos defeitos ocultos da coisa, no CDC eles podem ser tanto ocultos como aparentes.

Sobre essa última forma de manifestação, Paulo Netto Lôbo observa que,

> nas relações de consumo modernas, mercê de seu caráter impessoal, desigual e massificado, a inclusão do vício aparente é necessária para que se efetive o princípio da defesa do consumidor. Se assim não fosse, o consumidor estaria à mercê de intermináveis discussões judiciais acerca de seu conhecimento do vício (*Responsabilidade por vícios nas relações de consumo*, p. 37).

O vício também não pode ser confundido com o defeito. O primeiro é uma falha de adequação, ligado apenas a fatores e a características intrínsecas do produto. Já o segundo trata-se de uma falha de segurança, e, em razão disso, seus efeitos extrapolam o âmbito interno do produto, pondo em risco a pessoa do consumidor (incolumidade física e psíquica), conforme se viu no capítulo anterior.

8.3. ESPÉCIES DE VÍCIO DE PRODUTO

A doutrina aponta a existência de três espécies de vícios na sistemática do CDC, a saber:

8.3.1. Vício de qualidade

Na lição de Roberto Senise Lisboa, o vício de qualidade é aquele que afeta a "funcionalidade econômica" do produto e do serviço, porquanto não se pode extrair o proveito esperado; noutras palavras, "inviabiliza a satisfação dos interesses do consumidor, causando prejuízo econômico ao seu adquirente" (*Responsabilidade civil nas relações de consumo*, p. 221).

8.3.2. Vício de quantidade

Previsto especificamente no art. 19 do CDC, o vício de quantidade pode ser definido como disparidade no peso e nas medidas dos produtos, respeitadas as variações decorrentes de sua natureza.

Muito embora o texto do referido dispositivo limite essa espécie de vício aos produtos com conteúdos líquidos, a doutrina afirma que ele também se verifica em outras hipóteses, como se vê na lição de Zelmo Denari: "Se o consumidor adquire 1.000 unidades e somente recebe 800, a relação de consumo estará afetada, da mesma sorte, por vício de quantidade, sem qualquer disparidade de 'conteúdo líquido'" (*Código de Defesa do Consumidor*, p. 173).

O vício de quantidade somente se configura em duas hipóteses:

a) se forem apuradas variações quantitativas inferiores aos índices-padrões normativamente fixados; e

b) se for apurado um conteúdo do produto inferior às indicações constantes de recipiente, embalagem, rotulagem ou de mensagem publicitária.

8.3.3. Vício de informação

Trata-se de uma falha de adequação no fornecimento de informações relevantes sobre o produto que é oferecido no mercado de consumo, especialmente aquelas relacionadas às características essenciais, qualidade, quantidade, composição, preço, garantia, prazos de validade, origem, riscos etc.

8.4. RESPONSABILIDADE PELO VÍCIO DO PRODUTO: ASPECTOS GERAIS

Os arts. 18 e 19 do CDC determinam que os responsáveis pela reparação dos vícios dos produtos são todos fornecedores, coobrigados e solidariamente responsáveis.

Sendo assim, todos os partícipes da cadeia produtiva são considerados responsáveis diretos pelo vício do produto, razão pela qual pode o consumidor escolher a quem imputar responsabilidade.

Questão a ser discutida é se o comerciante responde pelos vícios de qualidade do produto. Parte expressiva da doutrina e da jurisprudência externa o entendimento de que há responsabilidade do comerciante, tendo em vista a responsabilidade solidária entre todos os fornecedores.

Sobre o assunto, o STJ já se posicionou em diversos julgados favoravelmente a essa tese (REsp 142.042/RS, 4ª T., rel. Min. Ruy Rosado de Aguiar, j. 11-11-1997, *DJ* 19-12-1997, p. 67510; REsp 414.986/SC, 3ª T., rel. Min. Carlos Alberto Menezes Direito, j. 29-11-2002, *DJ* 24-2-2003, p. 226; e REsp 402.356/MA, 4ª T., rel. Min. Sálvio de Figueiredo Teixeira, j. 25-3-2003, *DJ* 23-6-2003, p. 375).

Ademais, na cadeia dos coobrigados, o comerciante eventualmente responsabilizado pelos danos causados por vício do produto terá ação de regresso contra o fabricante.

A regra de responsabilidade por vícios é completada no art. 19 do CDC, o qual trata especificamente de vício de quantidade.

O dispositivo permite a variação de quantidade, respeitadas as variações decorrentes de sua natureza.

Nessa hipótese, o § 2º do referido dispositivo imputa responsabilidade ao fornecedor imediato quando ele fizer a pesagem ou a medição do produto e o instrumento utilizado não estiver aferido segundo os padrões oficiais.

Tratando-se de produto *in natura*, ou seja, aquele que não sofre processo de industrialização, prevê o CDC, no art. 18, § 5º, que será responsável perante o consumidor o fornecedor imediato. Sendo assim, na maioria das hipóteses, será o comerciante o responsável pela reparação do dano, salvo quando puder ser claramente identificado o produtor.

Prevê o art. 23 do CDC que "a ignorância do fornecedor sobre vícios de qualidade por inadequação dos produtos e serviços não o exime de responsabilidade".

8.5. EFICÁCIA ESPECÍFICA DA RESPONSABILIDADE POR VÍCIOS DE PRODUTO: O DIREITO DE RECLAMAÇÃO

Sendo constatado o vício do produto, o consumidor pode exercer o chamado direito de reclamação previsto nos arts. 18 e 19 do CDC. Trata-se de uma tutela específica da garantia legal de adequação dos produtos prevista no art. 24 do CDC.

O art. 26 do CDC estabelece dois prazos de natureza decadencial para o exercício deste direito, conforme a classificação do produto, a saber:

Prazos	Produtos / Serviços duráveis – 90 dias
	Produtos / Serviços não duráveis – 30 dias

O prazo estabelecido no art. 26 do CDC sofre influência se a relação de consumo entre o consumidor e o fornecedor fixa uma cláusula de garantia (art. 50 do CDC).

Nessa hipótese, a garantia legal não corre até o término da garantia contratual, ou seja, trata-se de uma hipótese de impedimento da contagem do prazo, resultando, dessa forma, numa somatória de prazos. Assim temos:

Garantia convencional/contratual (Prazo fixado em contrato)	+	Garantia legal 90 dias – Duráveis 30 dias – Não duráveis

Sendo o vício aparente, a contagem se dá a partir da tradição do produto (art. 26, § 1º, do CDC). Já se tratando de vício oculto, ou seja, o vício que apenas se manifesta a partir da utilização ou da fruição do produto, o termo inicial da contagem será o momento em que esse vício se evidenciar; noutras palavras, quando for descoberto pelo consumidor, conforme estabelece o art. 26, § 3º, do CDC.

Contudo, a expressão "ficar evidenciado", como descritora do marco inicial da contagem do prazo decadencial para se reclamar pela existência de vício oculto, é verdadeira cláusula aberta, cuja interpretação fica a critério do juiz.

O problema da interpretação de uma cláusula aberta para a contagem do prazo para o exercício do direito de reclamação reside na insegurança que ela pode causar ao sistema. Diferentes interpretações podem restringir ou ampliar demais sua aplicação.

Noutras palavras, a cláusula não é capaz de responder precisamente a seguinte indagação: até quando os fornecedores serão responsáveis por vícios ocultos no produto?

Para garantir uma interpretação adequada da matéria, a doutrina apresenta três posicionamentos distintos.

Paulo Jorge Scartezzini Guimarães defende a aplicação subsidiária do Código Civil, que estabelece o prazo de 180 dias, durante o qual o vício oculto poderia manifestar-se, conforme art. 445, *caput* e § 1º, argumentando que esse limite é suficiente para "descoberta de qualquer falta de qualidade ou quantidade no produto" (*Vícios do produto e do serviço por qualidade, quantidade e insegurança*: incumprimento imperfeito do contrato, p. 401).

Paulo Luiz Netto Lôbo, por sua vez, ensina que o prazo de garantia legal para o exercício do direito de reclamação na hipótese de vícios ocultos deve ser o mesmo prazo da garantia contratual concedido pelo fabricante, que "pressupõe a atribuição de vida útil pelo fornecedor que o lança no mercado e é o que melhor corresponde ao princípio da equivalência entre fornecedores e consumidores" (*Responsabilidade por vício do produto e do serviço*, p. 106-108).

Por fim, a terceira corrente, encabeçada por Antonio Herman de Vasconcellos e Benjamin, defende o critério de vida útil do produto como dado relevante para a definição do limite temporal da garantia legal, sustentando que o legislador evitou fixar "um prazo totalmente arbitrário para a garantia, abrangendo todo e qualquer produto", prazo este que seria "pouco uniforme entre os incontáveis produtos oferecidos no mercado".

Trata-se da chamada "teoria da vida útil" do produto durável para fins de garantia legal e o consequente exercício do direito de reclamação (*Comentários ao Código de Proteção e Defesa do Consumidor*, p. 134).

Essa última posição é a mais aceita na doutrina e especialmente na jurisprudência dos tribunais estaduais. No STJ, essa corrente foi adotada como parâmetro no julgamento, em outubro de 2004, do REsp 442.368.

Finalmente, cumpre explicitar que o art. 26, § 2º, do CDC admite obstar (suspender) o prazo para o exercício do direito de reclamação por vícios, em virtude de duas situações:

a) a reclamação do consumidor perante o fornecedor; e

b) a instauração de inquérito civil, providência que compete ao Ministério Público.

Observa-se, porém, na primeira hipótese, a necessidade de o consumidor instruir adequadamente sua reclamação perante o fornecedor, na forma prevista no § 2º, I, do art. 26 do CDC, uma vez que neste é feita expressa referência à circunstância da reclamação ter sido *"comprovadamente formulada"*, assim como da resposta negativa eventualmente havida.

8.6. DIREITO DE RECLAMAÇÃO POR VÍCIO DE PRODUTO: CONTEÚDO E FORMA DO SEU EXERCÍCIO

O direito de reclamação por vício de qualidade, uma vez exercido no prazo fixado no CDC pelo consumidor prejudicado, garante ao fornecedor, conforme dispõe o art. 18, § 1º, do CDC, o direito de repará-lo no prazo máximo de trinta dias.

Trata-se de uma prerrogativa legal deste último, tendo em vista que se presume a possibilidade do saneamento (correção) da falha de adequação do produto.

> **ATENÇÃO**
> O art. 19 do CDC, que trata dos vícios de quantidade, não garante ao fornecedor qualquer prazo para o saneamento do vício. Contudo, é possível a fixação de um prazo na relação contratual firmada com o consumidor.

O prazo de saneamento do fornecedor pode ser alterado, reduzido ou ampliado, conforme dispõe o § 2º do art. 18 do CDC. Mas, tratando-se de contrato de adesão, a alteração do prazo deverá ser convencionada em separado, por meio de manifestação expressa do consumidor.

Caso o vício não seja sanado no prazo legal, pode o consumidor exigir, alternativamente à sua escolha, uma dentre as opções previstas no § 1º do art. 18 e do § 1º do art. 19 do CDC. A escolha não pressupõe qualquer justificativa do motivo. Por essa razão, ela não admite impugnação pelo fornecedor responsável. As opções previstas nos referidos dispositivos são:

8.6.1. A substituição total ou de parte do produto

Essa hipótese aplica-se nos casos de vícios que recaiam sobre partes do produto, cuja ocorrência se dá, como bem esclarece Roberto Senise Lisboa, quando ele "for constituído de peças justaposicionadas (produtos compósitos) que possam ser substituídas por outras equivalentes, sem que se proceda à destruição ou mesmo a danificação do bem" (*Responsabilidade civil nas relações de consumo*, p. 223)

A substituição também pode recair sobre o produto como um todo, ocorrendo, assim, a troca do bem. Mas, diante da impossibilidade de troca, poderá haver substituição por outro de espécie, marca ou modelo diversos, mediante a complementação ou restituição de eventuais diferenças de preço.

Prevê, ainda, o § 3º do art. 18, que o consumidor pode exigir a substituição imediata do produto, ou a devolução imediata da quantia paga, ou, ainda, o abatimento do preço, "sempre que, em razão da extensão do vício, a substituição das partes viciadas puder comprometer a qualidade ou características do produto, diminuir-lhe o valor ou se tratar de produto essencial".

8.6.2. Restituição imediata da quantia paga, monetariamente atualizada, sem prejuízo de eventuais perdas e danos

A restituição de quantia, também tratada como redibição, impõe ao fornecedor a devolução dos valores pagos pelo consumidor, devidamente corrigidos, sujeitando-se, além disso, a eventual indenização por perdas e danos.

Para que o consumidor proponha a ação redibitória, basta a existência do vício, pois a responsabilidade solidária dos fornecedores advém de lei e independe da existência de culpa de qualquer um deles. Dessa forma, o pedido indenizatório é aferido objetivamente com a ocorrência ou não de danos emergentes e lucros cessantes pelo consumidor.

8.6.3. Abatimento proporcional do preço

Poderá o consumidor, por meio da ação estimatória (*actio quanti minoris*), permanecer com a coisa e obter a redução do preço do produto, levando-se em conta o prejuízo econômico existente, ante a constatação do vício.

É bom observar que, na hipótese de um produto essencial, ou na ocorrência de um vício essencial, o consumidor pode optar diretamente por uma das opções explicitadas anteriormente, sem a necessidade de aguardar o fornecedor sanar o vício.

8.6.4. Complementação do peso ou medida

Trata-se de uma opção exclusiva dos vícios de quantidade dos produtos, nos termos do inciso II do art. 19 do CDC. Ela garante ao consumidor exigir a diferença da medida do produto adquirido, por meio do cálculo do déficit verificado.

8.7. CONCEITO DE VÍCIO DE SERVIÇO

Os serviços são considerados viciados sempre que se apresentarem inadequados para os fins que deles se esperam ou não atenderem às normas regulamentares para a prestação de serviço.

Na lição de Leonardo Roscoe Bessa,

> a preocupação básica é que os serviços oferecidos no mercado de consumo atendam a um grau de qualidade e funcionalidade que não deve ser aferido unicamente pelas cláusulas contratuais, mas de modo objetivo, considerando, entre outros fatores, as indicações constantes da oferta ou mensagem publicitária, a inadequação para os fins que razoavelmente se esperam dos serviços, normas regulamentares de prestabilidade (*Manual de direito do consumidor*, p. 157).

8.8. DIREITO DE RECLAMAÇÃO DOS VÍCIOS DE SERVIÇO: CONTEÚDO E EFICÁCIA DE SEU EXERCÍCIO

Todas as questões desenvolvidas sobre a eficácia e o conteúdo do exercício do direito de reclamação dos vícios de produto, vistos nos itens 8.3, 8.4 e 8.5, também se aplicam aos vícios de serviço, com particularidades próprias dessa categoria, nos termos do art. 20 do CDC.

Da mesma forma que nos vícios de quantidade dos produtos, nos vícios de serviço, o CDC não garante aos fornecedores prazo para o saneamento, podendo o consumidor valer-se diretamente das opções previstas no art. 20 do CDC, a saber:

a) a sua reexecução, sem custo adicional e quando cabível;

b) a imediata restituição da quantia paga, monetariamente atualizada, sem prejuízo de eventuais perdas e danos; e

c) abatimento proporcional do preço.

Permite o CDC que a reexecução do serviço seja feita por terceiro, sempre por conta e risco do fornecedor. Tratando-se de serviços de reparo, de revisão ou manutenção, o fornecedor é obrigado a empregar peças novas ou originais, salvo com autorização do consumidor. O emprego de peças não originais sem autorização do consumidor constitui crime, previsto no art. 70 do CDC.

8.9. INDENIZAÇÃO AUTÔNOMA NA RESPONSABILIDADE PELOS VÍCIOS: O DANO *CIRCA REM* E *EXTRA REM*

Constitui motivo de controvérsia a possibilidade de os vícios de produtos ou de serviços permitirem a formulação de pedidos autônomos de perdas e danos, além dos específicos aos vícios.

Em outras palavras, o vício do produto ou do serviço pode gerar dupla indenização? Além da reparação do vício em si, ainda cabe indenização por perdas e danos?

Para o correto enfrentamento da questão, há que se proceder à distinção entre dano *circa rem* e dano *extra rem*.

A expressão latina *circa rem* significa, na lição de Sérgio Cavalieri Filho (*Programa de direito do consumidor*, p. 270), próximo, ao redor, ligado diretamente à coisa, de modo que não pode dela desgarrar-se.

Assim, dano *circa rem* é aquele que é inerente ao vício do produto ou do serviço, que está diretamente ligado a ele, não podendo dele desgarrar-se.

Já a expressão latina *extra rem*, também na lição do referido autor, indica vínculo indireto, distante, remoto; tem sentido de fora de, além de, à exceção de.

Consequentemente, o dano *extra rem* é aquele que apenas indiretamente está ligado ao vício do produto ou do serviço porque, na realidade, decorre de causa superveniente, relativa independente, e que por si só produz o resultado.

Em suma, o dano *circa rem*, por ser imanente ao vício do produto ou do serviço, não gera pretensão autônoma. Todas as pretensões de ressarcimento decorrentes do vício do produto ou do serviço estão limitadas aos arts. 18 a 20 do CDC.

Já no caso do ressarcimento do dano *extra rem*, cujo fato gerador é conduta do fornecedor posterior ao vício, com este mantendo apenas vínculo indireto, a pretensão indenizatória é dotada de autonomia.

A nosso ver, a interpretação dada por Sérgio Cavalieri Filho para possibilidade de formulação de pedidos autônomos, a qual também é seguida por Bruno Miragem, é a que melhor se coaduna com a sistemática do CDC.

Com efeito, explica o último autor que

> a indenização das perdas e danos será admitida sempre quando houver prejuízos ressarcíveis por parte do consumidor, sejam eles danos materiais ou morais. É, portanto, uma alternativa autônoma, decorrente do direito de reparação, a que faz jus todo aquele que sofre um dano. O regime da responsabilidade pelo vício do produto ou do serviço, ao tempo que prevê alternativas múltiplas para satisfação dos interesses legítimos do consumidor prejudicado por um produto viciado, não afasta o direito básico do consumidor, previsto no art. 6º, VI, do CDC, à efetiva prevenção e reparação dos danos (*Direito do consumidor*, p. 318).

9. Prescrição e Decadência no CDC

9.1. INTRODUÇÃO

O tempo é um fato jurídico natural de enorme importância nas relações jurídicas travadas na sociedade, uma vez que tem grandes repercussões no nascimento, no exercício e na extinção de direitos.

A existência de prazo para o exercício de direitos e pretensões é uma forma de disciplinar a conduta social, sancionando aqueles titulares que se mantêm inertes, numa aplicação do brocardo latino *dormientibus non sucurrit jus*.

Justamente por tais circunstâncias é que a ordem jurídica estabelece os prazos de prescrição e decadência, que garantem a relativa estabilidade das relações jurídicas na sociedade.

9.2. PRESCRIÇÃO

Atendendo-se à circunstância de que a prescrição é instituto de direito material, ela é a perda da pretensão, em virtude da inércia de seu titular, no prazo previsto pela lei (art. 189 do CC).

A violação do direito, que causa dano ao titular do direito subjetivo, faz nascer, para esse titular, o poder de exigir do devedor uma ação ou omissão, que permite a composição do dano verificado.

A pretensão é a expressão utilizada para caracterizar o poder de exigir de outrem coercitivamente o cumprimento de um dever jurídico, vale dizer, é o poder de exigir a submissão de um interesse subordinado (do devedor da prestação) a um interesse subordinante (do credor da prestação) amparado pelo ordenamento jurídico.

Pode-se dizer, pois, que a prescrição tem como requisitos:

a) a violação do direito, com o nascimento da pretensão;

b) a inércia do titular;

c) o decurso do prazo fixado em lei.

Importante observar que existem pretensões imprescritíveis, afirmando-se que a prescritibilidade é a regra e a imprescritibilidade, a exceção.

Estabelece o art. 27 do CDC que o prazo prescricional para a pretensão indenizatória decorrente do fato do produto ou do serviço é de cinco anos.

Trata-se de tema assentado na jurisprudência do STJ, como se vê dos Informativos 430 (período de 12 a 16-4-2010), 426 (período de 8 a 12-3-2010), 366 (período de 1º a 5-9-2008) e 314 (período de 19 a 23-3-2007).

O início do prazo, segundo a melhor doutrina, só se opera a partir do conhecimento do dano e de sua autoria. Além disso, muito embora o CDC seja omisso, aplicam-se as regras de impedimento, suspensão e interrupção do prazo decadencial previstas nos arts. 197 a 204 do CC, naquilo que couberem.

Por fim, cumpre esclarecer sobre o prazo prescricional para o exercício, pelo fornecedor que responde pela indenização, da pretensão prevista no art. 13, parágrafo único, do CDC, qual seja, de ação regressiva contra o fornecedor que tenha efetivamente dado causa ao dano.

Duas soluções surgem na doutrina. A primeira entende que é aplicável o prazo do próprio art. 27 do CDC. A segunda entende que se trata de hipótese de aplicação do prazo geral de 10 anos do art. 205 do CC. É bom esclarecer que não existe posição dominante na doutrina, nem precedentes jurisprudenciais a esse respeito.

> **NOTE BEM**
> Outras pretensões indenizatórias do consumidor, a exemplo da indenização por dano moral por inscrição indevida, não se sujeitam ao prazo prescricional de 5 anos do art. 27 do CDC, mas sim às regras gerais do Código Civil. Sobre o tema, é importante observar a posição do STJ no Informativo 425 (período de 1º a 5-3-2010).

9.3. DECADÊNCIA

Existem direitos subjetivos que não fazem nascer pretensões, porque destituídos dos respectivos deveres. São direitos potestativos.

O direito potestativo é o poder que o agente tem de influir na esfera jurídica de outrem, constituindo, modificando ou extinguindo uma situação subjetiva sem que esta possa fazer alguma coisa senão sujeitar-se.

São direitos potestativos: o direito do patrão de dispensar o empregado; o direito do doador de revogar a doação simples; o direito de aceitar ou não a proposta de contratar, bem como de aceitar ou não a herança.

O lado passivo da relação jurídica limita-se a sujeitar-se ao exercício de vontade da outra parte. E, não havendo dever, não há o seu descumprimento, não há lesão. Consequentemente, não há pretensão.

O tempo limita o exercício dos direitos potestativos pela inércia do respectivo titular, a qual recebe o nome de caducidade. Esta, em sentido amplo, significa extinção de direitos em geral, e, em sentido restrito, perda dos direitos potestativos, quando toma o nome de decadência. Seu fundamento é o princípio da inadmissibilidade de conduta contraditória.

A decadência traduz-se, portanto, em uma limitação que a lei estabelece para o exercício de um direito, extinguindo-o e pondo termo ao estado de sujeição existente. Aplica-se às relações que contêm obrigações, sendo objeto de ação constitutiva.

Na decadência, ainda, o prazo começa a correr no momento em que o direito nasce, surgindo, simultaneamente, direito e termo inicial do prazo, o que não ocorre na prescrição, em que este só corre da lesão do direito subjetivo.

O que se tem em mira é, portanto, o exercício do direito potestativo, não a sua exigibilidade, própria da prescrição.

A decadência é estabelecida em lei ou pela vontade das partes em negócio jurídico, desde que se trate de matéria de direito disponível e não haja fraude às regras legais. Enquanto a prescrição deve ser alegada pela parte interessada, a decadência não é "suscetível de oposição, como meio de defesa".

Sendo matéria de ordem pública, dispõe a lei (art. 209 do CC) que é nula a renúncia à decadência fixada em lei, sendo de admitir-se, *a contrario sensu*, ser válida a renúncia à decadência estabelecida em negócio jurídico pelas partes.

Prescreve o art. 207 que, salvo disposição legal em contrário, não se aplicam à decadência as normas que impedem, suspendem ou interrompem a prescrição.

Em princípio, pois, os prazos decadenciais são fatais e peremptórios, pois não se suspendem, nem se interrompem.

A inserção da expressão "salvo disposição em contrário" no aludido dispositivo tem a finalidade de definir que tal regra não é absoluta.

Os prazos decadenciais no CDC são previstos no art. 26, os quais regulam o exercício do direito de reclamação:

DECADÊNCIA			
VÍCIO APARENTE OU DE FÁCIL CONSTATAÇÃO	**PRODUTO OU SERVIÇO**	**PRAZO**	**INÍCIO DA CONTAGEM**
	Não durável	30 dias	Entrega efetiva do produto ou do término da execução dos serviços.
	Durável	90 dias	
VÍCIO OCULTO	Não durável	30 dias	Data em que o vício se evidencia.
	Durável	90 dias	

No CDC existem duas hipóteses previstas no art. 26, § 2º, nas quais os prazos decadenciais podem ser obstados, a saber:

a) a reclamação comprovadamente formulada pelo consumidor perante o fornecedor de produtos e serviços até a resposta negativa correspondente, que deve ser transmitida de forma inequívoca;

b) a instauração de inquérito civil, até seu encerramento.

9.4. DISTINÇÃO ENTRE PRESCRIÇÃO E DECADÊNCIA

O critério para distinguir a prescrição da decadência é o apresentado por Agnelo Amorim Filho (*RT* 300/7 e *RT* 711/725), denominado "critério científico", baseado na classificação dos direitos subjetivos e nos tipos de ações correspondentes.

Para o mencionado doutrinador, são sujeitas a prescrição somente as ações de natureza condenatória, em que se pretende a imposição do cumprimento de uma prestação, pois a prescrição é a extinção da pretensão à prestação devida.

Os direitos potestativos, que são direitos sem pretensão ou direitos sem prestação, insuscetíveis de violação, dão origem a ações de natureza constitutiva e desconstitutiva.

Quando têm prazo fixado na lei, esse prazo é decadencial; quando não têm, a ação é imprescritível.

Hoje, no entanto, predomina o entendimento, na moderna doutrina, a exemplo da lição de Gustavo Tepedino, Heloisa Helena Barboza e Maria Celina Bodin de Moraes (*Código Civil Interpretado conforme a Constituição da República*, p. 353), de que a prescrição extingue a pretensão, que é a exigência de subordinação de um interesse alheio ao interesse próprio.

10.
Desconsideração da Personalidade Jurídica

10.1. ASPECTOS GERAIS DA DESCONSIDERAÇÃO DA PERSONALIDADE JURÍDICA

A capacidade da pessoa jurídica é, por sua própria natureza, especial. Considerando sua estrutura organizacional, moldada a partir da técnica jurídica, esse ente social não poderá, por óbvio, praticar todos os atos jurídicos admitidos para a pessoa natural.

Ensina Pablo Stolze que

> o seu campo de atuação jurídica encontra-se delimitado no contrato social, nos estatutos ou na própria lei. Não deve, portanto, praticar atos ou celebrar negócios que extrapolem da sua finalidade social, sob pena de ineficácia (*Novo curso de direito civil*, v. I, p. 208).

Assim, é possível afirmar que a personalidade da pessoa jurídica não constitui um direito absoluto. Está, pois, sujeita e contida pela teoria da fraude contra credores e pela teoria do abuso de direito. É nesse contexto que nasceu a chamada teoria da desconsideração da personalidade jurídica.

Na lição de Fábio Ulhoa Coelho,

> a desconsideração é instrumento de coibição do mau uso da pessoa jurídica; pressupõe, portanto, o mau uso. O credor da sociedade que pretende a sua desconsideração deverá fazer prova da fraude perpetrada, caso contrário suportará o dano da insolvência da devedora (*Manual de direito comercial*, p. 127).

Se a autonomia patrimonial não foi utilizada indevidamente, não há fundamento para a sua desconsideração. Nesse sentido, é o entendimento do STJ no Informativo 422 (período de 8 a 12-2-2010).

A desconsideração da personalidade jurídica será eventual, para o caso em concreto, não representando a extinção ou dissolução da sociedade, mas tão somente a suspensão episódica da sua personalidade, para que haja a reparação do dano causado ao consumidor.

10.2. DESCONSIDERAÇÃO DA PERSONALIDADE JURÍDICA NO CDC

O CDC adotou no art. 28 a teoria da desconsideração da personalidade jurídica (*disregard doctrine*), com objetivo de garantir a máxima proteção ao consumidor, devendo os sócios ser responsabilizados pelas obrigações assumidas pela sociedade, toda vez que o magistrado, no caso concreto, vislumbrar, em detrimento do consumidor, a possibilidade de:

a) abuso de direito;

b) excesso de poder;

c) infração da lei;

d) fato ou ato ilícito;

e) violação dos estatutos ou contrato social;

f) falência;

g) estado de insolvência;

h) encerramento ou inatividade da pessoa jurídica provocados por má administração;

i) sempre que a personalidade jurídica for, de alguma forma, obstáculo ao ressarcimento de prejuízos causados aos consumidores (art. 28, § 5º, do CDC).

A doutrina afirma que a teoria da desconsideração adotada no CDC é a posição objetivista, desenvolvida por Fábio Konder Comparato.

Decretada a desconsideração da personalidade jurídica pelo magistrado, que pode ser de ofício ou a requerimento das partes, haverá a responsabilização civil do proprietário, sócio-gerente, administrador, sócio majoritário, acionista, controlador, entre outros, alcançando os respectivos patrimônios pessoais.

> **NOTE BEM**
> A desconsideração da personalidade da pessoa jurídica não se confunde com a dissolução, a qual resultará na sua extinção.

10.3. RESPONSABILIDADE DOS GRUPOS SOCIETÁRIOS NAS RELAÇÕES DE CONSUMO

Os §§ 2º, 3º e 4º do art. 28 tratam da responsabilidade civil dos arranjos societários.

No dizer de Rizzatto Nunes,

> suas disposições implementam regras gerais de responsabilidade dos vários parceiros que atuam no mercado de consumo em grupos societários, consórcios etc., e que deveriam estar noutra parte (Seção II e/ou III do capítulo presente, junto do art. 25); estariam bem num capítulo geral de responsabilidade civil (*Comentários ao Código de Defesa do Consumidor*, p. 448).

Assim, é preciso observar que o tema possui uma correlação com o instituto da desconsideração da personalidade, mas não possui qualquer ligação direta com o disposto no *caput* do art. 28.

São normas de reforço para garantir a maior amplitude na responsabilização entre os membros dos vários conglomerados que exploram o mercado de consumo.

a) Responsabilidade das sociedades integrantes dos grupos societários e das sociedades controladas

O § 2º do art. 28 dispõe que "as sociedades integrantes dos grupos societários e as sociedades controladas, são subsidiariamente responsáveis pelas obrigações decorrentes deste Código".

Estabelece o art. 265 da Lei n. 6.404/76 (Sociedades Anônimas) que

> a sociedade controladora e suas controladas podem constituir, nos termos deste capítulo, grupo de sociedades, mediante convenção pela qual se obriguem a combinar recursos ou esforços para a realização dos respectivos objetos, ou a participar de atividades ou empreendimentos comuns.

b) Responsabilidade das sociedades consorciadas

No que diz respeito às sociedades consorciadas, o art. 28, § 3º, do CDC estabelece que sua responsabilidade decorrente das obrigações estabelecidas sob o regime do CDC será solidária entre todos os fornecedores participantes do consórcio.

Estabelecem os arts. 278 e 279 da Lei n. 6.404/76 (Sociedades Anônimas) que as sociedades consorciadas são aquelas que se agrupam "para executar determinado empreendimento", mediante "contrato aprovado pelo órgão da sociedade competente para autorizar a alienação de bens do ativo permanente".

c) Responsabilidade das sociedades coligadas

O § 4º do art. 28 do CDC estabelece que, em relação às sociedades coligadas, estas só responderão por culpa, restringindo a extensão da responsabilidade.

Estabelece o § 1º do art. 243 da Lei n. 6.404/76 (Sociedades Anônimas) que "são coligadas as sociedades nas quais a investidora tenha influência significativa".

Assim, resumidamente temos:

GRUPOS SOCIETÁRIOS	SOCIEDADES CONTROLADAS	SOCIEDADES CONSORCIADAS	SOCIEDADES COLIGADAS
Responsabilidade subsidiária	Responsabilidade subsidiária	Responsabilidade solidária	Responsabilidade subjetiva (mediante a verificação de culpa)

11.
Práticas Comerciais nas Relações de Consumo

11.1. INTRODUÇÃO ÀS PRÁTICAS COMERCIAIS NO MERCADO DE CONSUMO

As práticas comerciais podem ser conceituadas como um conjunto de condutas, ações e estímulos desenvolvido pelos fornecedores para propiciar a atração, a manutenção e a estabilidade de produtos e serviços no mercado de consumo.

Além das práticas comerciais disciplinadas no Capítulo V do CDC (arts. 29 a 45), existem outras reguladas em legislação extravagante. Como exemplo, temos o Decreto n. 6.523/2008, o qual fixa normas gerais sobre o serviço de atendimento ao consumidor (SAC).

É bom observar, ainda, que o desenvolvimento das técnicas comerciais permite o surgimento de diversas práticas comerciais que não possuem qualquer regulamentação específica. Contudo, a falta de regulamentação não exclui a observação e a aplicação dos princípios gerais da política nacional de consumo (art. 4º) e demais direitos e garantias.

As práticas comerciais descritas no CDC são:

a) oferta;

b) publicidade;

c) práticas comerciais abusivas;

d) cobrança de dívidas; e

e) bancos de dados e cadastros de consumidores.

Essas práticas serão analisadas individualmente nos itens a seguir.

11.2. OFERTA

11.2.1. Introdução ao tema

A oferta é tratada nos arts. 30 a 35 do CDC.

Antonio Herman de Vasconcellos e Benjamin ensina que "não se deve interpretar o vocábulo "oferta" utilizado pelo Código de Defesa do Consumidor em seu sentido clássico" (*Código Brasileiro de Defesa do Consumidor*, p. 230), ou seja, a expressão não deve ser entendida como sinônimo do conceito de proposta prevista no Código Civil (arts. 427 a 429).

O fenômeno deve ser visto sob o prisma da realidade massificada da sociedade de consumo em que as ofertas não são mais individualizadas e cristalinas.

Oferta, em tal acepção, é sinônimo de *marketing*, significando todos os métodos, as técnicas e os instrumentos que aproximam o consumidor de produtos e serviços colocados à sua disposição no mercado pelos fornecedores.

O *marketing* pode ser compreendido como a interface entre a oferta e a demanda, ou como o processo administrativo pelo qual os produtos são lançados adequadamente no mercado e por meio do qual são efetuadas transferências de propriedade. Trata-se de um processo intermediário, em que ocorrem as trocas entre pessoas e grupos sociais; ou, de outra maneira, a atividade humana que busca satisfazer as necessidades e desejos mediante processo de troca.

As principais etapas do *marketing* são:

11.2.2. Conceito de oferta

O art. 30 do CDC define o instituto da oferta como qualquer informação (*telemarketing*, pedidos, orçamentos) ou publicidade (anúncios, mala direta, *folder*, *outdoor*) suficientemente precisa, veiculada por qualquer forma ou meio de comunicação, com relação a produtos ou a serviços oferecidos ou apresentados, obrigando o fornecedor que a fizer veicular e integrando o contrato que vier a ser celebrado.

Portanto, a oferta para o CDC caracteriza obrigação pré-contratual, iniciando um processo obrigacional com o fornecedor (princípio da vinculação), permitindo ao consumidor a possibilidade de exigir aquilo que foi ofertado, já que os elementos ofertados deverão integrar o futuro contrato que vier a ser celebrado.

11.2.3. Requisitos e consequência da oferta

Dois são os requisitos essenciais para que a oferta produza efeitos:

- **a) veiculação:** trata-se do fenômeno da "exposição" das informações ativadas no mercado de consumo. Pressupõe acesso do consumidor ao seu conteúdo por meio de um mecanismo midiático;

- **b) precisão suficiente das informações:** deve conter elementos claros que possam identificar o produto ou serviço ofertado e os efeitos da relação contratual firmada entre o consumidor e o fornecedor.

Presentes todos os requisitos, a oferta passa a ter força vinculante ou obrigatória. Dessa forma, passa o consumidor, de acordo com a lição de Antonio Herman de Vasconcellos e Benjamin, a ter "direito potestativo" de aceitar ou não o negócio proposto pelo fornecedor, estando este último em uma "pura situação de sujeição" (*Código Brasileiro de Defesa do Consumidor*: comentado pelos autores do anteprojeto, p. 243).

> **NOTE BEM**
> Meros exageros (*puffing*) não vinculam os fornecedores, como regra. No entanto, existe uma tendência no Direito a eliminar estas estratégias de *marketing*, pois deturpam a formação das relações de consumo.

11.2.4. Conteúdo normativo do processo informacional da oferta

Partindo da ideia de que a oferta deve ser entendida como um processo informacional sobre produtos e serviços colocados no mercado de consumo, o art. 31 do CDC impõe regras relacionadas à forma e ao conteúdo das informações que devem compor esse instituto, consequentemente, a todo processo de *marketing*.

Esse dispositivo estabelece que as ofertas de produtos e serviços devem assegurar, minimamente, ao consumidor:

a) informações corretas (= verdadeira);

b) informações claras (= de fácil entendimento);

c) informações precisas (= não prolixa ou escassa);

d) informações ostensivas (= de fácil constatação ou percepção);

e) informações em língua portuguesa;

f) informações sobre as características dos produtos/serviços;

g) informações sobre as qualidades e quantidades dos produtos/serviços;

h) informações sobre a composição dos produtos/serviços;

i) informações sobre o preço dos produtos/serviços.

Além de apresentar as características descritas no art. 31 do CDC, as informações prestadas aos consumidores devem, também, ser simultaneamente completas, gratuitas e úteis, vedada a diluição da comunicação efetivamente relevante pelo uso de informações soltas, redundantes ou destituídas de qualquer serventia.

> **ATENÇÃO**
>
> O STJ afirma que o CDC (*vide* REsp 586.316/MG, rel. Min. Herman Benjamin, 2ª Turma) estatui uma obrigação geral de informação (= comum, ordinária ou primária), enquanto outras leis, específicas para certos setores, dispõem sobre obrigação especial de informação (= secundária, derivada ou tópica).
> Apenas para exemplificar, temos o parágrafo único do art. 31, o qual estabelece que, nos produtos refrigerados oferecidos ao consumidor, as informações serão gravadas de forma indelével; a Lei n. 10.962/2004, que estabelece regras específicas sobre a oferta e as formas de afixação de preços de produtos e serviços para o consumidor; e a Lei n. 10.674/2003, a qual disciplina as informações sobre produtos que utilizam glúten.

Para o STJ (*vide* REsp 586.316/MG, rel. Min. Herman Benjamin, 2ª T.), as informações prestadas na oferta geram um dever e uma obrigação do fornecedor para os consumidores e todo o mercado de consumo, as quais podem ser desdobradas em quatro categorias distintas, a saber:

Informações na oferta Categorias	a) Informação-conteúdo – Características intrínsecas do produto e serviço; b) Informação-utilização – Características sobre o uso e a fruição do produto e serviço; c) Informação-preço – Custos, encargos, forma e condições de pagamento e demais desdobramentos e acessórios obrigacionais; e d) Informação-advertência – Riscos, perigo e nocividade dos produtos e serviços.

Percebe-se, pois, que a obrigação de informação exige um comportamento positivo (comissivo). Sendo assim, o CDC e toda a legislação consumerista, ao tratar da oferta de produtos e serviços e, consequentemente, das informações que a compõem, rejeita tanto a regra do *caveat emptor* como a subinformação.

Caso o fornecedor descumpra qualquer um dos requisitos do art. 31 do CDC, ocorrerá vício na informação (e dependendo da situação até mesmo a caracterização de um defeito, nos termos dos arts. 12 e 14 do CDC), permitindo que o consumidor possa, nos termos do art. 35 do CDC:

a) exigir o cumprimento forçado da obrigação; ou

b) aceitar outro produto ou prestação de serviço equivalente, pagando ou recebendo a diferença; ou

c) rescindir o contrato com a restituição da quantia eventualmente antecipada, monetariamente atualizada, além de composição de perdas e danos.

Sem prejuízo da reparação civil, o fornecedor que infringir a regra em análise cometerá infração penal prevista no art. 66 do CDC.

11.2.5. Oferta de componentes e peças de reposição

O CDC, no art. 32, estabelece regra específica de oferta de componentes e peças de reposição. Nesse caso, os fabricantes e importadores deverão assegurar a oferta desses componentes enquanto não cessar a fabricação do produto, sendo certo que, depois de cessadas a produção ou importação, a oferta deverá ser mantida por período razoável de tempo, na forma da lei (parágrafo único do art. 32).

> **NOTE BEM**
> O dever de assistência ao consumidor para a garantia de peças e componentes obriga apenas o fabricante e o importador. Contudo, a assistência técnica, aqui vista como o serviço de colocação, manutenção e garantia dessas peças, obriga, além do fabricante e do importador, também o distribuidor, uma vez que inerente à sua atividade de mercado.

11.2.6. Oferta de produtos ou serviços por telefone

Estabelece o art. 33 do CDC que a oferta ou a venda de produtos ou serviços por telefone ou por reembolso postal deve constar, obrigatoriamente, na embalagem, na publicidade e em todos os impressos utilizados na transação comercial os seguintes requisitos:

a) nome do fabricante; e

b) endereço do fabricante.

11.2.7. Orçamento de serviços

Estabelece o art. 40 do CDC que o fornecedor de serviços será obrigado a entregar ao consumidor orçamento prévio discriminando o valor da mão de obra, dos materiais e equipamentos a serem empregados, as condições de pagamento, bem como as datas e término dos serviços.

Como regra, o valor orçado terá validade pelo prazo de dez dias, contado do seu recebimento pelo consumidor. Uma vez aprovado pelo consumidor, o orçamento obriga os contratantes.

> **ATENÇÃO**
> O consumidor não responde por quaisquer ônus ou acréscimos decorrentes da contratação de serviços de terceiros, não previstos no orçamento prévio.

11.3. PUBLICIDADE

11.3.1. Introdução ao tema

Os mecanismos publicitários ou propagandísticos, na lição de José Predebon (*Curso de propaganda*: do anúncio à comunicação integrada, p. 20), estão relacionados ao fenômeno da comunicação em massa, que tornou possível, ao lado de outros fatores, principalmente a revolução industrial, o aparecimento do chamado "mercado", com seus segmentos de "compradores".

O referido autor explica que a publicidade (ou propaganda) comercial tal como hoje conhecemos origina-se de dois acontecimentos principais, a saber:

a) o aperfeiçoamento dos meios físicos de comunicação;

b) o aumento da produção industrial pelo aperfeiçoamento tecnológico.

A produção em massa propiciou um mercado que deseja consumir não apenas o essencial.

Assim, como bem observa Armando Sant'Anna:

> viram-se os industriais forçados a encontrar meios rápidos de escoar o excesso de produção de máquinas, cada vez mais aperfeiçoados e velozes. E o meio mais eficaz encontrado foi a propaganda. [...] Revela-se a propaganda, desse modo, um símbolo de abundância de produtos e serviços que o progresso tecnológico colocava diariamente à disposição de todas as classes. Passa a ser parte integrante do processo de desenvolvimento econômico de um país. Sustenta o crescimento com a procura incessante de novos consumidores para produtos não essenciais, cada vez mais sofisticados (*Propaganda*: teoria, técnica e prática, p. 5).

Partindo da nomenclatura, observaremos a palavra propaganda. Aqui é preciso lembrar que o verbo propagar significa basicamente multiplicar, e, de acordo com o entendimento comum e até com os dicionários, propagar também é disseminar uma comunicação, uma ideia, um argumento.

Ação essa que pode ser parte de uma atividade de venda. Vendem-se tanto mercadorias como ideias, ao se propagarem suas qualidades e características (José Predebon, idem, p. 18).

A atividade específica de planejar, criar, produzir e veicular mensagens publicitárias como a conhecemos atualmente começou a tomar forma no início da chamada revolução da informação, que praticamente se iniciou com a imprensa escrita e depois se acelerou com o rádio, em seguida com a TV e, dos anos 1990 para cá, com a internet.

11.3.2. Propaganda e/ou publicidade: sinonímia ou distinção das expressões

Uma pequena dúvida existe quando se percebem diferenças, semelhanças e equivalências entre as palavras propaganda e publicidade. Hoje, são quase sinônimas, mas na geração passada muitos profissionais defendiam que se tratava de assuntos diferentes.

Propaganda, diziam, é a atividade presa a anúncios, enquanto publicidade é tudo o que se difunde pelos veículos de comunicação, até em forma de notícias (José Predebon, idem, p. 19).

Alguns autores pretendem distinguir a publicidade da propaganda. A primeira seria utilizada para atividade comercial, enquanto a segunda para a ação política e religiosa.

Mas não há razões para distinção, até porque a própria Constituição não a faz. A Carta Magna fala em propaganda (art. 220, § 3º, II), "propaganda comercial" (art. 22, XXIX, e § 4º do art. 220) etc.

11.3.3. Tentativa conceitual

A publicidade é um meio de aproximação do produto e do serviço ao consumidor. Trata-se de um instrumento de comunicação com guarida constitucional. É um processo para tornar público, divulgar o produto/serviço, com objetivo comercial, visando auferir lucro, com a difusão de seus aspectos objetivos e subjetivos.

A publicidade surge com o intuito de realizar apenas uma das fases integrantes do processo de *marketing*, qual seja, a ativação do consumo de produtos e serviços.

Assim, a publicidade pode ser entendida como um elo de comunicação entre o fornecedor e o consumidor potencial, e, em todos os seus aspectos, fica sempre dentro do *marketing*, como parte deste.

11.3.4. Princípios

O CDC estabeleceu um rol de princípios que devem ser respeitados em toda espécie de publicidade, a saber:

a) Princípio da identificação obrigatória da publicidade (art. 36, *caput*, do CDC)

A publicidade deve ser veiculada de forma que o consumidor facilmente a identifique como tal. O princípio visa evitar a publicidade subliminar, a publicidade clandestina e a publicidade oculta.

b) Princípio da transparência da fundamentação (art. 36, parágrafo único, do CDC)

As informações publicitárias devem ser reais, portanto, devem se fundamentar em dados fáticos, técnicos e científicos.

c) Princípio da veracidade/não abusividade da publicidade (art. 31 c/c art. 37, §§ 1º, 2º e 3º, do CDC)

Utilizado para coibir a publicidade enganosa ou abusiva.

d) Princípio da vinculação contratual (arts. 30 e 35 do CDC)

A oferta (por intermédio de publicidade) integra o contrato e obriga o fornecedor a cumprir o que foi anunciado.

e) Princípio da inversão de ônus da prova (art. 38)

Cabe ao patrocinador da comunicação ou da informação publicitária o ônus de provar a veracidade do conteúdo, sem a necessidade, nessa hipótese, de declaração judicial de inversão do ônus.

Caso o fornecedor descumpra as regras da publicidade (art. 37 do CDC), ocorrerá vício na informação, permitindo que o consumidor possa:

a) exigir o cumprimento forçado da obrigação; ou

b) aceitar outro produto ou prestação de serviço equivalente, pagando ou recebendo a diferença; ou

c) rescindir o contrato com a restituição da quantia eventualmente antecipada, monetariamente atualizada, além de composição de perdas e danos.

Sem prejuízo da reparação civil, o fornecedor que infringir a regra em análise poderá ser responsabilizado criminalmente, e, ainda, estará sujeito à penalidade administrativa da contrapropaganda, prevista no art. 56, XII, do CDC, que deverá ser imposta pela autoridade competente da União, do Distrito Federal, dos Estados e dos Municípios, após o trânsito em julgado de processo administrativo, com garantia do devido processo legal.

Essa medida tem por objetivo o desfazimento dos efeitos maléficos causados pela propaganda enganosa ou abusiva, sendo certo que o custo será exclusivo do fornecedor.

11.3.5. Instrumentos publicitários especiais

Os homens de criação na propaganda usam dois métodos de expressão, o racional e o emocional. Os apelos básicos dos anúncios e comerciais de TV estão sendo mudados: estão evoluindo do campo racional para o emocional, do simplesmente lógico para o simpático e envolvente.

Para focalizar a propaganda atual, é preciso se deter em sua ligação com o *marketing*. Este, tradicionalmente definido como um conjunto de técnicas para a criação, fabricação, distribuição e venda de produtos e serviços, já foi até simplificadamente qualificado como "a arte de satisfazer clientes" (José Predebon, idem).

Teaser	Os *teasers* são as mensagens publicitárias que visam criar expectativa ou curiosidade em torno de produtos ou serviços a serem lançados. O Código Brasileiro de Autorregulamentação Publicitária (CBAP) permite seu uso no art. 9º, parágrafo único.
Merchandising	O *merchandising* é a técnica utilizada para veicular produtos e serviços de forma indireta por meio de inserções em programas e filmes.
Peça jornalística	Ocorre quando a mensagem publicitária é inserida nos veículos de comunicação (especialmente mídia impressa – jornais e revistas –, mas também rádio e TV) travestida de matéria jornalística. A norma autodisciplinar (Conar) permite que se faça a peça jornalística sob a forma de reportagem, artigo, nota, texto-legenda ou qualquer outra forma, desde que apropriadamente identificada para que se distinga das matérias verdadeiramente jornalísticas e editoriais.

11.3.6. Publicidade proibida

Como regra, a publicidade é uma prática comercial lícita. Contudo, para assegurar os direitos e as garantias dos consumidores, o CDC veda expressamente algumas formas publicitárias. São elas:

Publicidade proibida	a) publicidade clandestina (art. 36 do CDC); b) publicidade enganosa (art. 37, § 1º, do CDC); c) publicidade abusiva (art. 37, § 2º, do CDC); d) publicidade por telefone, quando a chamada for onerosa ao consumidor que a origina (art. 33, parágrafo único, do CDC).

a) Publicidade clandestina

A chamada publicidade clandestina é proibida pelo CDC, pela regra estatuída no *caput* do art. 36, o qual dispõe que a publicidade deve ser veiculada de tal forma que o consumidor, fácil e imediatamente, a identifique como tal (Rizzatto Nunes, *Curso de direito do consumidor*, p. 486).

O texto do *caput* do art. 36 repete em parte a norma do Código Brasileiro de Autorregulamentação Publicitária (art. 9º, *caput*), que, como vimos, diz que a atividade publicitária tem de ser sempre ostensiva (idem, p. 486).

b) Publicidade enganosa

O efeito da publicidade enganosa é induzir o consumidor a acreditar em alguma coisa que não corresponda à realidade do produto ou do serviço em si (idem, p. 492).

As formas de enganar variam muito, uma vez que nessa área os fornecedores e seus publicitários são muito criativos. Usa-se de impacto visual para iludir, de frases de efeito para esconder, de afirmações parcialmente verdadeiras para enganar.

> **NOTE BEM**
> A utilização de adjetivações exageradas pode causar enganosidade ou não. O chamado *puffing* é a técnica publicitária da utilização do exagero. A doutrina entende que o *puffing* não está proibido quando apresentado como publicidade espalhafatosa, cujo caráter subjetivo ou jocoso não permite que seja objetivamente encarada como vinculante. É o anúncio em que se diz ser "o melhor produto do mercado".

Uma parte difícil de ser avaliada é a relativa às publicidades que se situam em áreas nebulosas da comunicação. Essa área é a da criação, da licença publicitária, e nem sempre tem conexão direta com o produto ou o serviço: qual o limite para fazer certas afirmações que aguçam a imaginação do consumidor?

A publicidade enganosa resultará tanto de uma conduta positiva (comissiva), como negativa (omissiva). Assim temos:

PUBLICIDADE ENGANOSA	
ENGANOSIDADE POR COMISSÃO	**ENGANOSIDADE POR OMISSÃO**
É enganosa por comissão a publicidade que de forma ativa se mostra, inteira ou parcialmente falsa, capaz de induzir em erro o consumidor, acerca da natureza, característica, qualidade, quantidade, propriedades, origem, preço e quaisquer outros dados sobre produtos e serviços (art. 37, § 1º, do CDC). Como a expectativa do consumidor é indevida, a manifestação de vontade se torna viciada.	Será enganosa por omissão a publicidade que, de forma passiva, se mostrar inteira ou parcialmente falsa, deixando de informar dado essencial do produto ou serviço (aquele cuja ausência poderia influenciar na compra ou contratação), relacionado à natureza, característica, qualidade, quantidade, propriedades, origem, preço ou quaisquer outros dados relevantes, capazes de induzir a erro o consumidor (art. 37, § 1º, do CDC). Também é considerada publicidade enganosa por omissão aquela que deixa de informar sobre dado essencial do produto ou serviço (art. 37, § 3º, do CDC).

c) Publicidade abusiva

Publicidade abusiva é aquela que ofende valores éticos, sociais e religiosos da sociedade, mostrando-se discriminatória de qualquer natureza, que incite a violência, explore o medo ou a superstição, se aproveite da deficiência de julgamento e experiência da criança, desrespeite valores ambientais, ou seja, capaz de induzir o consumidor a se portar de forma prejudicial ou perigosa à saúde ou à segurança (art. 37, § 2º, do CDC).

d) Publicidade por telefone, quando a chamada for onerosa ao consumidor que a origina

Com a edição da Lei n. 11.800/2008, o CDC passou a proibir expressamente toda publicidade de bens e serviços por telefone, quando a chamada for onerosa ao consumidor que a origina.

e) Publicidade comparativa: problemática da sua licitude ou proibição

A técnica da publicidade comparativa não está proibida de ser utilizada. Mas, para fazê-lo, o anunciante tem de seguir os limites impostos pelo CDC naquilo que pode gerar publicidade enganosa (ou abusiva), assim como deve respeitar também as normas do Código Brasileiro de Autorregulamentação Publicitária (CBAP).

Regras para elaboração de publicidade comparativa	a) o fim da comparação deve ser o esclarecimento e/ou defesa do consumidor; b) a comparação deve ser feita de forma objetiva, evitando o uso de alusões de caráter subjetivo, e deve ser passível de ser comprovada; c) os modelos a serem comparados devem ter a mesma idade, tendo sido produzidos no mesmo ano. A comparação entre modelos de épocas diferentes só é possível se se pretender demonstrar evolução, que deve ficar claramente caracterizada; d) não se pode estabelecer confusão entre produtos, serviços e marcas concorrentes; e) não se pode caracterizar concorrência desleal nem deturpar a imagem do produto, serviço ou marca concorrente; f) não se pode utilizar injustificadamente a imagem corporativa ou o prestígio de terceiros; g) caso se trate de comparação entre produto ou serviço cujo preço seja de nível desigual, tal circunstância deve ser claramente identificada.

11.3.7. Publicidade com regulamentação especial

A Carta Constitucional determina que a publicidade de tabaco, bebidas alcoólicas, agrotóxicos, medicamentos e terapias deve sofrer restrições legais (§ 4º do art. 220).

É um caso especial de determinação legal, que demonstra desde o império do Texto Maior a preocupação com os produtos que enumera (idem, *Curso de direito do consumidor*, p. 449).

Obedecendo ao comando constitucional, foi editada a Lei n. 9.294/96, que dispõe sobre restrições ao uso e à publicidade de produtos fumígenos, bebidas alcoólicas, medicamentos e terapias (idem, ibidem).

a) Publicidade de fumígenos

No caso de publicidade de fumígenos, a Lei n. 9.294/96 e a Lei n. 10.167/2000 definem requisitos obrigatórios que devem constar da publicidade, por exemplo, a proibição de associar o uso do produto à prática esportiva; a proibição da participação de crianças ou adolescentes; a obrigatoriedade de advertência escrita ou falada sobre os malefícios do fumo etc.

b) Publicidade de bebidas alcoólicas

Em relação às bebidas alcoólicas, também há restrições e proibições (Lei n. 9.294/96), por exemplo, a limitação de horário para propaganda comercial em emissoras de rádio ou televisão entre às 21 e às 6 horas, dentre outras.

c) Publicidade de medicamentos e terapias

Na publicidade de medicamentos e terapias, dentre outras exigências, é obrigatória a advertência indicando que "em persistindo os sintomas, o médico deverá ser consultado".

11.3.8. Prova da verdade e correção da publicidade

Em qualquer disputa na qual se ponha em dúvida ou se alegue enganosidade ou abusividade do anúncio, caberá ao anunciante o ônus de provar o inverso, sob pena de dar validade ao outro argumento – art. 38 do CDC (idem, p. 530).

Não olvidemos a regra do parágrafo único do art. 36, que compõe um conjunto com esta outra do art. 38. Aquela regra dispõe que "o fornecedor, na publicidade de seus produtos ou serviços, manterá, em seu poder, para informação dos legítimos interessados, os dados fáticos, técnicos e científicos que dão sustentação à mensagem".

11.3.9. O Conselho de Autorregulamentação Publicitária (Conar)

O Código Brasileiro de Autorregulamentação Publicitária nasceu de uma ameaça ao setor: no final dos anos 1970, o governo federal pensava em sancionar uma lei criando uma espécie de censura prévia à propaganda. Se a lei fosse implantada, nenhum anúncio poderia ser veiculado sem que antes recebesse um carimbo "De Acordo" ou algo parecido.

Diante dessa ameaça, uma resposta inspirada: autorregulamentação, sintetizada num Código, que teria a função de zelar pela liberdade de expressão comercial e defender os interesses das partes envolvidas no mercado publicitário, inclusive os do consumidor. A ideia brotou naturalmente a partir do modelo inglês e ganhou força pelas mãos de alguns dos maiores nomes da publicidade brasileira.

A missão revelou-se um sucesso em Brasília e no resto do Brasil. Num espaço de poucos meses, anunciantes, agências e veículos subordinaram seus interesses comerciais e criativos ao Código, solenemente entronizado durante o III Congresso Brasileiro de Propaganda, em 1978. Nunca mais o abandonariam.

Logo em seguida, era fundado o Conar, Conselho Nacional de Autorregulamentação Publicitária, uma ONG encarregada de fazer valer o Código Brasileiro de Autorregulamentação Publicitária.

Os preceitos básicos que definem a ética publicitária são:

- todo anúncio deve ser honesto e verdadeiro e respeitar as leis do país;
- deve ser preparado com o devido senso de responsabilidade social, evitando acentuar diferenciações sociais;
- deve ter presente a responsabilidade da cadeia de produção junto ao consumidor;
- deve respeitar o princípio da leal concorrência; e
- deve respeitar a atividade publicitária e não desmerecer a confiança do público nos serviços que a publicidade presta.

O Conar atende a denúncias de consumidores, autoridades, dos seus associados ou ainda formuladas pela própria diretoria.

Feita a denúncia, o Conselho de Ética do Conar – o órgão soberano na fiscalização, julgamento e deliberação no que se relaciona à obediência e ao cumprimento do disposto no Código – se reúne e a julga, garantindo amplo direito de defesa ao acusado.

Se a denúncia tiver procedência, o Conar recomenda aos veículos de comunicação a suspensão da exibição da peça ou sugere correções à propaganda. Pode ainda advertir o anunciante e a agência.

11.3.10. Súmulas de Jurisprudência do Conar

Denomina-se Súmula a decisão, aprovada pelo Plenário do Conselho de Ética, que ratifica jurisprudência pacífica do Conar e que caracteriza objetivamente uma infração aos dispositivos do Código Brasileiro de Autorregulamentação Publicitária.

As súmulas são numeradas em ordem sequencial e contêm os artigos pertinentes do Código. A súmula poderá dispensar, a sua simples invocação pelo relator do feito, o seu parecer, bem como fundamentar a concessão de uma medida liminar de sustação da veiculação do anúncio.

Até o fechamento desta edição existem nove decisões sumuladas, a saber:

SÚMULA	TEOR
Súmula 1	O anúncio de produto farmacêutico popular sujeito à legislação sanitária e não registrado perante o órgão competente do Ministério da Saúde poderá ter a sua veiculação imediatamente sustada.
Súmula 2	Produto farmacêutico considerado ético pela autoridade sanitária (aquele cuja comercialização se faça somente mediante prescrição médica) não poderá ser anunciado em veículo de comunicação de massa e sua divulgação poderá ser imediatamente sustada.
Súmula 3	O anúncio de produto ou serviço sujeito a registro ou licenciamento de autoridade pública federal, estadual ou municipal terá a sua veiculação sustada logo que for apurada a insatisfação dessas exigências legais.

Súmula 4	Anúncio de armas de fogo não deverá ser emocional; não deverá sugerir que o registro do produto seja uma formalidade superada facilmente com os serviços oferecidos pelo anunciante; não fará promoções, não apregoará facilidade de pagamento, redução de preços etc.; além disso, não será veiculada em publicação dirigida a crianças ou jovens e nem na televisão, no período que anteceder as 23 horas até as 6 horas. Deverá, por outro lado, evidenciar que a utilização do produto exige treinamento e equilíbrio emocional e aconselhará a sua guarda em lugar seguro e fora do alcance de terceiros.
Súmula 5	Nenhum anúncio, a não ser os da própria instituição, poderá se utilizar do símbolo oficial ou do nome do Conar, nem mesmo para enaltecer atos ou decisões do conselho.
Súmula 6	A não indicação de direção médica, ou médico responsável, com o nome do profissional e respectivo registro no Conselho Regional de Medicina autoriza o deferimento da medida liminar de sustação da veiculação da publicidade de tratamento ou outros serviços médicos, independentemente dos aspectos que ainda possam ou devam ser analisados, posteriormente, pelo conselho de ética.
Súmula 7	O anúncio que divulgar venda de produto mediante pagamento em parcelas deverá revelar obrigatoriamente: 1) o preço à vista; 2) o número e o valor das prestações; 3) as taxas de juros incidentes; 4) os demais encargos a serem, eventualmente, suportados pelo consumidor; e 5) o preço total a prazo.
Súmula 8	Anúncios de bebidas alcoólicas de qualquer espécie, em mídia exterior, devem restringir-se à exposição do produto, sua marca e/ou *slogan*, sem apelo do consumo, incluída sempre a cláusula de advertência, sujeitando-se os anúncios infratores ao deferimento de medida liminar de sustação.
Súmula 9	Anúncios de bebidas alcoólicas – divulgadas em qualquer veículo de comunicação ou plataforma – não devem conter apelo imperativo de consumo e não podem deixar de expor ostensivamente uma cláusula de advertência para responsabilidade social no consumo do produto, sujeitando-se os anúncios infratores ao deferimento de medida liminar de sustação.

11.3.11. Responsabilidade do fornecedor-anunciante, das agências e do veículo

A responsabilidade é solidária de todos aqueles que participam da produção do anúncio e de sua veiculação, por expressa previsão no CDC: "Tendo mais de um autor a ofensa, todos responderão solidariamente pela reparação dos danos previstos nas normas de consumo" (parágrafo único do art. 7º).

O fornecedor-anunciante é sempre responsável pelos danos que seu anúncio causar, e, no seu caso em particular, ainda responde por inserção de cláusula contratual ou sua nulificação em função do anúncio.

Sobre o tema, o art. 38 do CDC estabelece que o ônus da prova da veracidade e correção da informação ou comunicação publicitária cabe a quem as patrocina.

11.4. PRÁTICAS COMERCIAIS ABUSIVAS

11.4.1. Introdução ao tema

O tema é tratado no art. 39 do CDC, o qual apresenta um rol exemplificativo dessas práticas sem, contudo, conceituá-las.

Entende-se por práticas comerciais abusivas os comportamentos dos fornecedores (contratuais ou não) no mercado de consumo em desconformidade com os padrões éticos impostos na política nacional de consumo (art. 4º do CDC).

As práticas abusivas são ações que violam a boa-fé objetiva e exploram a vulnerabilidade do consumidor. Não são necessariamente enganosas ou clandestinas, mas sempre apresentam, como bem observa Antonio Herman de Vasconcellos e Benjamin, "alta dose de imoralidade econômica e opressão" (*Comentários ao Código de Defesa do Consumidor*, p. 319).

Rizzatto Nunes alerta, inclusive, que essas práticas

> caracterizam-se como ilícitas, independentemente de se encontrar ou não algum consumidor lesado ou que se sinta lesado. São ilícitas em si, apenas por existirem de fato no mundo fenomênico (*Curso de direito do consumidor*, p. 537).

Claudia Lima Marques (*Contratos no Código de Defesa do Consumidor*, p. 815 e s.) propõe uma classificação das práticas abusivas previstas no CDC em quatro grupos, a saber:

GRUPO	HIPÓTESES (ART. 39 DO CDC)
Práticas abusivas em razão da superioridade econômica ou técnica do fornecedor.	Inciso I – Venda casada. Inciso V – Exigência de vantagem manifestamente excessiva do consumidor. Inciso XII – Falta de estipulação de prazo para o cumprimento da obrigação do fornecedor ou fixação do termo inicial a seu exclusivo critério.
Práticas abusivas em razão da prevalência da vulnerabilidade social ou cultural do consumidor pelo fornecedor.	Inciso IV – Prevalecer-se da fraqueza ou ignorância do consumidor. Inciso VII – Repasse de informação depreciativa referente a ato praticado pelo consumidor no exercício de seus direitos.
Práticas abusivas em razão das modificações contratuais ou venda de produtos/serviços sem manifestação prévia pelo consumidor.	Inciso III – Envio ou entrega de produtos sem solicitação prévia. Inciso X – Elevação sem justa causa do preço de produtos e serviços. Inciso XI – Aplicação de fórmula ou índice de reajuste diverso do legal ou contratualmente estabelecido.
Práticas abusivas em razão de condutas pré-contratuais pelo consumidor.	Inciso II – Recusa ao atendimento das demandas dos consumidores na exata medida de disponibilidade de estoques.

11.4.2. Efeitos das práticas comerciais abusivas

Além de sanções administrativas e penais, as práticas abusivas geram o dever de indenizar, em razão do disposto no art. 6º, VII, do CDC. O juiz pode, também, com fulcro no art. 84 do CDC, determinar a abstenção ou prática de conduta, sob a força de preceito cominatório.

11.4.3. Práticas comerciais abusivas em espécie

Os incisos do art. 39 do CDC elencam diversas condutas caracterizadas como práticas comerciais abusivas. O dispositivo é um rol meramente exemplificativo, tendo em vista que a Lei n. 8.884/94, introduziu no *caput* do art. 39 do CDC a expressão "dentre outras práticas".

Assim, nada impede que outras situações ou condutas recebam o mesmo tratamento legal. Exemplo importante dessa possibilidade refere-se ao uso da cláusula-mandato sem prestação de contas ao consumidor nos contratos de cartão de crédito que, segundo o STJ, é hipótese de prática abusiva (STJ, 4ª T., AgRg no REsp 539.791/RS, rel. Min. Fernando Gonçalves, j. 20-11-2003).

As práticas abusivas previstas expressamente no art. 39 do CDC são:

a) Venda casada/venda condicionada/operação casada

Prevista expressamente no inciso I do art. 39 do CDC, a venda casada é uma ação no mercado de consumo para vincular o consumidor na aquisição de um produto ou serviço em razão do interesse que possui num outro bem de consumo.

Ela surge em razão da superioridade do fornecedor, sobrepondo-se à liberdade de escolha do consumidor (STJ, REsp 744.602/RJ, rel. Min. Luiz Fux, *DJ* 15-3-2007).

A configuração da venda casada, como observa Rizzatto Nunes, "pressupõe a existência de produtos e serviços que são usualmente vendidos separados" (*Curso de direito do consumidor*, p. 541).

De acordo com o CDC, a venda casada comporta duas condutas distintas, a saber:

1. O condicionamento da aquisição de um produto ou serviço a outro produto ou serviço.	O condicionamento se traduz por uma vinculação obrigatória ao consumidor de dois ou mais produtos/serviços sem que o mesmo tenha qualquer interesse na aquisição global desses bens. Esse vínculo comercial compulsório é vedado de forma absoluta pelo CDC. Nada obsta ao fornecedor estimular o consumidor de forma lícita à aquisição de mais de um produto ou serviço numa mesma oportunidade. Tome-se como exemplo, os programas de vantagens e desconto, os quais se traduzem numa política de fidelização do consumidor, cuja prática não é vedada pelo CDC. Porém, existem algumas práticas comerciais em que o vínculo entre diversos produtos ou serviços faz parte da natureza jurídica da relação comercial. Trata-se do que a doutrina chama de relação contratual coligada ou conexão negocial. Essas práticas são lícitas, muito embora possam, em diversos casos, servir como uma forma de camuflagem da venda casada.

1. O condicionamento da aquisição de um produto ou serviço a outro produto ou serviço.	Os "pacotes" comerciais de produtos e serviços são, sem dúvida, os principais exemplos dessa situação. Eles são relações contratuais coligadas de forma finalística e, portanto, possuem uma unidade existencial própria, ou seja, trata-se de uma única relação jurídica contratual com uma pluralidade de objetos (produtos ou serviços). Obviamente, nada impede que o consumidor tenha interesse em adquirir apenas um dos itens que compõe o pacote, sujeitando-se a uma oferta específica. Caso o fornecedor recuse o fornecimento em separado, estaremos diante da prática abusiva descrita no inciso II do art. 39, a qual será detalhada no item a seguir.
2. O condicionamento sem justa causa a limites quantitativos.	Essa hipótese de prática abusiva restringe o interesse do consumidor a aquisição de determinados bens de consumo a um limite máximo ou mínimo pré-determinado pelo fornecedor.
Contudo, o condicionamento só terá contornos de abusividade quando a restrição não for razoável, ou seja, faltar justa causa. O CDC não define a justa causa em nenhum dispositivo.
Por tratar-se de um conceito indeterminado, a interpretação da "justa causa" deve ser feita caso a caso.
É importante atentar ao fato de que algumas práticas comerciais corriqueiras, em que há o condicionamento quantitativo, não podem ser caracterizadas como abusivas. Leonardo de Medeiros Garcia aponta, por exemplo, que essa forma de restrição pode ocorrer nas promoções de venda, pois a prática promocional tem como objetivo atingir a maior quantidade possível de consumidores e não uma parcela restrita (*Direito do consumidor*, p. 255). Rizzatto Nunes, por sua vez, afirma que, ocorrendo a escassez de determinado produto em situações de crise, é plausível que o fornecedor limite a quantidade por pessoa (*Curso de direito do consumidor*, p. 541). Finalmente, o STJ afirma que a restrição quantitativa pode ocorrer quando o consumidor exigir quantidade de um produto incompatível com o consumo individual ou familiar, ou seja, agir de maneira similar a uma transação atacadista (STJ, REsp 595.734/RS, Rel. originário Min. Nancy Andrighi, rel. p/ acórdão Min. Castro Filho, *DJ* 28-11-2005).
O STJ, por exemplo, entende que a restrição pode ser feita em promoções de venda ou quando a quantidade pretendida pelo consumidor for incompatível com o consumo individual ou familiar.
A restrição quantitativa tanto pode impor um limite máximo como mínimo.

| 2. O condicionamento sem justa causa a limites quantitativos. | É importante observar de início que a expressão "sem justa causa" está atrelada à segunda parte da proposição, porquanto a norma diz "bem como, sem justa causa, a limites quantitativos". Dessa forma, a hipótese da letra *a*, isto é, o condicionamento da venda de um produto ou serviço à aquisição de outro produto ou serviço, é incondicionada. Não há justificativa nem por justa causa. Esta só é válida na qualidade ofertada.
É preciso, no entanto, entender que a operação casada pressupõe a existência de produtos e serviços que são usualmente vendidos separados. O fornecedor não pode impor a aquisição conjunta, ainda que o preço global seja mais barato que a aquisição individual.
Obs.: Não se pode olvidar que desde 1962, com a Lei Delegada n. 4, de 26 de setembro daquele ano, a venda casada já estava proibida. Leia-se o art. 11, *f* e *i*:
"Art. 11. Fica sujeito à multa no valor de 5.000 (cinco mil) até 200.000 (duzentos mil) vezes o valor do Bônus do Tesouro Nacional – BTN, da data da infração, sem prejuízo das sanções penais que couberem na forma da lei, aquele que:
[...]
f) produzir, expuser ou vender mercadoria cuja embalagem, tipo, especificação, peso ou composição transgrida determinações legais, ou não corresponda à respectiva classificação oficial ou real;
[...]
i) subordinar a venda de um produto à compra simultânea de outro produto ou à compra de uma quantidade imposta".
A Lei n. 8.137/90, por sua vez, tipificou essa prática como crime. Veja-se seu art. 5º, II e III, que dispõe:
"Art. 5º Constitui crime da mesma natureza:
[...]
II – subordinar a venda de bem ou a utilização de serviço à aquisição de outro bem, ou ao uso de determinado serviço;
III – sujeitar a venda de bem ou a utilização de serviço à aquisição de quantidade arbitrariamente determinada".
Condicionar o fornecimento de um produto ou serviço ao fornecimento de outro produto ou serviço, ou, ainda, fixar limites quantitativos sem justa causa. Tal conduta representa crime contra a ordem econômica e contra a relação de consumo (Lei n. 8.137/90, art. 5º, II e III), com pena que varia de 2 a 5 anos de detenção ou multa. |

b) Recusa de fornecimento de produtos ou serviços

Não pode o fornecedor se recusar a prestar serviço que esteja habilitado a fazê-lo ou fornecer produtos que tenha em estoque a qualquer consumidor que se disponibilizar a pagá-lo.

A jurisprudência do STJ possui entendimento bem consolidado sobre essa prática na área da saúde, especialmente na contratação de plano de saúde, como se vê no Informativo 348 (período de 10 a 14-3-2008).

Vejamos o teor da decisão:

> O recorrente ajuizou ação indenizatória contra sociedade cooperativa de plano de saúde, pleiteando o ressarcimento dos danos morais em razão da recusa daquela em cobrir os custos relacionados à implantação de *stent* cardíaco. Na espécie não se aplica a Lei n. 9.656/1998, por ser posterior à celebração do contrato, mas sim o CDC que era vigente à época da contratação e cuja aplicação à hipótese não é questionada [o CDC era aplicável até a edição da Lei n. 9.656/1998. Com a edição da Súmula 469 do STJ, o CDC é aplicável, também, aos contratos de plano de saúde]. A Min. Relatora lembrou que, geralmente nos contratos, o mero inadimplemento não é causa para a ocorrência de danos morais, mas a jurisprudência deste Superior Tribunal vem reconhecendo o direito ao ressarcimento dos danos morais advindos da injusta recusa de cobertura securitária, pois tal fato agrava a situação de aflição psicológica e de angústia no espírito do segurado, uma vez que, ao pedir a autorização da seguradora, já se encontra em condição de dor, de abalo psicológico e com a saúde debilitada. Em seu recurso adesivo, o recorrente pretende a majoração dos danos morais que foram fixados em cinco mil reais pelo acórdão recorrido. Esclareceu a Min. Relatora que, ao avaliar o transtorno sofrido por pacientes que, submetidos a procedimentos cirúrgicos, têm sua assistência securitária indevidamente negada, este Superior Tribunal tem fixado os danos morais em patamares substancialmente superiores (REsp 986.947/RN, rel. Min. Nancy Andrighi, j. 11-3-2008).

c) Remessa de produto ou fornecimento de serviço sem prévia solicitação

Na relação de consumo, a iniciativa deve ser sempre do consumidor. Se não ocorrer dessa forma, o parágrafo único do art.

39 do CDC admite que o serviço prestado e o produto remetido ou entregue sem a solicitação expressa do consumidor serão considerados amostras grátis, devendo o fornecedor ser responsável por qualquer dano ocorrido em decorrência do envio do produto ou do fornecimento do serviço.

d) Aproveitamento da vulnerabilidade do consumidor

Não pode o fornecedor se aproveitar da vulnerabilidade presumida do consumidor, fixada por meio de inúmeros critérios – idade, saúde, condição financeira, condição social, conhecimento etc. – para impor-lhe produtos ou serviços.

e) Exigir vantagem excessiva do consumidor

O fornecedor não pode exigir do consumidor qualquer vantagem excessiva que represente desequilíbrio contratual. A lei não fala em concretizar a vantagem; basta exigi-la para que seja considerada ocorrente a prática abusiva.

f) Exigência de orçamento prévio e autorização expressa do consumidor

Trata-se de imposição legal (art. 39, VI, do CDC). O fornecedor de serviço, antes de iniciar a execução, está obrigado a entregar orçamento ao consumidor, que deverá aceitá-lo de forma expressa.

O orçamento terá validade de pelo menos 10 dias, salvo estipulação em contrário, devendo constar (art. 40, §§ 1º e 2º), além do preço, a discriminação dos componentes, equipamentos e materiais que serão utilizados, valor de mão de obra e data de início e término da execução do serviço.

g) Repasse de dados e informações depreciativas sobre o consumidor

Não pode o fornecedor passar a terceiros informações ou dados pessoais que depreciem o consumidor.

h) Descumprimento de normas técnicas

Toda vez que o fornecedor se veja obrigado a cumprir normas expedidas pelos órgaos oficiais competentes (ABNT ou CONMETRO), não poderá colocar em circulação produto ou serviço fora das especificações.

i) Recusa de venda de bens ou de prestação de serviços com pagamento à vista

O consumidor tem direito de adquirir o produto diretamente de quem o coloca no mercado, sem intermediários. Caso haja recusa, pode se valer do art. 84 do CDC para obter a tutela específica da obrigação, obrigando o fornecedor a cumprir a oferta, além de eventuais perdas e danos, se comprovadas.

O inciso IX do art. 39, entretanto, faz uma ressalva expressa quando se tratar de aquisição de produtos mediante contrato de intermediação disciplinado em leis especiais.

j) Elevação injustificada de preços

Não se trata de tabelamento de preço, mas de garantia de que, havendo abuso na elevação de preços, sem justa causa, o Poder Público e o Judiciário podem intervir na relação de consumo e equilibrar o preço abusivo.

k) Inexistência de prazo para cumprimento da obrigação

É imposição do Estatuto Consumerista que toda obrigação de consumo tenha um prazo previamente fixado, de comum acordo entre fornecedor e consumidor.

Não havendo prazo, resta caracterizada a prática abusiva, podendo o consumidor exigir o cumprimento imediato da obrigação.

l) Uso de índice de reajuste diverso do previsto em contrato ou lei

Havendo índice legal ou contratual, não pode o fornecedor se valer de outro índice para o reajuste da obrigação, proibindo-se a prática de modificação do índice de reajuste unilateralmente.

11.5. COBRANÇA DE DÍVIDAS

11.5.1. Introdução ao tema

A cobrança de dívidas é hoje uma atividade rotineira no mercado de consumo, tendo em vista que o crédito é a mola mestra da atual sociedade. Ela nasce como uma consequência normal do exercício de um direito fornecedor (o próprio crédito) diante do consumidor inadimplente e pode ser exercida de forma judicial ou extrajudicial.

Diversas são as formas e instrumentos para a cobrança de uma dívida. Contudo, a disciplina jurídica do *modus operandi* desse direito surgiu no art. 42 do CDC, como bem observa João Batista Almeida, com o intuito de civilizar essa prática, ou seja, "fazer com que o exercício regular do direito do credor se compreenda dentro dos limites legais, não os extrapolando para atingir contornos abusivos" (*Manual de direito do consumidor*, p. 101).

É certo que o exercício bem proporcionado da cobrança de um crédito, a exemplo do que pode ocorrer com a utilização do protesto cambial ou da tutela judicial (ação de cobrança ou execução), não é instrumento vedado ou limitado pelo direito do consumidor.

Aliás, diante do que dispõe o inciso V do art. 4º do CDC, a cobrança de dívidas pelo fornecedor pode servir, inclusive, como mecanismo alternativo de solução de conflitos, pois nada impede que as partes cheguem a um acordo sobre a dívida.

O que o CDC propõe com a disciplina da cobrança de dívidas no art. 42 é estabelecer os limites e barreiras da finalidade desse direito evitando o seu abuso.

11.5.2. Caracterização da cobrança abusiva de dívidas

Para que o fornecedor possa cobrar uma dívida, deve exercer uma pretensão contra o consumidor, da qual espera um resultado, qual seja: o pagamento. Contudo, se o exercício dessa pretensão fugir aos limites que a lei estabelece, surge o fenômeno do abuso de direito.

O abuso, de maneira simplifica, funda-se na ideia de excesso, ou seja, na apresentação desmedida de uma pretensão, ou como prefere o Código Civil, no art. 187, quando o titular de um direito "excede manifestamente os limites impostos pelo fim econômico ou social, pela boa-fé ou pelos bons costumes".

Conforme explica José Luiz Ragazzi, o abuso na cobrança ocorre quando a pretensão do fornecedor ultrapassa os limites impostos pela Política Nacional das Relações de Consumo, a qual garante ao consumidor, inclusive o inadimplente, o respeito à sua dignidade, a inviolabilidade da vida privada, da honra e da imagem (*Código de Defesa do Consumidor comentado*, p. 200).

A cobrança abusiva pode ocorrer por uma conduta direta do fornecedor-credor ou em razão de um terceiro (pessoa natural ou jurídica) que desenvolve atividade de recebimento do débito do consumidor (ex.: as empresas de cobrança).

Georgios José Ilias Bernabé Alexandridis alerta que, nesse caso, a regra do art. 42 do CDC deve ser aplicada, pois entre o terceiro e o consumidor, "mesmo que aparentemente não haja relação de consumo direta evidenciada, a simples cobrança de dívidas equipara a consumidores as pessoas que estão expostas à sua prática, nos termos do art. 29 do CDC" (*Comentários ao Código de Defesa do Consumidor/A cobrança de dívidas na relação de consumo*, p. 265).

O mesmo autor reforça que a abusividade também pode ser caracterizada nas hipóteses de cessão de crédito (arts. 286 e s. do CC), tanto a título oneroso como também gratuito (idem, p. 266).

11.5.3. Manifestação da abusividade na cobrança de dívidas

A cobrança abusiva do consumidor pode se materializar pelas mais variadas formas e instrumentos. O art. 42 não explicita quais são os instrumentos possíveis para ocorrência desse fenômeno, mas cria juntamente com o disposto no art. 71 do CDC, as condutas capazes de delinear o seu conteúdo.

Assim, a conformação do abuso se dá em razão de um ato ou fato com conteúdos incorretos ou enganosos a seu respeito, capazes de expô-lo ao ridículo, sujeitá-lo a constrangimento, ameaça, coação ou que interfira em seu trabalho, descanso ou lazer.

As condutas capazes de caracterizar a abusividade descritas nos arts. 42 e 71 do CDC não possuem qualquer elemento normativo de identificação e caracterização. Assim, em razão dessa indeterminação surge uma enorme plasticidade na interpretação e aplicação desses conceitos.

	CONDUTAS
Cobrança ridicularizante	O ato ou o fato de ridicularizar caracteriza quando o consumidor é alvo de escárnio, zombarias ou deboche capaz de ferir sua imagem e honra.
Cobrança constrangedora	O constrangimento se traduz por uma violência capaz de expor o consumidor a algo indesejado, resultante tanto de um ato físico como moral. Enquadram-se nesse caso de cobrança abusiva todas as práticas que expõem o consumidor inadimplente a riscos a sua saúde e integridade física, bem como seus familiares, e/ou lhes causem dor (aspecto moral). Diversas não as maneiras de caracterização do constrangimento moral. Cite-se a decisão do Tribunal de Justiça do Rio Grande do Sul que determinou a obrigação de indenizar em razão de uma cobrança de dívidas de um consumidor pela via telefônica em um programa interativo de rádio. O Tribunal argumentou que a situação vivida pelo consumidor foi flagrantemente vexatória (TJRS, 9ª Câmara Cível, ApCiv 598368264, rel. Des. Mara Larsen Chechi, j. 11-4-2001).
Cobrança ameaçadora	Excluindo a ameaça do exercício regular de um direito, qualquer outra ameaça está proibida.
Cobrança coativa	É aquela capaz de incutir temor de dano ao consumidor. Tanto pode resultar de uma pressão física como também psicológica.
Cobrança com interferência na atividade laboral, no descanso ou lazer	A interferência que trata o art. 71 como conduta de caracterização da abusividade é aquela capaz de causar coação (Bruno Miragem, *Direito do consumidor*, p. 196).

	CONDUTAS
Cobrança com interferência na atividade laboral, no descanso ou lazer	Cite-se como exemplo a cobrança de dívidas de um consumidor pertencente aos quadros do Exército (posto de cabo) que teve o seu sigilo bancário rompido por informações do estabelecimento de crédito ao seu comandante, conduta esta que resultou na sua exposição perante toda a Corporação, desmoralizando-o "perante todos os seus colegas de farda" (TJRJ, 13ª Câm. Cível, ApCiv 2002.001.09441, rel. Des. Ademir Pimentel, j. 9-10-2002).

11.5.4. Peculiar situação da cobrança de dívidas de serviços públicos por interrupção do fornecimento

O STJ até 2002 entendia que a interrupção do fornecimento de serviços públicos (ex.: água e luz) caracterizava-se como constrangimento ilícito ao consumidor, fato este que permitia a incidência da obrigação de indenizar por força do art. 42 do CDC.

Contudo, esse entendimento foi modificado e a interrupção passou a ser vista como uma conduta lícita, observado o dever de notificação prévia, diante do que dispõe expressamente o art. 6º da Lei de Concessões (Lei n. 8.987/95).

Essa é a atual posição do STJ, como se nota da leitura do REsp 363.943/MG, *DJ* 1º-3-2004, da lavra do Min. Humberto Gomes de Barros, o qual afirma que a 1ª Turma do STJ tem entendimento que é "lícito à concessionária interromper o fornecimento de energia elétrica, se, após aviso prévio, o consumidor de energia elétrica permanecer inadimplente no pagamento da respectiva conta".

11.5.5. Consequências da cobrança abusiva de dívidas

Com o abuso, a cobrança de dívidas extrapola os limites da licitude e, dessa maneira, se se verificarem outros pressupostos, levará à condenação do seu autor a indenizar os danos que ele houver causado.

Afirma o STJ que, nessa hipótese, a indenização deve se revestir de caráter "sancionatório de modo a compensar o constrangimento suportado pelo consumidor" (REsp 768.988/RS, rel. Min. Jorge Scartezzini, DJ 12-9-2005).

Além da sanção civil, o CDC permite sanções penais e administrativas. A primeira decorre da tipificação penal da cobrança abusiva no art. 71. Já a sanção administrativa está prevista no art. 13, IX, do Decreto n. 2.181/97, o qual estabelece que o fornecedor não poderá "submeter o consumidor inadimplente a ridículo ou a qualquer tipo de ameaça".

11.5.6. Cobrança de dívidas e repetição de indébito

A repetição do indébito também é uma das consequências da cobrança indevida. A repetição de indébito é um mecanismo obrigacional que garante ao consumidor cobrado indevidamente ter a devolução da corresponde parcela do seu patrimônio, acrescido de correção monetária e juros legais (art. 42, parágrafo único).

Da dicção legal, percebemos que a repetição do indébito é condicionada ao efetivo pagamento da cobrança pelo consumidor. Assim, a simples carta de cobrança não preenche a exigência do artigo citado.

Para a repetição em dobro que também trata o parágrafo único do art. 42 do CDC, explica Leonardo de Medeiros Garcia (*Direito do Consumidor*, p. 271) que a sanção somente será aplicada quando houver cobrança indevida acrescida de pagamento em excesso.

Além desses dois requisitos, o STJ, em decisões diversas, vem exigindo um terceiro, qual seja: a prova do dolo do fornecedor, que, se não restar demonstrada, não admite o dobro da repetição do indébito, e sim a repetição de forma simples (AgRg no REsp 954.561/RS, rel. Min. Castro Meira, j. 23-10-2007, *DJ* 8-11-2007).

Exige ainda a Corte mencionada que a cobrança não seja oriunda de cláusula posteriormente declarada nula e que o objeto da cobrança não tenha posicionamento controvertido nos Tribunais.

É importante observar que a posição do STJ não é seguida por parte da doutrina.

Bruno Miragem, ao tratar do assunto, argumenta que

> não se exige na norma em destaque (parágrafo único do art. 42 do CDC), a existência de culpa do fornecedor pelo equívoco da cobrança. Trata-se, pois, de espécie de imputação objetiva, pela qual o fornecedor responde independentemente de ter agido ou não com culpa ou dolo. Em última análise, terá seu fundamento na responsabilidade pelos riscos do negócio (*Direito do consumidor*, p. 197).

A norma, ao final da redação, dá ainda uma saída ao credor para que ele tente não repetir o dobro cobrado e recebido indevidamente: dispõe que o credor não responde em caso de "engano justificável".

A redação do texto, portanto, é ajustada ao teor da Súmula 159 do STF, relativa à interpretação do art. 1.531 do CC/1916, ora art. 940 do atual CC, cuja ementa é que "a cobrança excessiva, mas de boa-fé, não dá lugar às sanções do art. 1.531 do Código Civil".

Se for aceito algum engano justificável na cobrança indevida, ainda assim remanesce, obviamente, o direito do consumidor de repetir o valor singelo, acrescido de correção monetária e juros legais (Rizzatto Nunes, *Curso de direito do consumidor*, p. 572).

11.5.7. Identificação do fornecedor nos documentos de cobrança de dívidas

A Lei n. 12.039/2009 introduziu o art. 42-A ao texto do CDC. Esse dispositivo exige a identificação do fornecedor em todos os documentos de cobrança de débitos, a qual será feita mediante apresentação do nome completo do fornecedor, o endereço (domicílio) e o número de inscrição no Cadastro de Pessoas Físicas (CPF) ou no Cadastro Nacional de Pessoa Jurídica (CNPJ).

Ao tratar do tema, José Luiz Ragazzi afirma que o dispositivo visa

> diminuir as frequentes inscrições indevidas do nome do consumidor em bancos de dados dos serviços de proteção ao crédito. Sabe-se que, em muitas situações, o consumidor deixa de pagar uma dívida existente por falta de qualquer identificação do fornecedor do produto ou serviço. E, no caso de dívidas inexistentes, o consumidor não tem a oportunidade de anular judicialmente cobranças indevidas pela mesma falta de informação (*Código de Defesa do Consumidor comentado*, p. 201).

11.6. BANCOS DE DADOS E CADASTROS DE CONSUMIDORES

11.6.1. Introdução ao tema

Os arts. 43 e 44 do CDC regulam os bancos de dados e cadastros de todo e qualquer fornecedor público ou privado que contenham dados do consumidor relativos à sua pessoa ou às suas ações como consumidor.

Os bancos de dados e os cadastros são espécies do gênero arquivo de consumo. Existe divergência doutrinária a respeito da natureza de cada uma delas.

A posição dominante é a apresentada por Antonio Herman de Vasconcellos e Benjamin, autor responsável pela redação do art. 43 do CDC. De acordo com esse autor, as principais características de cada uma das espécies podem ser compreendidas conforme o quadro a seguir:

ESPÉCIE	PRINCIPAIS CARACTERÍSTICAS
Bancos de dados de consumidores	a) aleatoriedade na coleta das informações; b) organização permanente das informações; c) transmissibilidade extrínseca ou externa das informações; e d) inexistência de autorização ou conhecimento do consumidor.
Cadastros de consumidores	a) não aleatoriedade na coleta das informações; b) acessoriedade das informações; c) transmissibilidade interna; e d) existência de autorização ou conhecimento do consumidor.

De todos os arquivos de consumo, ganha relevo jurídico os chamados cadastros de inadimplentes ou serviços de proteção ao crédito. Com a edição da Lei n. 12.414/2011, esse tema foi aprimorado com novas discussões.

11.6.2. Banco de dados e cadastro de consumidores: comunicação de informações

A abertura de cadastro, ficha, registro e dados pessoais ou de consumo em nome do consumidor, quando não solicitada por ele, deve ser comunicada ao mesmo previamente por escrito, de acordo com o § 2º do art. 43 do CDC.

A comunicação deve ser realizada mediante envio de carta ao domicílio do consumidor. Nenhuma outra forma, a exemplo de um correio eletrônico (*e-mail*) ou até mesmo um telefone, é capaz de substituir a forma de envio determinada por lei.

Ainda sobre a forma de comunicação, o STJ editou a Súmula 404, a qual dispensa o aviso de recebimento (AR) para ela. Entende-se, pois, que o dever é de apenas comunicar e não comprovar.

Para que a comunicação seja válida e atinja o objetivo a que se destina, deverá ocorrer dias antes do registro de débito em atraso. O art. 43 do CDC não estabelece prazo para tanto.

Na prática, as empresas enviam tais correspondências com um prazo médio entre dez e trinta dias antes da efetivação do registro, para que o consumidor possa tomar as providências que entender cabíveis.

A obrigação de comunicar o consumidor é do órgão responsável pela negativação, ou seja, da entidade arquivista. Já a obrigação de levantamento do nome do consumidor dos bancos de dados, em caso de quitação da obrigação, é do fornecedor.

Cumpre assinalar que o legislador pretendeu, com o § 2º do art. 43 do CDC, não somente a notificação da mora do consumidor, mas também a oportunidade de acesso e possível retificação das informações que estão sendo registradas.

Nesse sentido, o Informativo 364 (período de 18 a 22-8-2008) esclarece "que o devedor tem o direito legal de ser cientificado para que possa esclarecer possível equívoco ou mesmo adimplir desde logo a dívida".

11.6.3. Banco de dados e cadastro de consumidores: dano moral

Diante de uma inscrição indevida, é cabível indenização por danos morais. Nessa hipótese, o dano moral é presumido, não havendo necessidade de se fazer prova quanto ao prejuízo sofrido pelo consumidor.

Sobre o tema, o STJ editou a Súmula 385 a qual estabelece que "da anotação irregular em cadastro de proteção ao crédito, não cabe indenização por dano moral, quando preexistente legítima inscrição, ressalvado o direito ao cancelamento".

11.6.4. Banco de dados e cadastro de consumidores: período restritivo das informações

As informações negativas podem ser mantidas por, no máximo, cinco anos (art. 43, § 1º), contados da data do fato ou da relação de consumo, ou do inadimplemento, e não da data do cadastro ou registro.

O tema foi consolidado com a edição da Súmula 323 do STJ: "A inscrição do nome do devedor pode ser mantida nos serviços de proteção ao crédito até o prazo máximo de 5 (cinco) anos, independentemente da prescrição da execução".

Ademais, o § 5º do art. 43 determina que os sistemas de proteção ao crédito não devem manter ou disponibilizar dados respeitantes a débitos prescritos.

11.6.5. Cadastro de fornecedores

O CDC exige que os órgãos públicos mantenham cadastros atualizados de reclamações fundamentadas (após procedimento administrativo, com decisão definitiva, nos termos do Decreto n. 2.181/97, art. 58, II) contra os fornecedores de produtos e serviços, com divulgação pública e no mínimo anual, indicando se houve ou não atendimento/solução pelo fornecedor.

O banco de dados do cadastro de fornecedores será público e poderá ser consultado por qualquer interessado, aplicando-se a ele todas as regras do banco de dados de cadastro do consumidor, inclusive a possibilidade de correção de informação e o direito ao aviso prévio do registro.

11.6.6. Cadastro positivo

A Lei n. 12.414/2011 regula a formação e consulta a bancos de dados com informações de adimplemento, de pessoas naturais ou de pessoas jurídicas, tema não disciplinado pelo art. 43 do CDC e anteriormente regulado pela MP n. 518/2010.

O objetivo do cadastro positivo é a coleta de informações de adimplemento do consumidor cadastrado para a formação do histórico de crédito, garantindo-lhe condições mais favoráveis para uma eventual operação creditícia, a exemplo de um financiamento ou de uma alienação fiduciária em garantia.

O art. 1º da referida Lei assim determina:

Esta Lei disciplina a formação e consulta a bancos de dados com informações de adimplemento, de pessoas naturais ou de pessoas jurídicas, para formação de histórico de crédito, sem prejuízo do disposto na Lei n. 8.078, de 11 de setembro de 1990 – Código de Proteção e Defesa do Consumidor.

A abertura do cadastro positivo depende da autorização prévia do potencial cadastrado, mediante consentimento informado, por meio de assinatura em instrumento específico ou em cláusula apartada. As informações de adimplemento não poderão constar de bancos de dados por período superior a quinze anos.

Somente poderão ser armazenadas informações objetivas, claras, verdadeiras e de fácil compreensão, que sejam necessárias para avaliar a situação econômica do cadastrado. Ficam proibidas as anotações de:

a) informações excessivas, assim consideradas aquelas que não estiverem vinculadas à análise de risco de crédito ao consumidor; e

b) informações sensíveis, assim consideradas aquelas pertinentes à origem social e étnica, à saúde, à informação genética, à orientação sexual e às convicções políticas, religiosas e filosóficas.

A abertura de cadastro requer autorização prévia do potencial cadastrado mediante consentimento informado por meio de assinatura em instrumento específico ou em cláusula apartada.

Após a abertura do cadastro, a anotação de informação em banco de dados independe de autorização e de comunicação ao cadastrado.

O art. 5º da referida Lei estabelece os direitos do cadastrado, a saber:

a) obter o cancelamento do cadastro quando solicitado;

b) acessar gratuitamente as informações sobre ele existentes no banco de dados, inclusive o seu histórico, cabendo ao gestor manter sistemas de consulta seguros, por telefone ou por meio eletrônico, para comunicar as informações de adimplemento;

c) solicitar impugnação de qualquer informação sobre ele erroneamente anotada em banco de dados e ter, em até sete dias, sua correção ou cancelamento e comunicação aos bancos de dados com os quais a informação foi compartilhada;

d) conhecer os principais elementos e critérios considerados para a análise de risco, resguardado o segredo empresarial;

e) ser informado previamente sobre o armazenamento, a identidade do gestor do banco de dados, o objetivo do tratamento dos dados pessoais e os destinatários dos dados em caso de compartilhamento;

f) solicitar ao consulente a revisão de decisão realizada exclusivamente por meios automatizados; e

g) ter os seus dados pessoais utilizados somente de acordo com a finalidade para a qual eles foram coletados.

Desde que autorizados pelo cadastrado, os prestadores de serviços continuados de água, esgoto, eletricidade, gás e telecomunicações, dentre outros, poderão fornecer aos bancos de dados indicados, na forma do regulamento, informação sobre o adimplemento das obrigações financeiras do cadastrado.

ATENÇÃO
É vedada a anotação de informação sobre serviço de telefonia móvel na modalidade pós-paga.

11.7. COMÉRCIO ELETRÔNICO

11.7.1. Introdução ao tema

Atualmente, a disciplina do comércio eletrônico não vem tratada explicitamente no CDC, muito embora represente um dos pilares de sua reforma, a qual encontra-se em tramitação no Senado Federal.

A importância desse modelo de negócio é notória no mercado de consumo e, portanto, revela uma enorme preocupação dos operadores do direito sobre o tema.

A lição de Ricardo L. Lorenzetti ilustra de forma precisa essa questão:

> o surgimento da era digital suscitou a necessidade de repensar importantes aspectos relativos à organização social, à democracia, à tecnologia, à privacidade e à liberdade, e se observa que muitos enfoques não apresentam a sofisticação teórica que semelhantes problemas requerem; esterilizam-se, obliterados pela retórica, pela ideologia e pela ingenuidade (*Comércio eletrônico*, p. 22).

Não há uma definição precisa da noção de comércio eletrônico (ou *e-commerce*) na dogmática consumerista. Trata-se, pois, de uma prática comercial desenvolvida em um ambiente virtual resultante do uso de tecnologias de comunicação e de informação. Sua natureza é cambiante por excelência, pois sofre uma influência direta dos modelos tecnológicos utilizados em um determinado tempo.

De acordo com a doutrina, o comércio eletrônico pode ser classificado em direto ou indireto, conforme o tipo de mercadoria comercializada:

11.7.2. Espécies de comércio eletrônico

A doutrina especializada no assunto identifica seis tipos ou modelos de comércio eletrônico essenciais. São eles:

a) *Business-to-Business* (B2B);

b) *Business-to-Consumer* (B2C);

c) *Consumer-to-Consumer* (C2C);

d) *Consumer-to-Business* (C2B);

e) *Business-to-Administration* (B2A);

f) *Consumer-to-Administration* (C2A).

Contudo, tendo em vista o propósito desta obra, analisaremos apenas duas modalidades específicas, as quais guardam maior pertinência com a tutela do direito do consumidor. São elas:

- **a)** ***Business-to-Consumer* (B2C):** caracteriza-se pelo estabelecimento de relações comerciais entre as empresas e os consumidores finais.

Esse tipo de comércio tem-se desenvolvido bastante devido ao advento da *web*, existindo várias lojas virtuais e centros comerciais na internet que comercializam todo o tipo de bens de consumo, tais como computadores, *softwares*, livros, CDs, automóveis, produtos alimentares, produtos financeiros, publicações digitais etc.

- **b)** ***Consumer-to-Consumer* (C2C):** engloba todas as transações eletrônicas e virtuais de bens ou serviços efetuadas entre consumidores.

Geralmente, essas trocas são realizadas (intermediação) por meio de uma terceira entidade, que disponibiliza a plataforma eletrônica onde se realizam as transações.

11.7.3. Direito dos consumidores no comércio eletrônico

A falta de uma regulamentação própria sobre o comércio eletrônico no Brasil cria diversos problemas aos consumidores. Contudo, a doutrina já identifica alguns direitos e garantias específicas.

Na oficina "Desafios da Sociedade da Informação: comércio eletrônico e proteção de dados pessoais", da Escola Nacional de Defesa do Consumidor, foram identificadas nove garantias principais, a saber:

- proteção contra as práticas abusivas ou que se prevaleçam da sua fraqueza ou ignorância, bem como contra toda publicidade enganosa ou abusiva;
- proteção na publicidade ou comercialização de produtos, tendo em vista fatores que elevam a sua vulnerabilidade, tais como idade, saúde, conhecimento ou condição social, entre outros;
- acesso, durante toda relação de consumo, a informações corretas, claras, precisas e ostensivas e em língua portuguesa quando a oferta e a publicidade forem assim realizadas;
- acesso prévio às condições gerais de contratação, sem as quais ele não se vincula;
- exercício efetivo do direito de arrependimento nos contratos de comércio eletrônico, possibilitando-lhe desistir do contrato firmado no prazo de sete dias sem necessidade de justificar o motivo e sem qualquer ônus, nos termos do art. 49 do CDC;
- acesso facilitado a informações sobre seus direitos e como exercê-los, em especial no que se refere ao direito de arrependimento;
- facilitação e celeridade do cancelamento de cobrança pela Administradora e/ou Emissor do cartão, nas hipóteses de descumprimento contratual pelo fornecedor ou não reconhecimento da transação pelo consumidor, com base nas cláusulas contratuais entre fornecedores e na boa-fé das partes. Cancelamento da cobrança referente à compra em ambiente virtual, junto à Administradora e/ou Emissor do cartão, na hipótese de o fornecedor descumprir o contrato ou o consumidor não reconhecer a respectiva transação;
- proteção da sua privacidade, intimidade e dos seus dados pessoais.

12.
Proteção Contratual

12.1. INTRODUÇÃO AO ESTUDO DO DIREITO CONTRATUAL

12.1.1. Conceito de contrato

Observa Enzo Roppo que

> a palavra contrato é, as mais das vezes, empregue para designar a operação econômica *tout court*, a aquisição ou a troca de bens e de serviços, o "negócio", em suma, entendido, por assim dizer, na sua materialidade, fora de toda a formalização legal, de toda a mediação operada pelo direito ou pela ciência jurídica (*O contrato*, p. 8).

Assim, se o contrato é a roupagem de uma operação econômica realizada pelo homem em sociedade, pode-se concluir que ele é uma das relações jurídicas mais antigas e mais praticadas.

Trata-se de um mecanismo que acompanha inevitavelmente as mudanças e fluxos sociais, tendo em vista que ele é, sem dúvida alguma, o mais importante elo privado que o ser humano conhece. Daí, mais uma vez a lúcida lição de Enzo Roppo, ao afirmar que o "contrato é um instrumento em constante metamorfose" (*O contrato*, p. 4).

12.1.2. A relação contratual na sociedade de consumo

Atualmente o contrato passa por uma crescente fragmentação de sua fenomenologia, ou, pelo menos, a perda de centralidade da figura e da disciplina geral do contrato, concebida de modo unitário (Enzo Roppo, *O contrato*, p. 4).

Daí por que o contrato é visto como o resultado da convergência de interesses pessoais fruto da autonomia de vontade, ou seja, da liberdade negocial dos indivíduos, resultante dos conceitos traçados nos Códigos francês e alemão do início do século XX, essencialmente privado e paritário, representa, hoje, apenas uma pequena parcela das práticas contratuais na atualidade.

Com a massificação econômica, nasce, como consequência necessária, a massificação das relações contratuais. Esse modelo exige contratos impessoais e padronizados (contrato tipo ou de massa), que não mais se coadunam com o princípio clássico da autonomia de vontade.

Isso porque, nesse novo cenário social, a liberdade de contratar, especialmente da parte contratante mais vulnerável, a exemplo dos consumidores, praticamente desaparece.

Ao tratar do assunto, Claudia Lima Marques esclarece a questão, afirmando que,

> em muitos casos o acordo de vontades era mais aparente do que real; os contratos pré-redigidos tornaram-se a regra, e deixaram claro o desnível entre os contratantes – um, autor efetivo das cláusulas; outro, simples aderente –, desmentindo a ideia de que, assegurando-se a liberdade contratual, estaríamos assegurando a justiça contratual (*Contratos no Código de Defesa do Consumidor*, p. 162).

Na busca de um novo equilíbrio contratual, capaz de preservar os interesses dos contratantes, surge uma nova concepção contratual decorrente de uma forte intervenção do estado nas relações privadas, relegando o individualismo a um plano secundário.

Essa situação tem sugerido a existência de um dirigismo contratual, em certos setores, que interessa a toda a coletividade. Pode-se afirmar que a força obrigatória dos contratos não se afere mais sob a ótica do dever moral de manutenção da palavra empenhada, mas de realização do bem comum.

Com isso, o contrato passa a ter uma função social. Sobre o tema, a lição de Claudia Lima Marques é cristalina:

Fala-se modernamente na função do direito dos contratos como orientador da relação obrigacional e como realizador da equitativa distribuição de deveres e direitos. É o que os comparatistas alemães Zweigert e Koetz visualizam como nova função do direito dos contratos, a realização da equidade contratual, dentro de um *welfare state* (*Contratos no Código de Defesa do Consumidor*, p. 213).

O contrato, sob essa concepção social, deixa de ser visto apenas como um instrumento de autorregulamentação da vontade livre. A nova teoria contratual revaloriza essa categoria por meio da equidade, da boa-fé objetiva e da segurança no tráfego das relações.

Esses paradigmas valorativos são soluções mais abertas, os quais deixam larga margem de ação, especialmente para os juízes e a doutrina na tarefa de interpretação e adequação dos contratos à realidade social.

O CDC adota essa concepção social na proteção contratual do consumidor, cujas regras protetivas foram inseridas no seu Capítulo VI, o qual foi dividido da seguinte maneira:

Regras sobre proteção contratual no CDC	a) disposições gerais sobre as relações contratuais (arts. 46 a 50); b) cláusulas abusivas nas relações contratuais (arts. 51 a 53); e c) disciplina do contrato de adesão (art. 54).

12.2. CLÁUSULAS CONTRATUAIS GERAIS

12.2.1. Introdução ao tema

O surgimento das chamadas cláusulas contratuais gerais está atrelado ao surgimento do contrato de adesão e às contratações em massa. Os negócios na sociedade de consumo formam-se e executam-se a um ritmo incompatível com o modelo clássico de contratação.

As cláusulas gerais surgem, assim, na lição de António Menezes Cordeiro, como uma resposta às necessidades de rapidez e de normalização da sociedade na pós-modernidade (*Tratado de direito civil português*, p. 595-599).

12.2.2. Conceito e características das cláusulas contratuais gerais

De acordo com a lição de Claudia Lima Marques, as cláusulas contratuais gerais ou condições gerais dos contratos (também conhecidas pela sigla CONDGs) são as disposições negociais, escritas ou não, em que um contratante aceita, tácita ou expressamente, determinadas unilateralmente e uniformemente para um número indeterminado de relações contratuais (*Contratos no Código de Defesa do Consumidor*, p. 79).

Suas principais características são:

a) são comuns independentemente do tipo específico do contrato;

b) são pré-elaboradas (pré-redigidas), daí por que existem antes da realização do negócio efetivo entre o consumidor e o fornecedor;

c) são destinadas a um número múltiplo e indeterminado de contratos;

d) são determinadas unilateralmente por um dos contratantes, ou seja, o fornecedor.

A grande problemática das cláusulas gerais diz respeito à sua eficácia nos contratos. Claudia Lima Marques (*Contratos no Código de Defesa do Consumidor*, p. 83-85), sintetizando o pensamento da doutrina germânica, afirma a necessidade de três pré-requisitos para a sua inclusão válida:

a) Informação clara e precisa prestada ao consumidor pelo fornecedor sobre o uso da cláusula.

Trata-se da aplicação direta do princípio da transparência. As condições só integrarão a futura relação contratual se o consumidor tiver conhecimento delas ou pelo menos tiver tido a oportunidade.

b) Possibilidade de o consumidor tomar conhecimento do conteúdo real da cláusula geral.

Não basta a simples menção da cláusula. É preciso garantir o efetivo acesso dela e dos seus desdobramentos negociais.

O STJ vem reforçando a importância deste requisito, especialmente nas relações de consumo bancárias, como se vê na emenda do acórdão da ministra Nancy Andrighi:

> O dever de informação e, por conseguinte, o de exibir a documentação que a contenha é obrigação decorrente de lei, de integração contratual compulsória. Não pode ser objeto de recusa nem de condicionantes, face ao princípio da boa-fé objetiva. Se pode o cliente a qualquer tempo requerer da instituição financeira prestação de contas, pode postular a exibição dos extratos de suas contas correntes, bem como as contas gráficas dos empréstimos efetuados, sem ter que adiantar para tanto os custos dessa operação (REsp 330.261/SC, 3ª T., j. 6-12-2001, rel. Min. Nancy Andrighi, *DJ* 8-4-2002, p. 212).

c) A aceitação, tácita ou expressa, do consumidor.

Se o consumidor teve a oportunidade de ter conhecimento e acesso à cláusula geral, ela é válida.

Claudia Lima Marques sublinha a possibilidade de essa aceitação ocorrer anteriormente à realização do contrato, ou seja, por meio de uma proposta inicial ou pré-contrato.

12.3. INTERPRETAÇÃO DOS CONTRATOS DE CONSUMO

A forma de interpretação contratual das relações de consumo é prevista no art. 47 do CDC, o qual estabelece que as cláusulas contratuais sejam interpretadas de maneira mais favorável ao consumidor.

Trata-se de uma regra hermenêutica mais ampla do que a prevista no art. 423 do CC, a qual também estabelece uma análise do contrato mais vantajosa ao aderente.

No CDC, essa forma de interpretação não alcança apenas as cláusulas ambíguas ou contraditórias, como é o caso do referido dispositivo do Código Civil, mas sim todo o conteúdo contratual, inclusive as cláusulas não expressas no instrumento, ou seja, de todo o processo obrigacional de construção do contrato, desde a oferta e a publicidade até os efeitos que o contrato de consumo há de produzir, mesmo após a sua extinção.

Trata-se de um efeito direto do reconhecimento da vulnerabilidade do consumidor e da aplicação imediata do princípio da boa-fé objetiva.

Embora o CDC tenha inserido o princípio da interpretação mais favorável ao consumidor, as cláusulas limitativas dos direitos dos consumidores continuam válidas, desde que redigidas pelo fornecedor de maneira clara e em destaque.

Nesse sentido, o STJ, no REsp 319.707/SP, esclareceu que a interpretação favorável ao adquirente de plano de saúde não permite impor ao fornecedor responsabilidade por cobertura excluída de cláusula expressa e de fácil verificação.

12.4. DIREITO DE ARREPENDIMENTO NAS RELAÇÕES DE CONSUMO

Para proteger o consumidor de uma prática comercial na qual ele não desfruta das melhores condições para decidir sobre a conveniência do negócio, o art. 49 do CDC prevê a hipótese de arrependimento do consumidor toda vez que ocorrer a contratação fora do estabelecimento comercial. Trata-se de um prazo de reflexão.

Estão, portanto, na abrangência da norma todos os sistemas de vendas externas, como em domicílio, mediante visita do vendedor; vendas por *telemarketing* ou por telefone; por correspondência (mala direta, ou carta-resposta, correio); pela TV, internet ou qualquer outro meio eletrônico.

Deve o consumidor, ao exercer o direito de arrependimento, fazê-lo de maneira inequívoca, podendo ser por meio de carta com aviso de recebimento (AR) ou de manifestação oral, presenciada por testemunhas.

Cumpre notar que se trata de um direito potestativo do consumidor, razão pela qual não se faz necessária qualquer explicação a respeito da devolução do bem.

Além disso, o consumidor não deve arcar com custos adicionais ou multa contratual, devendo o fornecedor devolver imediatamente quaisquer valores eventualmente pagos pelo consumidor, monetariamente atualizados.

12.5. GARANTIA CONTRATUAL

A garantia de adequação do produto e do serviço é um instrumento eficiente para a proteção contratual do consumidor.

Entende-se por garantia de adequação a qualidade que o produto ou serviço deve ter, em termos de segurança, durabilidade e desempenho, para atingir o fim a que se destina.

No seu art. 24, o CDC introduziu a garantia legal de adequação, a qual independe de termo expresso, vedada a exoneração contratual do fornecedor.

Essa garantia legal diz respeito ao prazo para reclamar por vícios do produto ou serviço.

Além da garantia legal, o CDC, no art. 50, permite ao fornecedor conferir uma garantia convencional aos seus produtos e serviços.

Essa garantia é complementar à legal e será conferida mediante termo escrito, conforme disposto no parágrafo único do mesmo artigo: o termo de garantia ou equivalente deve ser padronizado e esclarecer, de maneira adequada, em que consiste a mesma garantia, bem como a forma, o prazo e o lugar em que pode ser exercitada e os ônus a cargo do consumidor, devendo ser-lhe entregue, devidamente preenchido pelo fornecedor, no ato do fornecimento, acompanhado de manual de instrução, de instalação e uso do produto em linguagem didática, com ilustrações.

Ao contrário da garantia legal, que é sempre obrigatória, a garantia contratual é mera faculdade, que pode ser concedida por liberalidade do fornecedor.

Os termos e o prazo dessa garantia contratual ficam ao alvedrio exclusivo do fornecedor, que os estipulará de acordo com a sua conveniência, a fim de que seus produtos ou serviços passem a ter competitividade no mercado, atentando, portanto, ao princípio da livre-iniciativa.

O prazo de garantia convencional começa a correr a partir da entrega do produto ou da prestação de serviço, enquanto o prazo da garantia legal (30 ou 90 dias) tem por termo inicial o dia seguinte do último dia da garantia convencional. Essa interpretação é compatível com o disposto no art. 446 do CC.

Se o fornecedor não dá prazo convencional, volta-se ao CDC, ou seja, os 30 ou 90 dias correm do dia da aquisição do produto ou do término do serviço, não se olvidando que, em se tratando de vício oculto, o início do prazo para reclamar apenas corre quando este se manifesta.

12.6. CLÁUSULAS CONTRATUAIS ABUSIVAS

12.6.1. Caracterização e conceito

O CDC estabelece expressamente um rol de cláusulas abusivas nas relações de consumo. Trata-se de uma técnica legal de controle do conteúdo dos contratos de consumo, trazendo como efeito a sua completa nulidade, pois contrariam normas de ordem pública e o interesse social da proteção e defesa do consumidor.

O CDC não trouxe um conceito de cláusula abusiva, limitando-se no art. 51 a apresentar um rol exemplificativo delas. Parte da doutrina associa sua natureza ao conceito de abuso de direito (art. 187 do CC) ou compara-as com as tradicionais cláusulas leoninas.

Contudo, a tendência moderna, como bem observa Claudia Lima Marques, é de

> conectar a abusividade das cláusulas a um paradigma mais objetivo, em especial ao princípio da boa-fé objetiva; observar mais seu efeito, seu resultado, e não tanto repreender uma atuação maliciosa ou não subjetiva (*Contratos no Código de Defesa do Consumidor*, p. 905).

Podemos tomar a expressão "cláusula abusiva" como sinônima de cláusulas opressivas, cláusulas vexatórias, cláusulas onerosas, ou, ainda, cláusulas excessivas. É aquela notoriamente desfavorável à parte mais fraca na relação contratual, ou seja, o consumidor.

De acordo com a Diretiva n. 93/13 da Comunidade Europeia, de 5-4-1993, as cláusulas abusivas podem ser conceituadas como aquelas que tenham sido negociadas individualmente sem observância da boa-fé objetiva, tendo como resultado um desequilíbrio desfavorável dos direitos e dos deveres derivados do contrato para o consumidor.

Cumpre observar que as cláusulas abusivas não se confundem com as práticas comerciais abusivas descritas no art. 39 do CDC.

Sobre o tema é esclarecedora a lição de Cristiano Heineck Schmitt:

> Enquanto a primeira (cláusula abusiva) se refere a conteúdo negocial ofensivo aos interesses do consumidor, a prática abusiva, ao contrário, diz respeito a um comportamento vedado pelo ordenamento jurídico, podendo ser observado antes, durante ou após a celebração do contrato (*Cláusulas abusivas nas relações de consumo*, p. 88).

Ressalte-se, ainda, que é possível o afastamento de cláusula tida por abusiva sem comprometer o contrato, sendo certo que o contrato somente não será mantido se a cláusula for essencial, ocorrendo, portanto, alteração contratual.

De qualquer sorte, ao interpretar a cláusula contratual, deve o juiz perquirir a real intenção das partes em detrimento da literalidade.

12.6.2. Cláusulas abusivas e causas de revisão do contrato: distinção técnica

As cláusulas abusivas não se confundem com as cláusulas que podem dar causa à revisão do contrato. Ambas se manifestam na fase de execução do contrato, mas por fundamentos diferentes.

As causas que podem ensejar a revisão do contrato são supervenientes à sua formação, ou seja, o contrato nasce perfeito, tudo corre muito bem, até que surge um fato novo (superveniente) que o desequilibra, exigindo uma revisão.

As cláusulas abusivas, que ensejam a modificação das cláusulas e, eventualmente, até do contrato, são concomitantes à formação do contrato, ou seja, no momento em que as partes o celebram, já fica lançado o germe de algo que mais tarde, na fase de execução, vai gerar um problema.

12.6.3. Cláusulas abusivas em espécie

O art. 51 do CDC traz um rol exemplificativo de cláusulas abusivas. Tanto é assim que a Portaria n. 4/98 e a Portaria n. 3/99 da Secretaria de Direito Econômico (SDE) elencam outras hipóteses de nulidade de cláusulas contratuais, com a finalidade de nortear as relações de consumo.

São espécies de cláusulas abusivas:

a) Cláusula de não indenizar (art. 51, I, do CDC)

A cláusula de não indenizar é uma avença, uma cláusula acessória de um contrato destinado a afastar as normais consequências da inexecução de uma obrigação.

Aguiar Dias afirma que a cláusula de não indenizar (ou de irresponsabilidade) tem por função alterar, em benefício do contrato (no caso do CDC: do fornecedor), o jogo dos riscos, pois estes são transferidos para a vítima (*Cláusula de não indenizar*, p. 35).

Desnecessário ressaltar que a cláusula não tem aplicação na responsabilidade decorrente de um ilícito extracontratual, ou seja, da responsabilidade pelo fato do produto ou do serviço.

Os princípios dessa espécie de responsabilidade são de ordem pública, estabelecidos em favor do interesse geral e das exigências do bem comum, pelo que não podem ser alterados por vontade das partes.

Nos contratos de consumo, a cláusula de não indenizar é absolutamente inválida. Ela atinge a essência da proteção social do CDC (art. 1º), bem como o direito básico à plena reparação dos danos patrimoniais e morais dos consumidores (art. 6º, VI).

O STJ se manifestou em diversos julgados sobre a abusividade da cláusula nos contratos de consumo. Conferir: REsp 197.622/DF, 4ª T., j. 4-4-2006, rel. Min. Aldir Passarinho Junior, *DJ* 2-5-2006, p. 332.

O inciso I do art. 51 do CDC, na sua segunda parte, prevê uma única exceção para a cláusula limitativa de indenização, qual seja, nas relações de consumo entre o fornecedor e o consumidor pessoa jurídica, a indenização poderá ser limitada, em situações justificáveis.

Porém, essa restrição só será aplicável quando previamente estabelecida no contrato; ou seja, trata-se de uma assunção de risco pelo contratante consumidor pessoa jurídica.

A cláusula de não indenizar não se confunde com a cláusula limitativa de direito do consumidor (art. 54, § 4º). A primeira visa excluir a responsabilidade ou restringir o dever de indenizar do fornecedor, enquanto a segunda (cláusula limitativa de direito) tem por finalidade restringir a própria obrigação a ser assumida pelo fornecedor.

Nas relações de consumo, as cláusulas limitativas são permitidas desde que redigidas com destaque, permitindo sua imediata e fácil compreensão.

Essa é a orientação da 3ª Turma do STJ (REsp 319.707/SP, 3ª T., rel. Min. Nancy Andrighi, rel. p/ acórdão Min. Castro Filho, j. 7-11-2002, *DJ* 28-4-2003, p. 198).

b) Renúncia ou disposição de direitos (art. 51, I, do CDC)

Em razão da natureza pública das normas do CDC (art. 1º), seus destinatários não podem livremente dispor dos direitos e deveres estabelecidos.

Dessa forma, qualquer ato de renúncia ou disposição, ainda que realizado voluntariamente pelo consumidor, é inválido e ineficaz.

Esses efeitos também se aplicam à renúncia ao benefício de ordem, se constar de contrato de consumo, pois implica disposição daquele direito.

c) Limitação da indenização (art. 51, I, do CDC)

Não pode o fornecedor inserir cláusula contratual estabelecendo um teto máximo para indenização, em razão da garantia da efetiva prevenção e reparação dos danos aos consumidores prevista no art. 6º, VI, do CDC.

A única hipótese permitida pelo legislador de limitação de responsabilidade de indenização, como já vista, é na relação de consumo em que o consumidor é pessoa jurídica.

A 2ª Turma do STJ enfrentou o tema da limitação da responsabilidade civil principalmente para os contratos de transporte aéreo. A Corte entendeu que a referida relação jurídica rege-se pelo CDC, não havendo que se falar em indenização tarifada prevista na Convenção de Varsóvia ou no Código Brasileiro de Aeronáutica (REsp 316.280/SP, 4ª T., j. 6-2-2003, rel. Min. Aldir Passarinho Junior, *DJ* 7-4-2003, p. 290).

d) Reembolso de quantia paga (art. 51, II, do CDC)

A rescisão ou resilição contratual pode ocorrer a requerimento do consumidor ou por inadimplemento, tanto do fornecedor quanto do consumidor, mas sempre haverá o direito de o consumidor obter a devolução dos valores pagos.

Deve-se notar que, em diversas hipóteses, o legislador garante ao consumidor a alternativa da rescisão do vínculo contratual conjugada com a devolução das importâncias por ele pagas, devidamente atualizadas.

Trata-se das situações abrangidas pelos arts. 18 a 20 (vício de qualidade ou quantidade no fornecimento), art. 35 (recusa no cumprimento da oferta) e art. 49 (desistência do consumidor nas vendas feitas com técnicas de *marketing* agressivo) do CDC.

e) Transferência da responsabilidade a terceiros (art. 51, III, do CDC)

Se a relação jurídica de consumo é firmada entre o consumidor e o fornecedor, este não pode simplesmente transferir a responsabilidade que assumiu perante o consumidor, sob pena de dificultar e até mesmo impossibilitar a indenização garantida pelo ordenamento jurídico.

Para evitar prejuízos, poderá, contudo, o fornecedor contratar seguro para se garantir contra pagamento a título de indenização.

f) Desvantagem exagerada para o consumidor e cláusula incompatível com a boa-fé e a equidade (art. 51, IV, do CDC)

Os conceitos de "abusividade" e "iniquidade", embora bastante amplos, devem ser interpretados de acordo com todo o sistema de proteção do consumidor.

A expressão "vantagem exagerada" encontra, no § 1º do art. 51, algumas hipóteses de interpretação como a que:

i) ofende os princípios fundamentais do sistema jurídico a que pertence;

ii) restringe direitos ou obrigações fundamentais inerentes à natureza do contrato, de tal modo a ameaçar seu objeto ou o equilíbrio contratual;

iii) mostra-se excessivamente onerosa para o consumidor, considerando-se a natureza e o conteúdo do contrato, o interesse das partes e outras circunstâncias peculiares ao caso.

Cláusulas incompatíveis com a boa-fé e a equidade também estão sujeitas à declaração de nulidade. Assim, deve o magistrado perquirir sobre a intenção das partes ao firmarem o contrato, observando a conduta das partes e o padrão do homem médio, levando em consideração os aspectos sociais envolvidos.

A respeito do assunto, o STJ editou a Súmula 302, a qual estabelece que "é abusiva a cláusula contratual de plano de saúde que limita no tempo a internação hospitalar do segurado". Posteriormente, a Súmula 382 explicitou que "a estipulação de juros remuneratórios superiores a 12% (doze por cento) ao ano, por si só, não indica abusividade".

g) Inversão do ônus da prova (art. 51, VI, do CDC)

Toda cláusula contratual que contrarie o disposto no art. 333 do CPC não terá validade perante o Judiciário, pois resulta, na prática, na impossibilidade de defesa ou exercício dos direitos do consumidor, que lhe são assegurados por lei.

h) Arbitragem compulsória (art. 51, VII, do CDC)

O compromisso arbitral é regido pela Lei n. 9.307/96 e não afasta a possibilidade de sua aplicação nas relações de consumo.

No entanto, cuidou a lei consumerista de decretar a nulidade de cláusula contratual que imponha ao consumidor a utilização compulsória de arbitragem.

É importante observar que a doutrina afirma que o uso da arbitragem nas relações de consumo, muito embora permitida, raramente será implementada na prática.

Rizzatto Nunes aponta uma possibilidade relacionada ao consumidor pessoa jurídica:

> Quando examinamos o inciso I do art. 51, mais especificamente a segunda parte, observamos que o fornecedor pode, negociando com o consumidor pessoa jurídica, estabelecer cláusula contratual que limite a responsabilidade do fornecedor por acidentes de consumo. Pois bem, eis aí uma hipótese possível, de estabelecimento voluntário da arbitragem. O consumidor pessoa jurídica de porte negocia, por meio de seu corpo jurídico

ou seu consultor jurídico, as cláusulas contratuais instituidoras da arbitragem. Esse é o mínimo da equivalência necessária entre as partes para que se possa discutir de forma equilibrada e consciente as cláusulas contratuais relativas à arbitragem (*Curso de direito do consumidor*, p. 659-666).

i) Imposição de representante (art. 51, VIII, do CDC)

O CDC proíbe expressamente a utilização de cláusula contratual que imponha representante para concluir ou realizar outro negócio pelo consumidor.

Trata-se da denominada "cláusula mandato". A abusividade dessa cláusula é confirmada em diversos julgados do STJ, a exemplo do AgRg no Ag 511.675/DF, 4ª T., rel. Min. Jorge Scartezzini, j. 23-8-2005.

Tal cláusula é bastante comum nos contratos bancários. Muita polêmica girou em torno da juridicidade desta prática das administradoras de cartão, mas o STJ reconheceu a legalidade da cláusula mandato, que permite à administradora buscar recursos no mercado para financiar o usuário inadimplente das empresas administradoras de cartão de crédito, devendo, contudo, prestar contas ao consumidor do montante dos valores captados (REsp 523.154/RS, 3ª T., rel. Min. Nancy Andrighi, j. 21-8-2003, *DJ* 22-9-2003, p. 325).

j) Vantagens especiais para o fornecedor (art. 51, IX, X, XII e XIII, do CDC)

O CDC veda ao fornecedor estabelecer unilateralmente condições prejudiciais ou que permitam a exoneração do regular cumprimento dos contratos em detrimento do consumidor.

É a natureza potestativa dessas prerrogativas dada ao fornecedor o fundamento de sua abusividade.

O Código Civil, no art. 122, reforçando a natureza abusiva dessas disposições, afirma que as condições puramente potestativas, ou seja, aquelas que permitem a permanência ou a extinção do negócio pela vontade exclusiva de uma das partes, são proibidas nas práticas negociais.

O art. 51 traz alguns exemplos de cláusulas potestativas proibidas, a saber:

i) Cláusula unilateral de opção ao fornecedor para a conclusão ou não do contrato, sem que a mesma opção seja dada ao consumidor (art. 51, IX, do CDC).

Em função do disposto no art. 30 do CDC, o fornecedor é obrigado a cumprir integralmente a oferta anunciada. É possível que as partes estabeleçam, mutuamente, as hipóteses de resilição contratual ou de rescisão contratual por inadimplemento.

O art. 54 do CDC permite a cláusula resolutória, desde que alternativa, cabendo a escolha ao consumidor.

ii) Cláusula de alteração unilateral do preço (art. 51, X, do CDC).

É o caso, por exemplo, de cláusula contratual que prevê a escolha do índice de correção monetária pelo fornecedor.

Sem dúvida que o fornecedor, nesse caso, escolherá o maior índice entre os indicados no contrato e, com isso, terá maior lucratividade, arcando o consumidor com esses custos.

Outra hipótese é a de alteração na taxa de juros nos contratos de cheque especial ou cartões de crédito.

iii) Cláusula unilateral de opção ao fornecedor de cancelamento do contrato (art. 51, XI, do CDC).

iv) Cláusula de ressarcimento de custos de cobrança contra o consumidor, sem que igual direito seja garantido contra o fornecedor (art. 51, XII, do CDC).

A cobrança de honorários de advogado, em cobrança extrajudicial, é prática comum e, muitas vezes, prevista no contrato firmado com o consumidor.

No entanto, o consumidor inadimplente, que paga a dívida independentemente do ajuizamento da respectiva ação judicial, não deve arcar com os honorários advocatícios, uma vez que tais custos são de responsabilidade do fornecedor.

v) Cláusula de alteração unilateral do conteúdo ou qualidade do contrato (art. 51, XIII, do CDC).

Toda e qualquer alteração deve ser baseada na expressa manifestação de vontade das partes.

k) Violação de normas ambientais

Os termos "meio ambiente" e "normas ambientais" estão tomados em sua acepção mais ampla, incluídos naquele o meio ambiente natural (ar, água, florestas, fauna, flora etc.), meio ambiente urbanístico (zoneamento, poluição visual e sonora etc.), meio ambiente cultural (patrimônio e bens de valor histórico, estético, turístico, paisagístico, artístico e arquitetônico) e meio ambiente do trabalho (salubridade e segurança do ambiente de trabalho).

Nos princípios estampados no art. 170 da CF, a proteção do consumidor e a defesa do meio ambiente possuem o mesmo *status* de proteção para a ordem econômica, daí a estrita consonância entre suas regras. O binômio consumo/meio ambiente está umbilicalmente atado. Não existe consumo sustentável que desrespeite normas ambientais.

Assim, por exemplo, um contrato assinado entre consumidor e fornecedor que tenha como previsão a construção de casa em local de preservação ambiental, sem a devida autorização, infringe norma ambiental e compromete o próprio objeto do contrato, sendo nulo de pleno direito.

l) Abusividade por desacordo com o sistema de proteção ao consumidor (art. 51, XV, do CDC)

O inciso XV do art. 51 do CDC estabelece serem abusivas as cláusulas em desacordo com o sistema de proteção ao consumidor, ou seja, cláusulas que vão de encontro com a política nacional das relações de consumo (art. 4º do CDC).

m) Renúncia à indenização por benfeitorias necessárias (art. 51, XVI, do CDC)

O conteúdo da abusividade dessa cláusula já está inserido no contexto do inciso I do art. 51 do CDC. Logo, a disposição do inciso XVI é completamente despicienda.

Procurou o legislador apenas reforçar o conceito de abuso para as benfeitorias, tendo em vista que caberá ao consumidor arcar com os seus valores.

n) Condicione o acesso aos órgãos do Poder Judiciário (art. 51, XVII, do CDC)

A proibição de condição para o acesso ao Poder Judiciário foi redigida pela Lei n. 14.181/2021, e tem o intuito de não limitar o acesso do consumidor ao Judiciário, isto é, impedir a coerção negocial.

o) Estabeleça prazos de carência em caso de atraso no pagamento mensal ou impeça o restabelecimento dos direitos do consumidor e de seus meios de pagamento a partir da purgação da mora ou de acordo com os credores (art. 51, XVIII, do CDC)

A Lei n. 14.181/2021 visa, por meio desse inciso, censurar qualquer tipo de punição ao consumidor que estiver inadimplente após a purgação da mora, caracterizando, portanto, abuso de direito.

12.6.4. Controle das cláusulas contratuais abusivas

O controle das cláusulas abusivas tem como objetivo permitir a efetiva harmonização das relações de consumo e a consequente proteção do consumidor.

Diante disso, esse controle pode ser feito, na lição de Cristiano Heineck Schimitt (*Cláusulas abusivas nas relações de consumo*, p. 146-158), sob os seguintes ângulos:

   a) Controle concreto e abstrato: ocorre com a repressão de uma cláusula abusiva numa relação contratual já concluída. Já o controle abstrato ocorre e é feito antes da conclusão do negócio;

   b) Controle interno e externo: é aquele feito pelo próprio consumidor, especialmente pelo exercício de tutelas próprias do CDC, a exemplo do direito de arrependimento previsto no art. 49 do mesmo diploma. Destarte, o controle externo é aquele realizado pela Administração ou pelo Judiciário, seja posterior ou anterior à celebração do negócio;

c) **Controle antecipado (ou prévio) e posterior:** é aquele realizado, como regra, em sede administrativa antes da celebração do contrato, principalmente com relação aos contratos de adesão. O controle posterior, ou seja, após a realização do negócio, é feito administrativamente, entre outras formas, por meio da imposição das sanções previstas no art. 56 do CDC;

d) **Controle legislativo:** surge durante o processo legislativo. O controle legislativo material das normas que disciplinam as cláusulas abusivas é realizado com a edição de regras cujo conteúdo estabelece o que poderá, ou não, constar no contrato de consumo, a exemplo do próprio rol de cláusulas abusivas do art. 51 do CDC;

e) **Controle administrativo:** ocorre extrajudicialmente, sendo representado pela instauração de inquérito civil (art. 8º, § 1º, da Lei n. 7.347/85, aplicável às ações previstas no CDC, por força de seu art. 90), a cargo do Ministério Público, e pela fiscalização pela Administração Pública direta e indireta;

f) **Controle judicial:** feito por meio das tutelas individuais ou coletivas postas à disposição dos consumidores e demais órgãos ou entidades de proteção ao consumo.

Essa espécie de controle possui algumas condições favoráveis ao consumidor, como é o caso da inversão do ônus da prova, da desconsideração da personalidade jurídica e da extensão dos efeitos da coisa julgada.

12.6.5. Sanções aplicadas às cláusulas contratuais abusivas

O CDC estabelece a absoluta invalidade das cláusulas abusivas, afirmando sua nulidade de pleno direito. Contudo, não se trata de uma espécie de nulidade nova. Seus efeitos são os mesmos daquelas disciplinadas pelo Código Civil.

Nula é a cláusula, e não o contrato. Trata-se do princípio da manutenção do contrato (art. 51, § 2º, do CDC). Diante disso, duas conclusões são possíveis:

a) se é possível isolar a cláusula abusiva do contexto contratual, sua nulidade fica restrita a seu próprio conteúdo (princípio do *utile per inutile non vitiatur*);

b) ao eliminar a cláusula abusiva, cabe ao juiz proceder a uma revisão do contrato para preservá-lo, sempre que possível.

Somente quando, pela eliminação da parcela abusiva, se tornar desequilibrada, de forma irremediável, a relação contratual é que se terá de optar pela completa resolução do negócio.

A legitimidade para ingressar com ação visando à declaração de nulidade de cláusula abusiva é do consumidor, de entidade que o represente ou do Ministério Público (art. 51, § 4º, do CDC).

Sobre a declaração da nulidade das cláusulas abusivas no CDC, a Súmula 381 do STJ estabelece que "nos contratos bancários, é vedado ao julgador conhecer, de ofício, da abusividade das cláusulas".

Muito embora o enunciado cuide especificamente de cláusulas em contratos bancários, essa orientação é aplicável pelo STJ para todas as cláusulas abusivas, posicionamento este que foge das noções clássicas do tema, desenvolvidas pelo direito civil.

A doutrina civil afirma que os atos nulos podem ser decretados de ofício, tendo em vista que essa espécie de invalidade atinge interesse público.

12.7. CRÉDITO E SUPERENDIVIDAMENTO NAS RELAÇÕES CONTRATUAIS DE CONSUMO

12.7.1. Crédito e superendividamento

O crédito é o principal mecanismo sociojurídico disponibilizado ao homem moderno para viabilizar seus sonhos.

Contudo, ainda que o crédito surja, originariamente, como um catalisador da felicidade humana, ele é também um dos principais responsáveis pelo pior pesadelo da sociedade de consumo: o superendividamento (cf., a respeito, Brunno Pandori Giancoli, *O superendividamento do consumidor como hipótese de revisão dos contratos de crédito*).

O superendividamento do consumidor surge como a face abominável da democratização do crédito ao consumo. Tão antigo como a história do crédito, esse fenômeno tornou-se um problema coletivo relevante quando da massificação do crédito.

12.7.2. Caracterização e arguição jurídica do superendividamento

A natureza jurídica do superendividamento do consumidor, ou seja, a essência da proteção jurídica desse *status* decorre da necessidade de cooperação social dos agentes da ordem econômica, para garantir a manutenção digna da capacidade de crédito do consumidor, crédito este visto como um instrumento de acesso aos bens para sua sobrevivência social mínima.

Assim, o superendividamento é um *standard* jurídico que permite a correção da assimetria de uma ou diversas relações jurídicas contraídas pelo consumidor, em razão da existência de um conjunto de dívidas estruturais ajustadas de boa-fé, capazes de ameaçar ou lesionar sua dignidade pessoal.

O superendividamento do consumidor tem incidência em qualquer contrato de consumo oneroso, especialmente aqueles que envolvem outorga de crédito. E, essa situação, porém, depende de um reconhecimento judicial, pelo menos no atual momento da evolução desse instituto no Brasil.

Se o consumidor superendividado não demanda, confiante na evidência de seu estado, fatalmente ingressará na categoria de infrator contratual, diante da inexecução culposa das obrigações.

A hipótese mais concreta de aplicação do instituto do superendividamento, qual seja, o pedido de revisão judicial dos contratos de crédito, poderá ocorrer tanto antes como depois do atestado de que o consumidor se encontra superendividado.

A Lei n. 14.181/2021 define o superendividamento como a "impossibilidade manifesta de o consumidor pessoa natural, de boa-fé, pagar a totalidade de suas dívidas de consumo, exigíveis e vincendas, sem comprometer seu mínimo existencial, nos termos da regulamentação" (art. 54-A do CDC).

12.7.3. Mínimo existencial

A Lei n. 14.181/2021, conhecida como a Lei do Superendividamento, trouxe a questão do mínimo existencial, que seria o valor básico para assegurar a subsistência do consumidor, isto é, preservar a dignidade da pessoa inadimplente, sem comprometer as necessidades básicas do devedor.

O conceito de mínimo existencial tem como preceito manter a dignidade do devedor, e qualquer tentativa de revisão ou parcelamento da dívida deve preservar o mínimo existencial, para que o consumidor possa se manter sem passar necessidades.

Atualmente, uma das questões controvertidas sobre o superendividamento diz respeito ao *quantum* a ser fixado. O tema foi disciplina no Decreto n. 11.150/2022, mas desde a sua criação vem sofrendo múltiplas críticas, culminando com a propositura das ADPFs 1.005 e 1.006/DF, cujo objeto versa sobre a inconstitucionalidade desse diploma normativo.

Fruto dessa crítica, a norma já sofreu em 2023 uma alteração pelo Decreto n. 11.567, o qual alterou e revogou parte dos dispositivos originais.

12.7.4. Renegociação das dívidas e conciliação

O consumidor, a partir da Lei n. 14.181/2021, pode renegociar todos os valores devidos ao mesmo tempo, isto é, a repactuação de dívidas se tornou uma opção ao consumidor inadimplente.

O consumidor superendividado, poderá, mediante pedido, reunir todos os credores e propor um único plano de pagamento, isto é, por meio de uma única fonte de renda será possível liquidar as dívidas (art. 104-A do CDC).

O prazo para o pagamento deve ocorrer no máximo em 5 anos, e não precisa ser feito exclusivamente pela via judicial, podendo o consumidor recorrer ao Procon, às Defensorias Públicas ou ainda ao Ministério Público.

Ponto importante sobre a repactuação das dívidas é que estas só podem ser ligadas ao consumo, isto é, estão excluídas as dívidas decorrentes de impostos ou tributos, assim como pensão alimentícia, crédito habitacional e produtos de luxo.

Caso não haja acordo, o juiz então irá instaurar processo por superendividamento para revisão e integração dos contratos, e repactuação das dívidas mediante plano judicial compulsório, citando todos os credores que não tenham integrado o acordo (art. 104-B).

12.8. PRERROGATIVAS DOS CONSUMIDORES NAS CONCESSÕES CONTRATUAIS DE CRÉDITO

12.8.1. Introdução ao tema

O CDC estabelece regras específicas para os contratos que envolvam outorga de crédito.

No que diz respeito aos contratos bancários ou que, de alguma forma, envolvam concessão de crédito ao consumidor, o fornecedor é obrigado a informá-lo, prévia e adequadamente, sobre:

a) Preço do produto ou serviço em moeda corrente nacional: a legislação vigente (Lei n. 8.880/94) proíbe a contratação em moeda estrangeira, bem como o reajuste de prestações em função de variação de moeda estrangeira, sendo obrigatória a utilização de índices oficiais para a correção monetária do valor emprestado, exceto nos contratos de *leasing*.

Assim, toda e qualquer contratação, ainda que utilize a variação por moeda estrangeira, nos casos de *leasing*, deve ser feita em moeda nacional, sob pena de nulidade do contrato.

b) Juros de mora: o fornecedor deve informar previamente o consumidor a respeito da taxa de juros remuneratória e moratória que está sendo cobrada.

c) Acréscimos legalmente previstos: outro direito do consumidor é saber quais são os acréscimos legais que serão cobrados em razão do financiamento.

Esses acréscimos versam tanto sobre obrigações de natureza tributária como outros encargos contratuais.

d) Número e periodicidade das prestações: a quantidade de prestações deve ser previamente cientificada ao consumidor.

e) Soma total a pagar com e sem financiamento: sabedor do valor que será pago, o consumidor exerce seu poder de decisão.

Com essas informações, pode avaliar melhor a taxa de juros incidente na relação que pretende firmar.

f) Multa de mora: o percentual da multa de mora decorrente do inadimplemento de obrigações pelo consumidor não poderá ser superior a 2% do valor da prestação, na forma do art. 52, § 1º, com redação dada pela Lei n. 9.298/96.

Vale lembrar que a não observância deste dispositivo legal constitui infração administrativa, na forma do art. 22 do Decreto n. 2.181/97.

g) Liquidação antecipada do débito: é assegurado ao consumidor o direito à liquidação antecipada do débito, total ou parcialmente, mediante redução proporcional dos juros e demais acréscimos (art. 52, § 2º).

Destarte, quaisquer antecipações dos débitos feitas pelo consumidor devem ter redução proporcional dos juros, sendo nula de pleno direito qualquer cláusula contratual que retire esse direito do consumidor.

É importante salientar que, se o fornecedor não cumprir o disposto no art. 52, § 2º, efetuando os descontos proporcionais devidos, poderá o consumidor requerer a devolução em dobro do que foi cobrado a maior, na forma do art. 42, parágrafo único, do CDC.

12.8.2. Rescisão ou resolução na concessão de crédito para os contratos de compra e venda e alienações fiduciárias de bens móveis e imóveis

O art. 53 do CDC estabelece que a resolução do negócio jurídico leva a restituição das partes à situação anterior, inclusive no que diz respeito à devolução das prestações. No entanto, para que não haja enriquecimento ilícito por parte do consumidor, pode o fornecedor estabelecer cláusula de retenção de parte das parcelas pagas, mas nunca a retenção integral.

Questão difícil de solucionar gira em torno do percentual que deve ser devolvido ao consumidor, uma vez que não há qualquer estipulação de teto máximo para cláusula penal. É certo que o percentual deve ser equitativo, sempre observando o princípio da boa-fé objetiva estabelecida pelo art. 4º do CDC.

Nos contratos de compromisso de compra e venda de imóvel a prestação, o STJ tem definido como razoável, para o ressarcimento das despesas administrativas usuais, tais como propaganda, corretagem, depreciação imobiliária, desgaste pelo uso, impostos, recolocação no mercado, entre outras, alusivas à unidade residencial, um percentual de retenção, em favor da vendedora, da ordem de 20% a 25% das parcelas pagas pelo comprador.

Cumpre notar também que fica proibida a cláusula que faculte ao fornecedor ficar com o bem objeto da alienação fiduciária em caso de resolução contratual. Sendo assim, o bem que fora objeto da alienação fiduciária em garantia deve ser vendido em leilão fidedigno e o valor pago pelo consumidor que pediu a rescisão deve ser devolvido, com as devidas retenções, em favor do fornecedor.

12.9. SISTEMA DE CONSÓRCIO

O sistema de consórcio, apesar de pressupor elo de solidariedade entre os consorciados, deve obedecer aos princípios estabelecidos pelo CDC, uma vez que há relação de consumo entre o consorciado e a administradora de consórcio.

Assim, na hipótese de desistência do consorciado, a administradora tem o dever de efetuar a devolução das parcelas pagas, sendo descontada a vantagem econômica auferida pelo consumidor, caso ele tenha sido contemplado e utilizado o bem objeto do contrato de consórcio.

Deve ser descontado também o prejuízo que o consumidor inadimplente causou ao grupo. Tais prejuízos devem ser efetivamente apurados mediante a demonstração, pela administradora, dos danos causados ao grupo.

Ademais, as despesas referentes à administração do consórcio também devem ser retidas em favor da administradora, visto que esta efetivamente prestou o serviço de administração durante o período em que o consorciado efetuou o pagamento das prestações.

É correto também o desconto relativo ao seguro de vida pago pelo consorciado desistente, uma vez que o risco foi coberto pela seguradora contratada para tanto, não havendo que se falar em devolução de prêmio.

O STJ, acerca do tema, editou a Súmula 35, que impõe: "Incide correção monetária sobre as prestações pagas, quando de sua restituição, em virtude da retirada ou exclusão do participante de plano de consórcio".

12.10. CONTRATO DE ADESÃO

12.10.1. Definição legal

O art. 54 do CDC define o contrato de adesão nos seguintes termos:

Contrato de adesão é aquele cujas cláusulas tenham sido aprovadas pela autoridade competente ou estabelecidas unilateralmente pelo fornecedor de produtos ou serviços, sem que o consumidor possa discutir ou modificar substancialmente seu conteúdo.

Importante notar que a inserção de cláusula no formulário não desfigura a natureza de adesão do contrato.

12.10.2. Características gerais do contrato de adesão

O que caracteriza o contrato de adesão, de acordo com a lição de Claudia Lima Marques (*Contratos no Código de Defesa do Consumidor*, p. 72), são três aspectos marcantes:

a) pré-elaboração unilateral;

b) oferta de conteúdo uniforme impessoal presente e futura;

c) aceitação por adesividade.

Assim, o contrato de adesão pode ser entendido como o negócio jurídico escrito ou verbal, que contém cláusulas preestabelecidas unilateralmente pelo fornecedor ou aprovadas pela autoridade competente (contrato de fornecimento de energia elétrica, água, seguro etc.), sem que o consumidor, que é parte aderente no contrato, possa ter discutido ou modificado o seu conteúdo.

Em regra, o contrato é escrito e vem em formulário impresso, faltando apenas a inclusão dos dados cadastrais do consumidor; contudo, ainda será contrato de adesão aquele que permitir a simples inclusão de cláusulas relacionadas a preço, condição de entrega, data de pagamento etc.

Também são contratos de adesão aqueles realizados a distância, por exemplo, reembolso postal e correspondência.

Os contratos realizados por meios eletrônicos (*e-mail*, internet) também são considerados de adesão, se o consumidor não tiver opção de discutir, alterar ou modificar as cláusulas, ficando a critério exclusivo do fornecedor a elaboração e a fixação das regras contratuais.

Questão interessante diz respeito aos contratos de adesão que são fiscalizados pelo governo por meio de autarquias ou agências reguladoras. Exemplos disso são os contratos de seguro, que são fiscalizados e aprovados pela Superintendência de Seguros Privados (Susep).

Cumpre notar que esses contratos, mesmo sendo previamente aprovados por órgão regulador, são de adesão e podem ser discutidos judicialmente se não estiverem em conformidade com o CDC. Isso porque, muitas vezes, as autarquias e as agências analisam, principalmente, a adequação do contrato a suas portarias e circulares, mas não necessariamente às normas do CDC.

12.10.3. Cláusula de limitação de direitos e os contratos de adesão

As cláusulas que implicam limitação de direito do consumidor deverão ser redigidas com destaque, de maneira a permitir a fácil e imediata compreensão destas limitações pelo consumidor (art. 54, § 4º).

Essa determinação está em consonância com o princípio da transparência, que pretende impor ao fornecedor a redação das cláusulas contratuais de maneira que o consumidor entenda as obrigações que está assumindo, bem como quais são as limitações de seus direitos na relação contratual.

Importante notar que as cláusulas particulares de limitação de direitos do consumidor são válidas desde que estejam de acordo com todo o sistema de proteção ao consumidor e que não sejam consideradas abusivas, na forma do art. 51 do mesmo diploma legal.

12.10.4. Resolução dos contratos de adesão

A resolução contratual é tratada nos arts. 474 e 475 do CC. A cláusula resolutória é reservada para as hipóteses de inexecução contratual por uma das partes, o que pode ocorrer por culpa ou não de qualquer dos contratantes.

O CDC permite a inserção de cláusula resolutória nos contratos de adesão, desde que seja alternativa e que caiba ao consumidor a escolha de manter, ou não, o contrato, mesmo estando inadimplente o fornecedor.

Sendo lesado o consumidor, este poderá optar pelo cumprimento forçado da obrigação por parte do fornecedor, ou optar pela resolução do contrato, requerendo a indenização por perdas e danos, se cabível.

Ademais, segundo a regra expressa no art. 54, § 2º, a resolução contratual somente poderá ser efetivada quando o fornecedor devolver ao consumidor os valores devidos, bem como mediante a compensação dos frutos percebidos e os prejuízos experimentados pelo consumidor.

13.
SAC – Serviço de Atendimento ao Consumidor

13.1. INTRODUÇÃO

O Serviço de Atendimento ao Consumidor (SAC) foi regulamentado pelo Decreto n. 11.034/2022 e tem como intuito observar os direitos básicos do consumidor à informação clara e adequada, além de garantir a proteção contra práticas abusivas ou ilegais.

O SAC compreende os canais de atendimento ao consumidor para dirimir e resolver questões e dúvidas dos consumidores em relação a produtos e serviços contratados.

13.2. MULTICANAIS

O acesso ao SAC, a partir do novo decreto, deve ser feito a partir de diferentes canais de atendimento, isto é, não precisa ser exclusivamente pela vai telefônica, ampliando os meios de atendimento, como *chat*, aplicativos de mensagens etc.

O acesso por telefone continua sendo obrigatório (art. 4º, § 2º, do Decreto n. 11.034/2022) e deve ser oferecido oito horas diárias de atendimento humano, mas hoje o fornecedor pode escolher outros canais para o consumidor acessar o serviço.

13.3. ATENDIMENTO

O fornecedor deve manter um canal de atendimento ininterrupto, funcionando 24 horas, sete dias por semana, como forma de garantir o atendimento ao consumidor.

As mensagens publicitárias comuns durante o atendimento são proibidas, podendo apenas constar mensagens de caráter informativo sobre os direitos e deveres dos consumidores.

13.3.1. Reclamação e cancelamento

As opções de reclamação e cancelamento devem constar obrigatoriamente no menu inicial, como forma de atendimento pelo setor competente.

13.3.2. Qualidade do tratamento

O Decreto mencionado ainda estipula que o tratamento dado aos consumidores deverá ser tempestivo, e observar a segurança e a privacidade consumidor, além de garantir a resolução da demanda.

Caso a chamada telefônica seja interrompida antes da finalização do atendimento, o fornecedor deve retornar a chamada para dar andamento ao atendimento e poder concluí-lo.

13.3.3. Acompanhamento e tratamento da demanda

O consumidor tem garantido o seu direito de acompanhar a demanda feita junto ao SAC, devendo obter resposta no prazo de sete dias.

Essa resposta deve ainda ser clara e objetiva, e deverá abordar todos os pontos da demanda feita pelo consumidor, de maneira a garantir o acesso à informação e à resolução da questão.

14.
Tutela Administrativa do Consumidor

14.1. INTRODUÇÃO

A tutela administrativa do consumidor não se limita às normas previstas nos arts. 55 a 60 do CDC, as quais se limitam a indicar um rol de sanções aplicáveis nas hipóteses de violações de direitos e garantias dos consumidores.

Qualquer ação da Administração Pública, seja controlando, fiscalizando ou regulando a produção, a industrialização, a distribuição e a circulação de produtos e serviços no mercado de consumo, representa uma forma de tutela (direta ou indireta) dos interesses dos consumidores.

A defesa dos direitos e das garantias dos consumidores pela via administrativa pode ser realizada por órgãos dos quatro entes federados (União, Estados, Distrito Federal e Municípios) e demais entes que compõem a Administração Pública indireta, e até mesmo por algumas entidades privadas. Trata-se de um efeito direto da competência concorrente dos entes federados para a edição de normas que versam sobre relações de consumo (art. 24, V, da CF).

14.2. ATUAÇÃO DA ADMINISTRAÇÃO PÚBLICA FEDERAL NA DEFESA DOS INTERESSES DOS CONSUMIDORES

A União exerce sua competência administrativa na proteção dos direitos do consumidor por meio dos seguintes mecanismos:

14.2.1. Sistema Nacional de Defesa do Consumidor – SNDC

Trata-se de um órgão coordenado pela União por meio do Departamento de Proteção e Defesa do Consumidor (DPDC), da Secretaria de Direito Econômico vinculada à estrutura do Ministério da Justiça.

A criação do Sistema Nacional de Defesa do Consumidor (SNDC) no CDC atendeu ao que dispunha a Recomendação da ONU n. 39/248, de 1995, a qual incentivara os Estados a estabelecer e manter uma infraestrutura adequada que permitisse formular, aplicar e vigiar o funcionamento das políticas de proteção ao consumidor.

O SNDC submete-se às regras de atuação, composição e competência indicadas no CDC e no Decreto n. 2.181/97, sem prejuízo da existência da legislação estadual específica sobre a matéria.

O art. 105 do CDC estabelece a composição do SNDC. Ele é composto por órgãos públicos federais, estaduais, do Distrito Federal e municipais diretamente envolvidos com a defesa do consumidor.

No nível estadual e municipal de proteção são identificados, na maioria dos casos, pela sigla Procon.

Também se incluem os órgãos e entidades públicas (pessoas jurídicas de direito público) que tenham entre as suas atribuições a proteção do consumidor, a exemplo do Conselho Administrativo de Defesa Econômica (Cade) e do Banco Central (Bacen).

Da mesma forma, são integrantes do SNDC as entidades privadas de defesa do consumidor que possuem em seus atos constitutivos essa finalidade, por exemplo, temos o Instituto Brasileiro de Defesa do Consumidor (Idec).

O art. 106 do CDC e o art. 3º do Decreto n. 2.181/97 dispõem que o órgão possui as seguintes atribuições ou competências:

a) políticos-institucionais:

- planejar, elaborar, propor, coordenar e executar a política nacional de proteção e defesa do consumidor (art. 3º, I, do Decreto n. 2.181/97 e art. 106, I, do CDC);
- informar, conscientizar e motivar o consumidor, por intermédio dos diferentes meios de comunicação (art. 3º, IV, do Decreto n. 2.181/97 e art. 106, IV, do CDC);

b) consultivas:

- receber, analisar, avaliar e apurar consultas e denúncias apresentadas por entidades representativas ou pessoas jurídicas de direito público ou privado ou por consumidores individuais (art. 3º, II, do Decreto n. 2.181/97 e art. 106, II, do CDC);
- prestar aos consumidores orientação permanente sobre seus direitos e garantias (art. 3º, III, do Decreto n. 2.181/97 e art. 106, III, do CDC);

c) fiscalizadoras:

- solicitar à polícia judiciária a instauração de inquérito para apuração de delito contra o consumidor, nos termos da legislação vigente (art. 3º, V, do Decreto n. 2.181/97 e art. 106, V, do CDC);
- representar ao Ministério Público competente, para fins de adoção de medidas processuais, penais e civis, no âmbito de suas atribuições (art. 3º, VI, do Decreto n. 2.181/97 e art. 106, VI, do CDC);
- levar ao conhecimento dos órgãos competentes as infrações de ordem administrativa que violarem os interesses difusos, coletivos ou individuais dos consumidores (art. 3º, VII, do Decreto n. 2.181/97 e art. 106, VII, do CDC);
- solicitar o concurso de órgãos e entidades da União, dos Estados, do Distrito Federal e dos Municípios, bem como auxiliar na fiscalização de preços, abastecimento, quantidade e segurança de produtos e serviços (art. 3º, VIII, do Decreto n. 2.181/97 e art. 106, VIII, do CDC);

- incentivar, inclusive com recursos financeiros e outros programas especiais, a criação de órgãos públicos estaduais e municipais de defesa do consumidor e a formação, pelos cidadãos, de entidades com esse mesmo objetivo (art. 3º, IX, do Decreto n. 2.181/97 e art. 106, IX, do CDC);
- fiscalizar e aplicar as sanções administrativas previstas no CDC, e em outras normas pertinentes à defesa do consumidor (art. 3º, X, do Decreto n. 2.181/97);
- solicitar o concurso de órgãos e entidades de notória especialização técnico-científica para a consecução de seus objetivos (art. 3º, XI, do Decreto n. 2.181/97);
- provocar a Secretaria de Direito Econômico para celebrar convênios e termos de ajustamento de conduta, na forma do § 6º do art. 5º da Lei n. 7.347/85 (art. 3º, XII, do Decreto n. 2.181/97);
- elaborar e divulgar o cadastro nacional de reclamações fundamentadas contra fornecedores de produtos e serviços, a que se refere o art. 44 do CDC (art. 3º, XIII, do Decreto n. 2.181/97).

14.2.2. Poder regulamentar

O poder regulamentar exercido pela Administração para a defesa do consumidor estabelece padrões e procedimentos a serem observados na realização de suas atividades.

14.2.3. Poder de polícia

O poder de polícia, na lição de José dos Santos Carvalho Filho (*Manual de direito administrativo*, p. 73), é "a prerrogativa de direito público que, calcada na lei, autoriza a Administração Pública a restringir o uso e o gozo da liberdade e da propriedade em favor do interesse da coletividade".

14.3. SANÇÕES ADMINISTRATIVAS NA RELAÇÃO DE CONSUMO: ASPECTOS GERAIS

Antes de iniciarmos o estudo específico das sanções administrativas da relação de consumo, é necessária uma rápida digressão do próprio conceito de sanção e sua aplicação no direito administrativo.

De maneira simplificada, sanção pode ser entendida como o caráter repressivo de uma norma, seja ela penal, civil ou administrativa, recebendo este último contorno quando a repressão for imposta pela Administração Pública.

Para Munhoz de Melo, a sanção administrativa tem o seguinte conceito:

> medida aflitiva imposta pela Administração Pública em função da prática de um comportamento ilícito. Há, portanto, três elementos do conceito: (a) trata-se de medida imposta pela Administração Pública; (b) trata-se de medida aflitiva, com caráter negativo, portanto; (c) trata-se de resposta a comportamento ilícito (*Princípios constitucionais de direito administrativo sancionador*, p. 52).

Outra ideia importante de sanção administrativa encontramos na obra de Carlos Ari Sundfeld. Segundo o referido autor:

> [...] na relação jurídico-administrativa decorrente dos condicionamentos administrativos, o Poder Público desfruta de poderes de autoridade, inexistentes nas relações privadas. A variedade deles torna difícil uma sistematização. Entretanto, são identificáveis ao menos quatro distintas competências manejadas pela Administração, no caso. São as competências para: (a) impor os condicionamentos; (b) fiscalizar; (c) reprimir a inobservância dos condicionamentos, em especial sancionando as infrações; e (d) executar (*Direito administrativo ordenador*, p. 73).

Dada a importância das sanções administrativas, doutrina e jurisprudência desenvolveram uma área específica da dogmática jurídica, hoje conhecida como direito administrativo sancionador.

Fábio Medina Osório afirma que

o Direito Administrativo Sancionador pode incidir em campos distintos, *v. g.*, ilícitos fiscais, tributários, econômicos, de polícia, de trânsito, atentatórios à saúde pública, urbanismo, ordem pública, e qualquer campo que comporte uma atuação fiscalizadora e repressiva do Estado (*Direito administrativo sancionador*, p. 17).

14.4. SANÇÕES ADMINISTRATIVAS NA RELAÇÃO DE CONSUMO: PREVISÃO LEGAL

O CDC tratou das sanções administrativas em seu Título I, Capítulo VII, os quais compreendem os arts. 55 a 60. Desses artigos, dois, parcialmente, sofreram veto presidencial.

O primeiro foi o § 2º do art. 55 do CDC, o qual previa que as normas de controle de produção, industrialização, distribuição e publicidade de produtos e serviços para o consumo fossem uniformizadas, revistas e atualizadas, a cada dois anos.

O primeiro veto[1] foi realizado sob o argumento de que a União não disporia, na ordem federal, de competência para impor aos Estados e Municípios obrigação genérica de legislar, conforme arts. 18, 25 e 29 da CF.

Já o segundo, incidente sobre os §§ 2º e 3º do art. 60 do CDC, ocorreu sob o argumento de que a imposição de contrapropaganda, sem que se estabelecesse parâmetro preciso, poderia dar ensejos a sérios abusos, inclusive permitindo a paralisação da atividade empresarial.

O § 2º desse dispositivo também apresentava uma inadmissível competência para o Ministério de Estado para apreciar em grau de recurso a legitimidade de atos de autoria estadual ou municipal.

O § 3º dispunha que, enquanto não promovesse a contrapropaganda, o fornecedor, além de multa diária e outras san-

---

[1] Conferir Mensagem de Veto 664 publicada no *DOU* 12-9-1990, p. 8 – Suplemento.

ções, ficaria impedido de efetuar, por qualquer meio, publicidade de seus produtos e serviços.

Além dos dispositivos específicos do CDC, outras normas editadas pela União, pelos Estados e pelos Municípios podem tratar de sanções administrativas às relações de consumo, conforme dispõe o art. 55 do referido diploma.

Contudo, neste livro, serão analisadas apenas as sanções administrativas indicadas no art. 56 do CDC.

14.5. SANÇÕES ADMINISTRATIVAS NA RELAÇÃO DE CONSUMO: CLASSIFICAÇÃO DOUTRINÁRIA

A forma de classificação das sanções administrativas está longe de um consenso doutrinário.

Optamos pela forma apresentada por Zelmo Denari (*Código de Defesa do Consumidor*, p. 597), Claudia Lima Marques, Antonio Herman de Vasconcellos e Benjamin e Bruno Miragem (*Comentários ao Código de Defesa do Consumidor*, p. 756-757).

Para esses autores, as sanções administrativas se classificam em:

a) pecuniária: é a sanção que impõe ao infrator o recolhimento de multa;

b) objetivas: são aquelas que resultam providências concretas quanto ao produto ou serviço colocados em circulação no mercado de consumo;

c) subjetivas: são aquelas que incidem em caráter provisório ou definitivo na atividade desenvolvida pelo fornecedor no mercado de consumo.

Diante dessa classificação as sanções previstas no CDC podem ser agrupadas de acordo com o quadro a seguir:

CLASSIFICAÇÃO DAS SANÇÕES NO CÓDIGO DE DEFESA DO CONSUMIDOR		
Pecuniária	Objetivas	Subjetivas
Multa (art. 56, I, do CDC)	Apreensão de produto (art. 56, II, do CDC); Inutilização de produto (art. 56, III, do CDC); Cassação do registro de produto ou serviço (art. 56, IV, do CDC); Proibição de fabricação de produto (art. 56, V, do CDC); Suspensão de fornecimento de produto ou serviço (art. 56, VI, do CDC).	Suspensão temporária de atividade; interdição, total ou parcial, de estabelecimento, de obra ou de atividade (art. 56, VII e X, do CDC); Revogação de concessão ou permissão de uso; cassação de licença do estabelecimento ou de atividade (art. 56, VIII e IX, do CDC); Interdição, total ou parcial, de estabelecimento, obra ou atividade (art. 56, X, do CDC); Intervenção administrativa (art. 56, XI, do CDC); Imposição de contrapropaganda (art. 56, XII, do CDC).

14.5.1. Sanção pecuniária

14.5.1.1. Multa (art. 56, I, do CDC)

Trata-se da sanção administrativa mais comum imposta pelos órgãos de proteção e defesa do consumidor.

Sua aplicação sempre pressupõe prévio procedimento administrativo, sob pena de nulidade da sanção imposta.

Hely Lopes Meirelles ensina que a multa é uma espécie de ato punitivo a que se sujeita o administrado, a título de compensação, por dano presumido da infração (*Direito administrativo brasileiro*, p. 191).

> **ATENÇÃO**
> A multa não é uma sanção que possui autoexecutoriedade. A sua cobrança, caso o infrator não efetue o pagamento voluntário, depende de cobrança judicial por via própria.

A multa poderá ser graduada de acordo com a gravidade da infração, vantagem auferida pelo fornecedor (proveito econômico) e condição econômica do fornecedor.

A aplicação dessa sanção pressupõe procedimento administrativo prévio.

O órgão competente, na dosimetria do seu valor, deve observar três critérios para a sua fixação, a saber:

a) gravidade da infração;

b) vantagem auferida; e

c) condição econômica do fornecedor (art. 57 do CDC).

Contudo, o CDC estabelece um patamar mínimo e máximo para a determinação do *quantum* fixado na multa no parágrafo único do art. 57, qual seja: mínimo de duzentas e máximo de três milhões de vezes o valor da Ufir ou índice equivalente que venha a substituí-lo.

Esse parâmetro serve para evitar tanto a "irrisoriedade" ou o caráter confiscatório da multa.

Os valores recolhidos a título de multa no âmbito federal são cabíveis à União e revertidos para o fundo previsto pela Lei n. 7.347/85 (Lei da Ação Civil Pública).

No caso dos valores oriundos de multas arrecadadas por infração aos direitos dos consumidores, o art. 30 do Decreto n. 2.181/97 determina sua destinação ao financiamento de projetos relacionados com os objetivos da Política Nacional das Relações de Consumo.

Em relação às multas aplicadas pelos órgãos municipais e estaduais, os valores arrecadados serão destinados aos fundos geridos pelos respectivos entes (art. 57 do CDC).

14.5.2. Sanções objetivas

14.5.2.1. Apreensão de produto (art. 56, II, do CDC)

Trata-se de sanção aplicável quando forem constatados vícios de quantidade ou de qualidade por inadequação ou insegurança do produto ou serviço, nos termos do art. 58 do CDC.

A apreensão tem como objetivo instruir o processo administrativo ou quando houver prova substancial ou suspeita de que o produto disponível no mercado de consumo acarreta algum perigo à saúde ou à segurança dos consumidores.

Diferentemente do que dispõe o CDC, normas ligadas a outros setores dispõem que o produto apreendido, quando possível, será vendido ou doado.

14.5.2.2. Inutilização de produto (art. 56, III, do CDC)

A inutilização ocorre quando um produto é descartado ou destruído pelos órgãos públicos que regulam o mercado de consumo.

Por tratar-se de sanção grave, ela é reservada para os casos em que a vida, a saúde ou a segurança do consumidor estejam sob risco iminente.

A destinação dos produtos inutilizados será determinada conforme a natureza do produto, de acordo com regras administrativas dos órgãos reguladores.

14.5.2.3. Cassação do registro de produto ou serviço (art. 56, IV, do CDC)

Trata-se de sanção aplicável na hipótese de reincidência das infrações de maior gravidade, nos termos do art. 59 do CDC.

Tratando-se de cassação de registro de medicamentos, a competência para o ato é da Anvisa, conforme estabelecido pela Lei n. 6.360/76, regulamentada pelo Decreto n. 79.094/77.

Em relação à cassação do registro de alimentos, devem ser considerados os critérios do Decreto-lei n. 986/69.

Em relação aos serviços regulados por agências administrativas, estas são competentes para realizar a declaração de caducidade.

14.5.2.4. Proibição de fabricação de produto (art. 56, V, do CDC)

Ocorre quando forem constatados vícios de quantidade ou qualidade ou defeitos nos produtos destinados ao mercado de consumo.

Essa sanção é aplicável, especialmente, aos fabricantes e produtores, não estando os comerciantes, de forma geral, sujeitos a tal sanção.

Vitor Morais de Andrade (*Sanções administrativas no Código de Defesa do Consumidor*, p. 89) entende que a sanção de proibição de fabricação pode ser imposta antes da colocação do produto, bem como posteriormente à sua introdução no mercado de consumo, determinando-se a proibição da continuidade de sua fabricação e comercialização.

14.5.2.5. Suspensão de fornecimento de produto ou serviço (art. 56, VI, do CDC)

Ocorre quando forem constatados vícios de quantidade ou de qualidade ou defeitos nos produtos destinados ao mercado de consumo.

A sanção de suspensão de fornecimento é aplicável aos fabricantes, produtores, construtores, importadores e também aos comerciantes em geral, já que eles são o elo que une o consumidor aos demais fornecedores.

14.5.3. Sanções subjetivas

14.5.3.1. Suspensão temporária de atividade; interdição, total ou parcial, de estabelecimento, de obra ou de atividade (art. 56, VII e X, do CDC)

São sanções aplicáveis em caso de reincidência das sanções de maior gravidade, nos termos do art. 59 do CDC.

A aplicação da sanção deve ficar restrita aos órgãos competentes para autorizar o funcionamento da atividade cujo exercício se pretende suspender, total ou parcialmente, cabendo ao órgão de proteção e defesa do consumidor informar o órgão responsável quando tiver conhecimento de qualquer irregularidade, ou mesmo trabalhar conjuntamente por meio de acordos ou convênios de parcerias.

14.5.3.2. Revogação de concessão ou permissão de uso; cassação de licença do estabelecimento ou de atividade (art. 56, VIII e IX, do CDC)

São sanções aplicáveis quando for constatado vício de quantidade ou de qualidade por inadequação ou defeitos em produtos ou serviços, nos termos do art. 58 do CDC.

Quando o produto ou serviço se referir a estabelecimento comercial que funcione mediante alvará municipal, o próprio Município poderá cassar a licença do estabelecimento após processo administrativo que apure a violação a normas do CDC.

14.5.3.3. Interdição de estabelecimento, obra ou atividade (art. 56, X, do CDC)

A interdição ocorre quando o exercício da atividade empresarial do fornecedor depender de autorização dos órgãos públicos.

Trata-se de sanção aplicável na hipótese de reincidência das infrações de maior gravidade, nos termos do art. 59 do CDC.

14.5.3.4. Intervenção administrativa (art. 56, XI, do CDC)

A atividade de intervenção administrativa ocorre se o Poder Público pratica atos de intervenção na propriedade privada (como a desapropriação, a servidão, o tombamento, a ocupação temporária), em posição de superioridade perante o administrado, ou atua diretamente no domínio econômico, nos moldes de uma empresa privada, dentro dos permissivos constitucionais (relevante interesse público ou necessidade de segurança nacional).

Essa sanção só poderá ocorrer em caso de reincidência das infrações de maior gravidade, nos termos do art. 59 do CDC.

14.5.3.5. Imposição de contrapropaganda (art. 56, XII, do CDC)

A contrapropaganda é uma sanção aplicável para desfazer as ideias, os conceitos e os comportamentos apresentados aos consumidores por meio de mecanismos publicitários abusivos e enganosos.

Seu objeto, portanto, é recriar ideias e conceitos corretos sobre produtos e serviços oferecidos no mercado de consumo, valendo-se das mesmas técnicas publicitárias da mensagem de origem.

Epstein e Nickles ao tratar de instituto análogo à contrapropaganda nos EUA, conhecido como *corrective advertising*, afirmam que sua aplicação garante a eliminação dos efeitos residuais do material publicitário enganoso ou abusivo (*Consumer law*, p. 27).

> **NOTE BEM**
> A contrapropaganda está alinhada ao direito fundamental estabelecido no art. 5º, V, da CF, o qual assegura o direito de resposta proporcional ao agravo, sem prejuízo da indenização pelos eventuais danos morais, materiais ou à imagem.

A doutrina critica a expressão "contrapropaganda". Melhor seria a expressão "contrapublicidade".

Sobre o tema, Antonio Herman de Vasconcellos e Benjamin esclarece que: "a expressão é, sem dúvida, inadequada. Dever-se-ia falar em contrapublicidade e não em contrapropaganda. O uso, contudo, impôs em detrimento da técnica" (*Código de Defesa do Consumidor comentado pelos autores do anteprojeto*, p. 303).

A contrapropaganda deve ser realizada na mesma mídia, no mesmo horário e na mesma periodicidade da publicidade originalmente considerada enganosa ou abusiva.

É bom observar que a imposição de contrapropaganda como sanção administrativa ainda é coberta de incertezas, sobretudo quanto à sua eficácia.

14.6. CUMULATIVIDADE DAS SANÇÕES ADMINISTRATIVAS

As sanções poderão ser aplicadas cumulativamente, pela autoridade administrativa, no âmbito de sua atribuição, inclusive por medida cautelar preparatória ou incidental de procedimento administrativo, sem prejuízo das sanções civis, penais e das definidas em normas específicas.

14.7. ATENUANTES E AGRAVANTES DAS SANÇÕES ADMINISTRATIVAS

As circunstâncias agravantes e atenuantes são elementos que atuam diretamente da gradação da pena.

O Decreto n. 2.181/97 estabelece nos arts. 13, 14, 24, 25 e 26 regras específicas sobre o tema.

Nos arts. 24 e 25 do Decreto n. 2.181/97, o legislador indicou as hipóteses das circunstâncias atenuantes, a saber:

a) a ação do infrator não ter sido fundamental para a consecução do fato;

b) ser o infrator primário; e

c) ter o infrator adotado as providências pertinentes para minimizar ou de imediato reparar os efeitos do ato lesivo.

Já no art. 26 do Decreto n. 2.181/97, o legislador indicou as hipóteses das circunstâncias agravantes, a saber:

a) ser o infrator reincidente;

b) ter o infrator, comprovadamente, cometido a prática infrativa para obter vantagens indevidas;

c) trazer a prática infrativa consequências danosas à saúde ou à segurança do consumidor;

d) deixar o infrator, tendo conhecimento do ato lesivo, de tomar as providências para evitar ou mitigar suas consequências;

e) ter o infrator agido com dolo ou má-fé;

f) ocasionar a prática infrativa dano coletivo ou ter caráter repetitivo;

g) ter a prática infrativa ocorrido em detrimento de menor de 18 anos ou maior de 60 anos ou de pessoas portadoras de deficiência física, mental ou sensorial, interditadas ou não;

h) dissimular-se a natureza ilícita do ato ou atividade;

i) ser a conduta infrativa praticada aproveitando-se o infrator de grave crise econômica ou da condição cultural, social ou econômica da vítima, ou, ainda, por ocasião de calamidade.

14.8. SANÇÕES ADMINISTRATIVAS NA RELAÇÃO DE CONSUMO: REINCIDÊNCIA DAS INFRAÇÕES

O art. 27 do Decreto n. 2.181/97 define a reincidência como a repetição da prática de infração, de qualquer natureza, às normas de defesa do consumidor, que tenha sido punida por decisão administrativa com trânsito em julgado.

Não se considerará reincidência se entre a data da decisão administrativa definitiva que gerou a punição anterior e a data da prática posterior houver decorrido prazo superior a cinco anos.

Pendendo ação judicial na qual se discuta a imposição de penalidade administrativa, não haverá reincidência até o trânsito em julgado da sentença.

14.9. SANÇÕES ADMINISTRATIVAS NA RELAÇÃO DE CONSUMO: PROCEDIMENTO

Salvo nos casos de medida cautelar preparatória ou antecedente, as sanções serão aplicadas somente após a instauração e julgamento de procedimento administrativo, em que serão garantidos os princípios constitucionais do devido processo legal, ampla defesa e contraditório, sob pena de nulidade da sanção aplicada.

O procedimento administrativo pode ser instaurado mediante ato escrito da autoridade competente, lavratura de auto de infração ou reclamação apresentada por consumidor, que não pode ser anônima.

15.
Tutela Penal do Consumidor

15.1. ASPECTOS GERAIS

A tutela penal do consumidor não se resume aos delitos tratados no CDC, conforme se vê do enunciado do art. 61.

Os tipos penais existentes não excluem outros presentes na legislação penal ordinária (Código Penal), que traz inúmeras hipóteses de crimes de consumo próprios e impróprios (conceituados adiante), dentre eles, por exemplo:

a) art. 171 (estelionato);

b) art. 175 (fraude no comércio);

c) art. 177 (fraudes e abusos na fundação ou administração de sociedades por ações);

d) art. 271 (corrupção ou poluição de água potável);

e) art. 272 (falsificar, corromper, adulterar ou alterar substância ou produtos alimentícios);

f) art. 273 (falsificar, corromper, adulterar ou alterar produto destinado a fins terapêuticos ou medicinais);

g) art. 274 (empregar, na fabricação de produto destinado a consumo, de revestimento, gaseificação artificial, matéria corante, substância aromática, antisséptica, conservadora ou qualquer outra não expressamente permitida pela legislação sanitária);

h) art. 275 (inculcar, em invólucro ou recipiente de produtos alimentícios, terapêuticos ou medicinais, a existência de substância que não se encontra em seu conteúdo ou que nele existe em quantidade menor que a mencionada);

i) art. 277 (vender, expor à venda, ter em depósito ou ceder substância destinada à falsificação de produtos alimentícios, terapêuticos ou medicinais);

j) art. 278 (fabricar, vender, expor à venda, ter em depósito para vender ou, de qualquer forma, entregar a consumo coisa ou substância nociva à saúde, ainda que não destinada à alimentação ou a fim medicinal);

k) art. 280 (fornecer substância medicinal em desacordo com receita médica);

l) art. 282 (exercício ilegal da medicina, arte dentária ou farmacêutica).

A legislação especial também traz, por seu turno, tipos penais que defendem direta e indiretamente as relações de consumo, tais como:

a) Lei n. 1.521/51 – crimes contra a economia popular;

b) Lei n. 7.492/86 – crimes contra o Sistema Financeiro Nacional;

c) Lei n. 8.137/90 – crimes contra a ordem tributária, econômica e contra as relações de consumo;

d) Lei n. 8.176/91 – crimes contra a ordem econômica e cria o Sistema de Estoques de Combustíveis;

e) Lei n. 10.741/2003 – Estatuto do Idoso, dentre outras.

O Estatuto Consumerista tipificou 12 condutas, previstas nos arts. 63 a 74 do CDC.

Ao tipificar condutas criminais específicas, o legislador buscou salvaguardar a relação de consumo, em primeira análise, além dos direitos fundamentais onde ela tem origem, tais como vida, saúde, patrimônio e honra.

Importante ressaltar que as normas previstas na tutela penal do consumidor têm caráter subsidiário, ou seja, serão admitidas quando não houver outra norma penal incriminadora, tratando do mesmo assunto, com pena de maior gravidade.

15.2. CARACTERÍSTICAS

São características dos crimes contra as relações de consumo:

a) Crimes de perigo abstrato: basta a ação ou a omissão do fornecedor para a ocorrência do delito.

Independe da existência de efetivo dano ao consumidor, ou seja, se considera efetivado o delito com a simples prática da conduta, desobrigada a efetivação do resultado naturalístico.

A título de exemplo, podemos citar: a venda de produto com prazo de validade vencido; omissão de dizeres ou sinais ostensivos acerca da nocividade ou periculosidade de produtos; deixar de comunicar à autoridade competente e aos consumidores a nocividade ou periculosidade de produtos cujo conhecimento seja posterior à sua colocação no mercado etc.

b) Crimes de menor potencial ofensivo: os tipos penais do CDC cominam pena não superior a dois anos, por isso são passíveis dos benefícios da transação penal e do *sursis* processual – suspensão condicional do processo, sujeitos à Lei n. 9.099/95, quando de âmbito estadual, e à Lei n. 10.259/2001, quando de âmbito federal, inclusive no que tange à necessidade de registro de termo circunstanciado de ocorrência.

O procedimento no Juizado Especial Criminal deverá se iniciar com a realização de audiência preliminar, a qual iniciará com a proposta de composição civil entre as partes e, caso seja aceita, deverá ser homologada pela autoridade judiciária competente (art. 74 da Lei n. 9.099/95).

Não ocorrendo a composição civil, o Ministério Público poderá propor a transação penal, que, caso seja rejeitada pelo sujeito ativo do delito, permitirá o oferecimento oral da denúncia, dando início ao procedimento sumaríssimo (art. 74, parágrafo único, da Lei n. 9.099/95).

c) Circunstâncias agravantes específicas: no art. 76 do CDC, foram indicadas cinco circunstâncias agravantes para os tipos penais, a saber:

i) serem cometidos em época de grave crise econômica ou por ocasião de calamidade;

ii) ocasionarem grave dano individual ou coletivo;

iii) dissimular-se a natureza ilícita do procedimento;

iv) quando cometidos por servidor público, por pessoa cuja condição econômico-social seja manifestamente superior à da vítima, em detrimento de operário ou rurícola, de menor de 18 anos ou maior de 60 ou de pessoas portadoras de deficiência mental;

v) serem praticados em operações que envolvam alimentos, medicamentos ou quaisquer outros produtos ou serviços essenciais.

d) Critérios de fixação de pena pecuniária: prevê também o CDC, no art. 77, a fixação de pena pecuniária, que corresponderá ao mínimo e ao máximo de dias de duração da pena privativa de liberdade cominada aos tipos penais.

Na individualização da pena, deverá ser observado o disposto no art. 60, § 1º, do CP.

e) Penas convencionais e alternativas: além das penas privativas de liberdade e de multa, o CDC estabelece, no art. 78, observados os arts. 44 a 47 do CP, que podem ser impostas cumulativa ou alternativamente a pena de interdição temporária de direitos, a publicação em órgãos de comunicação de grande circulação ou audiência, às expensas do condenado, de notícia sobre os fatos e a condenação e, finalmente, a prestação de serviços à comunidade.

f) Concurso de pessoas: seja na modalidade de coautoria ou na modalidade de participação, permite-se o concurso de pessoas nos crimes contra as relações de consumo, toda vez que concorrer mais de uma pessoa na prática do delito.

A título de exemplo, analisamos que o art. 75 do CDC, reproduzindo a lição do art. 29 do CP, estabelece que além dos que concorrerem diretamente para os crimes descritos no CDC, na exata medida de sua culpabilidade, responderão também o diretor, o administrador ou o gerente da pessoa jurídica que promover, permitir, aprovar o fornecimento, oferta, exposição à venda ou manutenção em depósito de produtos ou a oferta e prestação de serviços nas condições proibidas pelo CDC.

g) Fiança: embora seja raro o uso da fiança nos casos dos crimes de menor potencial ofensivo, que se revela na hipótese do autor não se comprometer a comparecer à audiência preliminar, o CDC prevê hipótese de fixação da fiança.

O CDC não modificou os pressupostos legais para a aplicação da fiança, alterando, somente nos termos do art. 79, os valores da fiança, que deverão ser fixados pelo juiz ou pela autoridade que presidir o inquérito, devendo, ainda, o mesmo valor ser fixado por índice equivalente ao valor entre cem mil e duzentas mil vezes o valor do Bônus do Tesouro Nacional, que foi extinto pela Lei n. 8.177/91.

O próprio art. 79 do CDC deixa clara regra genérica para o aumento em até vinte vezes ou a diminuição em até metade do valor da fiança, sempre tendo em conta a situação econômica do acusado.

h) Assistência e legitimidade processual: os crimes previstos no CDC são de ação penal pública incondicionada.

Contudo, o art. 80 do CDC amplia o princípio da assistência de acusação, previsto nos arts. 268 a 273 do CPP, e permite que possam intervir no processo penal que trate dos crimes e contravenções que envolvam relação de consumo, na qualidade de assistentes do Ministério Público, os seguintes legitimados:

i) entidades e órgãos da Administração Pública, direta ou indireta, ainda que sem personalidade jurídica, especificamente destinados à defesa dos interesses e direitos protegidos pelo CDC; e

ii) as associações legalmente constituídas, há pelo menos um ano e que incluam entre seus fins institucionais a defesa dos interesses e direitos protegidos por esse Código, dispensada a autorização assemblear.

Os legitimados que estão indicados no art. 82, III e IV, do CDC poderão, em caso de inércia do Ministério Público, propor ação penal subsidiária, desde que a denúncia não seja oferecida no prazo legal, ou seja, em 15 dias para réu solto e cinco dias para réu preso.

15.3. CLASSIFICAÇÃO DOS CRIMES NAS RELAÇÕES DE CONSUMO

Os crimes na relação de consumo poderão ser classificados como:

a) Crimes próprios ou diretos: são aqueles que tratam especificamente das relações de consumo.

Previstos no CDC e em alguns tipos específicos do Código Penal, por exemplo, no art. 272 (falsificar, corromper, adulterar ou alterar substância ou produtos alimentícios) e no art. 273 (falsificar, corromper, adulterar ou alterar produto destinado a fins terapêuticos ou medicinais).

b) Crimes impróprios ou indiretos: são os crimes que amparam indiretamente o consumidor.

Não são especificamente crimes de relação de consumo, mas neles se enquadram quando tem como sujeito ativo um fornecedor e como vítima um consumidor ou a coletividade de consumidores.

São classificados por Antonio Herman de Vasconcellos e Benjamin (*Comentários ao Código de Defesa do Consumidor*) como crimes acidentalmente de consumo ou crimes reflexamente de consumo.

Os crimes acidentalmente de consumo são os tipos amplos que, em primeira análise, podem não ser considerados como crimes de consumo, contudo, quando ocorrem em uma relação de consumo, ou ainda, quando tem como sujeito passivo um consumidor individual ou uma coletividade de consumidores, poderão ser considerados crimes de consumo.

Enquadram-se nesse modelo, a título de exemplo, o homicídio culposo praticado pelo enfermeiro que, por negligência, se ausentou do berçário onde se encontrava recém-nascido que veio a falecer em razão de incêndio causado por curto-circuito devido a superaquecimento da incubadora (art. 121, § 3º, do CP); a lesão corporal culposa praticada pelo cabeleireiro que, por imprudência, mantém em seu salão produto com alcalinidade superior à autorizada por lei e, em razão do uso excessivo, provoca queimaduras no couro cabeludo da cliente (art. 129, § 6º, do CP) etc.

Por sua vez, os crimes reflexamente de consumo são aqueles em que a proteção do consumidor e da relação de consumo ocorre por via indireta, a exemplo dos tipos previstos na Lei n. 7.492/86, que trata dos crimes contra o Sistema Financeiro Nacional.

15.4. TIPOS PENAIS ESPECÍFICOS DO CÓDIGO DE DEFESA DO CONSUMIDOR

15.4.1. Omitir dizeres ou sinais ostensivos sobre a nocividade ou periculosidade de produtos ou serviços (art. 63)

Constitui infração contra a relação de consumo, segundo o art. 63 do CDC, omitir dizeres ou sinais ostensivos sobre a nocividade ou periculosidade de produtos, nas embalagens, nos invólucros, recipientes ou publicidade, com pena de detenção de seis meses a dois anos e multa.

O tipo penal guarda estreita relação com a obrigação civil de informar ao consumidor, de maneira ostensiva e adequada, sobre a nocividade e periculosidade de produtos e serviços disponibilizados no mercado de consumo (arts. 9º e 10 do CDC).

Aquele que deixar de alertar, mediante recomendações escritas ostensivas, sobre a periculosidade do serviço a ser prestado, incorrerá nas mesmas penas.

Há previsão de modalidade culposa, sendo a pena de detenção, de um a seis meses, ou multa.

BEM JURÍDICO	Tutela da vida, saúde, segurança e informação do consumidor na relação de consumo.
TIPO OBJETIVO	Omitir dizeres e sinais ostensivos sobre a nocividade ou periculosidade de produtos ou serviços e deixar de informar ao consumidor a respeito da periculosidade de serviços.
TIPO SUBJETIVO	Dolo do agente, ao omitir intencionalmente o alerta sobre a nocividade ou periculosidade de produtos, ou deixar de informar o consumidor sobre eles. Há punição para modalidade culposa no art. 63, § 2º, do CDC, embora parte da doutrina sustente que não é possível a modalidade culposa, por se tratar de crime omissivo puro (João Batista Almeida, *A proteção jurídica do consumidor*, p. 213).
SUJEITO ATIVO	Produto industrializado: fabricante (art. 8º, parágrafo único, do CDC). Produto não industrializado: fornecedores. Serviços: fornecedor de serviço.
SUJEITO PASSIVO	Coletividade de consumidores.

15.4.2. Omissão de comunicação às autoridades competentes (art. 64)

Dispõe o CDC, no seu art. 64, que caracteriza crime contra a relação de consumo deixar de comunicar à autoridade competente e aos consumidores a nocividade ou periculosidade de produtos cujo conhecimento seja posterior à sua colocação no mercado, com pena de detenção de seis meses a dois anos e multa.

Nas mesmas penas incorrerá quem deixar de retirar do mercado, imediatamente, quando determinado pela autoridade competente, os produtos nocivos ou perigosos (art. 64, parágrafo único, do CDC).

Nesse caso, o parágrafo único punirá o fornecedor de produto que deixar de realizar o *recall* por imposição oficial, vale dizer, a retirada do produto nocivo ou perigoso do mercado, quando determinado pela autoridade competente.

BEM JURÍDICO	Tutela da vida, saúde, segurança e informação do consumidor na relação de consumo.
TIPO OBJETIVO	*Omissão* de comunicação à autoridade competente e aos consumidores acerca de nocividade ou periculosidade de produtos.
TIPO SUBJETIVO	Punível a conduta dolosa (dolo direto ou eventual).
SUJEITO ATIVO	Fornecedor de produto.
SUJEITO PASSIVO	Estado e a coletividade de consumidores.

15.4.3. Execução de serviços altamente perigosos (art. 65)

Para o CDC, executar serviço de alto grau de periculosidade, contrariando determinação de autoridade competente, constitui crime punível com detenção de seis meses a dois anos e multa.

Nesse caso, não basta o mero oferecimento do serviço. Será necessária a efetiva execução do serviço para a configuração do delito.

Segundo Herman Benjamin (*Comentários ao Código de Defesa do Consumidor*), são requisitos objetivos do delito:

a) execução de um serviço;

b) alta periculosidade do serviço;

c) existência de uma determinação legal, administrativa ou judicial;

d) desconformidade entre a execução do serviço e o parâmetro legal, administrativo ou judicial fixado.

O tipo legal prevê a aplicação da pena descrita no *caput* desse artigo sem prejuízo de eventual concurso de crimes quanto ao homicídio e a lesões corporais, que deverão ter suas penas aplicadas de modo independente.

BEM JURÍDICO	Tutela da vida, saúde, segurança e integridade física do consumidor na relação de consumo.
TIPO OBJETIVO	*Execução* de um serviço perigoso com a *contrariedade* à determinação de autoridade competente. Crime comissivo, que revela norma penal em branco.
TIPO SUBJETIVO	Dolo simples. Não é prevista a modalidade culposa.
SUJEITO ATIVO	Fornecedor de serviços.
SUJEITO PASSIVO	Coletividade de consumidores e a Administração Pública.

15.4.4. Abusos de publicidade (arts. 66 a 69)

Constitui crime, para o art. 66 do CDC, fazer afirmação falsa ou enganosa, ou omitir informação relevante sobre a natureza, característica, qualidade, quantidade, segurança, desempenho, durabilidade, preço ou garantia de produtos ou serviços.

Trata-se de crime de ação múltipla, também denominado crime de conduta variável, bastando a realização de qualquer ação ou omissão prevista no tipo para a configuração do delito.

A informação de que trata o tipo penal não precisa, necessariamente, ter relação com aspecto publicitário, basta que haja informação enganosa (relacionada ao conteúdo ou forma) ou falsa (que não representam a realidade), por ação ou omissão (desde que sejam relevantes).

O tipo penal se relaciona, no campo da tutela material, com a oferta, prevista nos arts. 30 e 31 do CDC.

A pena aplicada será a detenção de três meses a um ano e multa.

Incorrerá nas mesmas penas quem patrocinar a oferta, sendo certo que, se o crime for culposo, a pena será diminuída para detenção de um a seis meses, com multa alternativa.

BEM JURÍDICO	Tutela o direito de informação e boa-fé na relação de consumo.
TIPO OBJETIVO	Fazer *falsa informação*, fazer *informação enganosa* ou *omitir informação* relevante sobre determinados aspectos do produto ou serviço.
TIPO SUBJETIVO	Puníveis as condutas dolosa e culposa (§ 2º).
SUJEITO ATIVO	Fornecedor, seu preposto ou a agência que proferem afirmação falsa ou enganosa, ou ainda, que omitem informações relevantes sobre produtos ou serviços.
SUJEITO PASSIVO	Coletividade de consumidores.

Também constitui crime, segundo o Estatuto Consumerista (art. 67), fazer ou promover publicidade que sabe ou deveria saber ser enganosa ou abusiva, sujeitando o fornecedor de produto ou de serviço a pena de detenção de três meses a um ano, e multa.

O conceito de publicidade enganosa e abusivo foi trazido pelo art. 37, em seus §§ 1º e 2º, respectivamente.

Será enganosa a publicidade que por ação ou omissão, de forma parcial ou integral, seja capaz de induzir em erro o consumidor a respeito da natureza, características, qualidade, quantidade, propriedades, origem, preço e quaisquer outros dados sobre produtos e serviços.

Por sua vez, para fins criminais, será considerada abusiva a publicidade que provocar a discriminação de qualquer natureza, incitar a violência, explorar o medo ou a superstição, se aproveitar da vulnerabilidade da criança e do idoso e desrespeitar valores ambientais.

Para a configuração da publicidade enganosa e da publicidade abusiva, mesmo no campo penal, será desnecessária a comprovação de dano real, já que o crime é de perigo abstrato.

BEM JURÍDICO	Tutela o direito de informação e de livre escolha do consumidor, bem como a transparência e a boa-fé na relação de consumo.
TIPO OBJETIVO	Fazer ou promover publicidade que sabe ou deveria saber ser enganosa ou abusiva.
TIPO SUBJETIVO	Punível a conduta com dolo direto ou eventual (na análise da expressão "deveria saber")*.
SUJEITO ATIVO	Publicitários e veículos de divulgação (fazer publicidade) e anunciantes/fornecedores do produto ou serviço (promover publicidade).
SUJEITO PASSIVO	Coletividade de consumidores exposta à publicidade.

* A doutrina discute se a expressão "deveria saber" indicaria a possibilidade de punição pela modalidade culposa ou se revelaria, ao seu turno, a hipótese de dolo eventual. Entendemos que o legislador, quando quis se valer da modalidade culposa, a ela se referiu de forma expressa, não cabendo analisar se se trata de mero comportamento culposo equiparado.

Segundo o art. 68 do CDC, configura crime fazer ou promover publicidade que sabe ou deveria saber ser capaz de induzir o consumidor a se comportar de forma prejudicial a sua saúde ou segurança, atribuindo ao autor do delito a pena de detenção de seis a dois anos, com multa.

O fato de induzir o consumidor a se comportar de forma prejudicial ou perigosa à sua saúde ou segurança configura publicidade abusiva, segundo o art. 37, § 2º, do CDC.

O crime é de perigo abstrato e de mera conduta, sendo desnecessária a configuração de dano. Ocorrendo morte ou lesão corporal, haverá concurso de crimes.

BEM JURÍDICO	Tutela da integridade física, saúde e segurança do consumidor.
TIPO OBJETIVO	Fazer ou promover publicidade que sabe ou deveria saber ser capaz de induzir o consumidor a comportar-se de forma prejudicial ou perigosa à sua saúde e segurança.
TIPO SUBJETIVO	Punível a conduta com dolo direto ou eventual (na análise da expressão "deveria saber").

SUJEITO ATIVO	Publicitários e veículos de divulgação (fazer publicidade) e anunciantes/fornecedores do produto ou serviço (promover publicidades).
SUJEITO PASSIVO	Coletividade de consumidores exposta à publicidade.

Ainda no rol dos delitos que punem a publicidade, temos o tipo penal previsto no art. 69 do CDC, que pune quem deixar de organizar dados fáticos, técnicos e científicos que dão base à publicidade, sendo o sujeito ativo passível da pena de detenção de um a seis meses ou multa.

Segundo Herman Benjamin (*Comentários ao Código de Defesa do Consumidor*), o CDC tem como regra, prevista no art. 36, parágrafo único, a expressão: "só digo o que sei e o que posso provar".

Exatamente por isso, o tipo penal do art. 69 do CDC tem sua consumação no momento da veiculação da publicidade, representando crime de mera conduta.

Destaca Herman Benjamim que são fáticos os dados que se relacionam com o cotidiano do consumidor, por exemplo, "o mais barato", "o campeão de vendas", "o mais bem avaliado".

Os dados técnicos são aqueles que se relacionam com modo de funcionamento do produto/serviço e, por fim, são dados científicos aqueles que se fundamentam em estudos científicos, por exemplo, "nova fórmula" ou "fórmula revolucionária" (*Comentários ao Código de Defesa do Consumidor*).

BEM JURÍDICO	Tutela a transparência na relação de consumo, e, de forma indireta, o patrimônio e a saúde do consumidor.
TIPO OBJETIVO	Deixar de arquivar dados fáticos, técnicos e científicos que dão base à publicidade.
TIPO SUBJETIVO	Punível a conduta dolosa.
SUJEITO ATIVO	Fornecedor-anunciante.
SUJEITO PASSIVO	Coletividade de consumidores exposta à publicidade.

15.4.5. Emprego não autorizado de componentes usados (art. 70)

O crime de fraude em assistência técnica é punido pelo CDC. Empregar, na reparação de produtos, peça ou componentes de reposição usados, sem autorização do consumidor também constitui crime, segundo o art. 70, com pena de detenção de três meses a um ano, cumulada com multa.

O tipo penal tem relação direta com a tutela material prevista no art. 21 do CDC.

Vale ressaltar que o tipo abrange o uso indevido tanto de peças usadas, quanto de peças recondicionadas, já que não são consideradas novas.

Havendo autorização expressa do consumidor para a utilização de peças ou componentes de reposição usados, anterior ou posteriormente à realização do serviço, não se configurará o crime.

BEM JURÍDICO	Tutela o direito à informação, à transparência, a boa-fé e o patrimônio do consumidor.
TIPO OBJETIVO	Utilizar peça ou componente de reposição usados, na reparação de produtos, sem expressa e prévia autorização do consumidor.
TIPO SUBJETIVO	Pune-se somente a conduta dolosa.
SUJEITO ATIVO	Fornecedor de serviços.
SUJEITO PASSIVO	Consumidor do serviço.

15.4.6. Cobrança vexatória de dívida

Configura crime contra o consumidor utilizar, na cobrança de dívidas, de ameaça, coação, constrangimento físico ou moral, afirmações falsas, incorretas ou enganosas ou de qualquer outro procedimento que exponha o consumidor, injustificadamente, a ridículo ou interfira em seu trabalho, descanso ou lazer.

A pena prevista no art. 71 do CDC é de detenção, de três meses a um ano, e multa.

A tipificação penal tem suporte na tutela material prevista no art. 42 do CDC, que visa garantir o direito ao consumidor de ser cobrado de forma digna pelo fornecedor do produto ou do serviço.

Para o tipo penal não importa a regularidade ou não da cobrança. O importante é a forma como ela se dá.

Para a configuração do delito é indispensável que a dívida cobrada de forma incorreta tenha uma relação de consumo como origem, sendo desnecessário, todavia, que essa relação exista entre o sujeito ativo do delito (que pode ser um cobrador ou uma empresa de cobrança) e a vítima, bastando que ela se configure entre a vítima e o credor.

BEM JURÍDICO	Tutela a dignidade, a honra, a liberdade pessoal, a privacidade, a paz individual e o exercício do direito do trabalho do consumidor.
TIPO OBJETIVO	Utilizar, quando da cobrança de dívidas, de ameaça, coação, constrangimento físico ou moral, afirmações falsas, incorretas ou enganosas ou de qualquer outro procedimento que exponha o consumidor a ridículo ou interfira em seu trabalho, descanso ou lazer.
TIPO SUBJETIVO	Somente a conduta dolosa é punida.
SUJEITO ATIVO	Quem efetiva a cobrança (pode ou não ser o fornecedor).
SUJEITO PASSIVO	Consumidor inadimplente e toda a coletividade de consumidores*.

* Não somente o consumidor inadimplente será sujeito passivo, já que, na hipótese de indenização pelo dano difuso ou coletivo, o valor pago pelo fornecedor/responsável pela cobrança não será destinado ao consumidor, e sim ao Fundo criado pela Lei n. 7.347/85. Portanto, a coletividade de consumidores também é sujeito passivo do delito.

15.4.7. Impedimento de acesso às informações cadastrais (art. 72)

Para o Estatuto Consumerista, constitui crime impedir ou dificultar o acesso do consumidor às informações que sobre ele constem em cadastros, banco de dados, fichas e registros, segundo o art. 72.

Trata-se de crime de mera conduta, comissivo e doloso. Não se admite a tentativa.

Será punido o autor do delito com detenção, de seis meses a um ano, ou multa.

A tutela material do referido tipo penal se encontra nos arts. 43 a 45 do CDC, dentro do capítulo que trata das práticas comerciais.

O tipo penal pune o impedimento ou o obstáculo de acesso a informações pessoais mantidas em cadastro, sendo certo que, para a jurisprudência (TRF-4ª Reg., HC 200004010224415/RS), a informação prestada de forma oral afasta a incidência do dispositivo.

BEM JURÍDICO	Tutela o direito à informação, que é, sobretudo, garantia constitucional (art. 5º, LXXII).
TIPO OBJETIVO	Impedir ou dificultar o acesso do consumidor às informações que sobre ele constem em cadastros, bancos de dados, fichas e registros.
TIPO SUBJETIVO	Somente a conduta dolosa é punida.
SUJEITO ATIVO	Controlador, administrador, detentor ou manipulador dos dados do consumidor.
SUJEITO PASSIVO	Consumidor vitimado.

15.4.8. Omissão na correção de dados incorretos (art. 73)

Para o art. 73 do Estatuto Consumerista, constitui crime deixar de corrigir imediatamente informação sobre consumidor constante de cadastro, banco de dados, fichas ou registros que sabe ou deveria saber ser inexata, com pena de detenção de um a seis meses ou multa.

A ausência de correção imediata, que encontra respaldo na tutela civil no art. 43, § 3º, do CDC, se configurará quando o arquivista, controlador, administrador, detentor ou manipulador dos dados do consumidor teve ou deveria ter ciência da inexatidão da informação.

Aplica-se aqui o prazo de cinco dias, previsto no § 3º do art. 43, para que se considere consumado o delito.

Trata-se de crime de mera conduta, omisso puro.

BEM JURÍDICO	Tutela o direito à informação, dignidade, imagem, honra e crédito do consumidor.
TIPO OBJETIVO	Deixar de corrigir informação inexata sobre consumidor, em cadastro, bancos de dados, fichas ou registros.
TIPO SUBJETIVO	Pune-se o dolo direto ou eventual.
SUJEITO ATIVO	Arquivista, controlador, administrador, detentor ou manipulador dos dados do consumidor.
SUJEITO PASSIVO	Consumidor vitimado.

15.4.9. Omissão de entrega de termo de garantia (art. 74)

Deixar de entregar ao consumidor o termo de garantia adequadamente preenchido e com especificação clara de seu conteúdo representa crime contra a relação de consumo, previsto no art. 74 do CDC, com pena de detenção de um a seis meses ou multa.

A garantia de que trata o art. 74 do CDC, na face da tutela material, tem fundamento no art. 50 do mesmo Estatuto e é classificada como garantia contratual, já que a garantia legal independe de termo escrito.

As informações sobre o termo de garantia contratual (adequadamente preenchido, como exige o tipo penal) constam no parágrafo único do mencionado dispositivo: tem que ser padronizado; esclarecer de forma adequada, qual a extensão da garantia; esclarecer a forma, o prazo e o lugar onde pode ser exercida e esclarecer se há e quais são os ônus a cargo do consumidor.

Na entrega da garantia, o fornecedor do produto ou serviço (que será o sujeito ativo do delito) terá que entregar o manual de instrução, de instalação e uso do produto em linguagem didática, com ilustrações.

Inexistente o crime se não houver garantia contratual por parte do fornecedor de produto ou serviço.

BEM JURÍDICO	Tutela o direito à informação, à transparência da relação de consumo e o patrimônio do consumidor.
TIPO OBJETIVO	Deixar de entregar termo de garantia contratual ou entregá-lo de forma incorreta*.
TIPO SUBJETIVO	Somente a conduta dolosa é punida.
SUJEITO ATIVO	Fornecedor de produto ou serviço.
SUJEITO PASSIVO	Consumidor.

* O delito só se configurará se o termo de garantia que não for entregue ao consumidor se referir à garantia contratual, já que a garantia legal independe de termo, segundo regra do art. 50 do CDC.

16.
Tutela Processual do Consumidor

16.1. INTRODUÇÃO

A tutela processual coletiva tem origem na década de 1960, com a edição da Lei da Ação Popular – Lei n. 4.717/65 –, que estabelecia, dentre outras questões, a tutela de interesses coletivos em juízo, relacionada especialmente com a obtenção da invalidação de atos ou contratos administrativos ilegais e prejudiciais ao patrimônio público federal, estadual ou municipal, autarquias, paraestatais e subvencionadas com renda pública.

O CPC, datado de 1973, não sistematizou a tutela coletiva, centrando seu objetivo nas lides intersubjetivas.

Em 1985, com a Lei da Ação Civil Pública (Lei da ACP) – Lei n. 7.347 –, a tutela dos direitos coletivos ganhou efetividade, na defesa do meio ambiente, consumidor, bens e direitos de valores artístico, estético, histórico, turístico, paisagístico e urbanístico, além de temas de ordem econômica e economia popular.

Com a Constituição Federal de 1988, a Lei da ACP teve sua competência ampliada, passando a tratar da proteção de interesses difusos e coletivos.

Com o advento do CDC – Lei n. 8.078/90 –, vê-se o delineamento claro dos conceitos de direitos difusos, coletivos e individuais homogêneos, a criação da ação civil coletiva e, ainda, o estabelecimento de tutelas específicas que solucionaram inúmeros problemas anteriormente existentes, tais como as regras especiais para a legitimação processual, ampliação dos efeitos da coisa julgada material, a determinação de competência pelo domicílio do autor, a questão sucumbencial etc.

O consumidor tem duas formas de ter seu direito protegido em juízo pelo CDC: individual e coletivamente.

A defesa individual terá por base as regras processuais do CPC, enquanto a defesa coletiva será regrada pelo Estatuto Consumerista, dentro da tutela processual do consumidor.

Será coletiva a defesa quando tratar de:

a) Interesses ou direitos difusos

São os direitos transindividuais, de natureza indivisível, que tem como titulares pessoas indeterminadas e ligadas por circunstâncias de fato.

Nessa relação jurídica, temos sujeitos de direitos indeterminados e indetermináveis, ou seja, são titulares desse direito os consumidores de uma forma geral, que estão expostos a determinado fato na relação de consumo.

Os direitos são indivisíveis.

Exemplos de circunstâncias de fato: publicidade enganosa ou abusiva; produto ou serviço disponibilizado no mercado de consumo com alto grau de nocividade ou periculosidade serviço disponibilizado no mercado de consumo que acaba por poluir o ar etc.

b) Interesses ou direitos coletivos

São os direitos transindividuais, de natureza indivisível, que tem como titular um grupo, categoria ou classe de pessoas ligadas entre si ou com a parte contrária por uma relação jurídica base (vínculo contratual).

Nessa relação jurídica, os sujeitos são indeterminados, porém determináveis.

Os direitos são indivisíveis. Por exemplo: estudantes de escola privada quando discutem reajustes na mensalidade escolar; usuários de um mesmo fornecedor de energia elétrica, mutuários de um mesmo sistema habitacional, segurados de plano de saúde quando discutem a ilegalidade de cláusulas contratuais etc.

c) Interesses ou direitos individuais homogêneos

São aqueles que decorrem de origem comum (fato único).

Nessa relação, temos mais de um sujeito titular do direito, são todos determinados e os direitos são divisíveis.

Para Bruno Miragem (*Curso de direito do consumidor*), os direitos individuais homogêneos, antes de tudo, são direitos individuais, ou seja, para a defesa deles pela via coletiva se faz necessária a *homogeneidade* e a *origem comum*, que pode ser próxima ou remota.

Trata-se de uma inovação no campo processual introduzida pelo CDC, já a Lei da ACP (Lei n. 7.347/85) previa somente a defesa em juízo dos direitos e interesses difusos e coletivos.

Sob o paradigma da *class action* do direito norte-americano, a defesa dos interesses individuais homogêneos, de forma coletiva, objetiva que vários consumidores, vítimas de um fato único, possam ingressar em juízo, com pedido homogêneo, buscando uma solução uniforme, com eficácia e agilidade.

Exemplo de origem comum: vítimas de um mesmo acidente aéreo, consumidores que adquiriram veículos com um mesmo defeito de série etc.

	INTERESSES DIFUSOS	**INTERESSES COLETIVOS**	**INTERESSES INDIVIDUAIS HOMOGÊNEOS**
TITULARES	Indeterminados e Indetermináveis.	Indeterminados, mas determináveis.	Determinados.
BEM JURÍDICO	Indivisível.	Indivisível.	Divisível.
RELAÇÃO JURÍDICA	Não há relação jurídica, somente circunstâncias de fato.	Há relação jurídica (base) que liga consumidores e fornecedores.	Há um fato comum que vincula os titulares do direito violado.
EXEMPLO	Publicidade de um medicamento emagrecedor milagroso.	Clientes de um mesmo banco.	Veículos produzidos com o mesmo defeito de série.

> **NOTE BEM**
> Um mesmo assunto poderá ter os três interesses vinculados, ou seja, interesses coletivos, interesses difusos e interesses individuais homogêneos.

16.2. LEGITIMIDADE CONCORRENTE (ART. 82)

Além do consumidor interessado, terão *legitimidade concorrente* e *disjuntiva* para propor as ações:

a) o Ministério Público (Federal e Estadual);

b) a União, os Estados, os Municípios e o Distrito Federal;

c) as entidades e os órgãos da Administração Pública, direta ou indireta, ainda que sem personalidade jurídica, especificamente destinados à defesa dos interesses e direitos protegidos pelo CDC;

d) as associações legalmente constituídas há pelo menos um ano (salvo quando haja manifesto interesse social evidenciado pela dimensão ou característica do dano, ou pela relevância do bem jurídico a ser protegido – § 1º do art. 82) e que incluam entre seus fins institucionais a defesa dos interesses e direitos protegidos pelo CDC, dispensada a autorização assemblear.

A legitimidade é concorrente porque todas as pessoas e os órgãos mencionados no art. 82 poderão propor toda e qualquer ação coletiva, em nome próprio, defendendo interesses do consumidor (caso típico de substituição processual ou legitimidade extraordinária – exceção ao art. 6º do CPC), e é disjuntiva, porque cada um dos legitimados poderá, independentemente da autorização de outro, ajuizar a demanda, isoladamente ou em conjunto.

16.3. AÇÃO DE OBRIGAÇÃO DE FAZER OU NÃO FAZER (ART. 84)

Para a efetivação da tutela jurisdicional em favor do consumidor, o CDC, em seu art. 84, no intuito de garantir o cumprimento da obrigação *in natura* e o perecimento de direitos, admite que o juiz confira tutelas específicas (antecipatórias ou definitivas) às partes.

Poderá ainda o juiz, na decisão, fixar *astreintes* (multa diária) ou outras medidas executórias, tais como busca e apreensão, remoção de coisas e pessoas, desfazimento de obra, impedimento de atividade nociva, requisição de força policial etc., que forcem o inadimplente a cumprir a obrigação ou assegurem o resultado efetivo equivalente ao seu cumprimento, como também está previsto nos arts. 461 e 461-A do CPC.

> **ATENÇÃO!**
> Deve ser observada hipótese sumulada pelo STJ, que não permite a fixação de multa cominatória (*astreintes*): "Súmula 372 – Na ação de exibição de documentos, não cabe a aplicação de multa cominatória".

O disposto nos arts. 461 e 461-A do CPC, corroborado pelo art. 84, § 5º, do CDC, representa rol exemplificativo, uma vez que, além das tutelas ali contidas, o juiz poderá fixar outras que entender necessárias para a efetivação da obrigação.

Importante ressaltar que as tutelas específicas podem ser concedidas de ofício pelo juiz, independentemente de requerimento do consumidor.

Se for relevante o fundamento da demanda e houver justificado receio de ineficácia do provimento final, deve o juiz conceder a tutela liminarmente (*inaudita altera parte*) ou após justificação prévia, citado o réu, como típica medida antecipatória de tutela.

Poderá a obrigação ser convertida em perdas e danos nas seguintes hipóteses:

a) se frustrada a tutela específica;

b) se impossível a obtenção do resultado prático equivalente ao adimplemento voluntário; ou

c) se o consumidor preferir.

16.4. AÇÕES COLETIVAS (ART. 87)

As ações coletivas se prestam a discutir direitos coletivos, difusos e individuais homogêneos.

O CDC traz algumas características dessas ações, a saber:

a) não haverá adiantamento de custas, emolumentos, honorários periciais e quaisquer outras despesas;

b) não haverá condenação da associação autora em honorários de advogado, custas e despesas processuais, salvo comprovada a litigância de má-fé;

c) em caso de litigância de má-fé, o juiz poderá condenar, de ofício, a associação autora e os diretores responsáveis pela propositura da ação, que responderão solidariamente pelos honorários advocatícios e pelo décuplo das custas processuais, sem prejuízo da responsabilidade por perdas e danos.

16.5. AÇÕES COLETIVAS: INTERESSES INDIVIDUAIS HOMOGÊNEOS (ARTS. 91 A 100)

16.5.1. Legitimidade

Serão legitimados para propor, em nome próprio e no interesse das vítimas e de seus sucessores (substituição processual – legitimidade extraordinária):

a) Ministério Público;

b) União, Estados, Municípios e Distrito Federal;

c) entidades e órgãos da Administração Pública, direta ou indireta, ainda que sem personalidade jurídica, destinados à defesa dos interesses e direitos do consumidor;

d) associações privadas legalmente constituídas há pelo menos um ano (salvo quando houver manifesto interesse social evidenciado pela dimensão ou característica do dano, ou pela relevância do bem jurídico a ser protegido) e que incluam entre seus fins institucionais a defesa dos interesses e direitos do consumidor.

> **ATENÇÃO!**
> O Ministério Público, quando não for autor, atuará, obrigatoriamente, como fiscal da lei (*custos legis*), nos termos do art. 92 do CC, sob pena de nulidade processual.

16.5.2. Competência

Será competente a Justiça Federal quando a União, entidade autárquica ou empresa pública federal forem interessadas na condição de partes ou intervenientes, sendo residual a competência da Justiça Estadual, nos termos do art. 109, I, da CF.

Em relação ao território, a fixação da competência observa os seguintes critérios:

a) local onde ocorreu ou deva ocorrer o dano, quando de âmbito local;

b) no foro da Capital do Estado ou no do Distrito Federal, para os danos de âmbito nacional ou regional, aplicando-se as regras do CPC aos casos de competência concorrente.

16.5.3. Processamento

Distribuída e admitida a petição inicial, o juiz determinará a publicação de edital no órgão oficial (ou em outro meio de comunicação social, por parte dos órgãos de defesa do consumidor), com a finalidade de permitir ciência aos interessados, a fim de que possam requerer ingresso no processo como litisconsortes.

A ação coletiva será processada pelo rito próprio da modalidade de ação proposta, ou seja, ação civil pública, ação popular, mandado de segurança coletivo, cautelares ou outras ações do CPC.

Nas ações de natureza coletiva, em caso de procedência do pedido, o magistrado proferirá condenação genérica, impondo a tutela condenatória sem a fixação do *quantum* devido aos credores. A sentença, nesse caso, se limita à fixação do *an debeatur*.

A apuração da extensão da obrigação será realizada por meio de liquidação de sentença, nos termos do art. 475-A do CPC, estabelecendo o *quantum debeatur*.

Ressalta-se que a liquidação e o cumprimento da sentença (arts. 475-I e s. do CPC) poderão ser realizados pela vítima ou por seus sucessores, bem como por qualquer um dos legitimados do art. 82 do CDC.

Pode-se proceder a uma liquidação por *artigos* ou por *arbitramento*, regida pelo CPC nos arts. 475-E e 475-C, respectivamente, pelas quais o credor terá a oportunidade de alegar e provar fato novo (dano sofrido e o vínculo jurídico entre este e a sentença condenatória genérica), bem como alcançar o valor e o direito à indenização por meio de perícia.

As vítimas ou os sucessores poderão promover a liquidação da sentença no juízo de seu próprio domicílio, com a apresentação de certidão da sentença condenatória, que deverá informar sobre a ocorrência ou não do trânsito em julgado (art. 98 do CDC).

O cumprimento da sentença poderá ser requerido de forma individual, ou seja, cada credor pleiteará a individualização e a satisfação do seu direito, ou ainda, promovida na forma coletiva, pelos legitimados do art. 82 do CDC.

EXECUÇÃO DE DANOS INDIVIDUAIS		EXECUÇÃO DE DANOS COLETIVOS
Requerida pelas vítimas ou sucessores.	Requeridas pelos legitimados do art. 82.	Execução de indenização para o Fundo (Lei n. 7.347/85) cabível quando não houver habilitações individuais no prazo de um ano. Serão requeridas pelos legitimados coletivos (art. 82 do CDC).
Art. 97 do CDC	Art. 98, *caput*, do CDC	Art. 100 do CDC
Competência do juízo da liquidação da sentença ou do juízo da ação condenatória.	Competência do juízo da ação condenatória.	Competência do juízo da ação condenatória.

A existência de ação coletiva não impede os consumidores de ajuizarem ações individuais com o mesmo objeto, não havendo que se falar em litispendência.

No entanto, caso os consumidores que propuseram ações individuais pretendam se beneficiar dos efeitos da ação coletiva, deverão, no prazo de trinta dias, a contar da ciência nos autos do ajuizamento da ação coletiva, requerer a suspensão do processo individual, nos termos do art. 104 do CDC.

16.5.4. Prazo para habilitação

Decorrido o prazo de um ano sem habilitação de interessados em número compatível com a gravidade do dano, poderão os legitimados do art. 82 promover a liquidação e execução da indenização devida (art. 100 do CDC).

Sendo a liquidação e a execução conduzidas pelos legitimados do art. 82 do CDC, os recursos decorrentes delas serão revertidos em favor do Fundo de Defesa dos Direitos Difusos criado pela Lei n. 7.347/85, com regulamento do Decreto n. 1.306/94 e pela Lei n. 9.008/95 (Fundo Federal de Direitos Difusos).

16.6. AÇÕES DE RESPONSABILIDADE CIVIL: DEFESA INDIVIDUAL (ART. 101)

A ação de responsabilidade civil do fornecedor tem por objetivo impedir a ocorrência de dano e ressarcir civilmente o consumidor, no âmbito individual.

Sobre as ações de responsabilidade, o CDC reconhece a aplicação, no que couber, das normas relativas à tutela coletiva de direitos (arts. 81 a 100).

> **NOTE BEM**
> As principais características que o CDC traz dessas ações são:
> a) a ação também poderá ser proposta no domicílio do autor;
> b) se o réu contratou seguro de responsabilidade, poderá chamar ao processo o segurador, vedada a integração do contraditório pelo Instituto de Resseguros do Brasil;
> c) se o réu foi declarado falido, o administrador judicial será intimado e deverá informar a existência de seguro de responsabilidade.

16.7. COISA JULGADA (ART. 103)

Nas ações coletivas, a coisa julgada tem sistemática processual diferenciada, com a possibilidade de efeitos *erga omnes* ou *ultra partes*, nos moldes do art. 103 do CDC, que impõe efeitos:

> I – *erga omnes*, exceto se o pedido for julgado improcedente por insuficiência de provas, hipótese em que qualquer legitimado poderá intentar outra ação, com idêntico fundamento valendo-se de nova prova, na hipótese do inciso I do parágrafo único do art. 81;
>
> II – *ultra partes*, mas limitadamente ao grupo, categoria ou classe, salvo improcedência por insuficiência de provas, nos termos do inciso anterior, quando se tratar da hipótese prevista no inciso II do parágrafo único do art. 81;
>
> III – *erga omnes*, apenas no caso de procedência do pedido, para beneficiar todas as vítimas e seus sucessores, na hipótese do inciso III do parágrafo único do art. 81.
>
> § 1º Os efeitos da coisa julgada previstos nos incisos I e II não prejudicarão interesses e direitos individuais dos integrantes da coletividade, do grupo, categoria ou classe.
>
> § 2º Na hipótese prevista no inciso III, em caso de improcedência do pedido, os interessados que não tiverem intervindo no processo como litisconsortes poderão propor ação de indenização a título individual.
>
> § 3º Os efeitos da coisa julgada de que cuida o art. 16, combinado com o art. 13 da Lei n. 7.347, de 24 de julho de 1985, não prejudicarão as ações de indenização por danos pessoalmente sofridos, propostas individualmente ou na forma prevista neste código, mas, se procedente o pedido, beneficiarão as vítimas e seus sucessores, que poderão proceder à liquidação e à execução, nos termos dos arts. 96 a 99.

COISA JULGADA MATERIAL
SECUNDUM EVENTUM LITIS

	PROCEDÊNCIA (faz coisa julgada material)		ERGA OMNES
DIREITOS DIFUSOS	IMPROCEDÊNCIA	Por falta de provas (não faz coisa julgada material).	SEM EFICÁCIA Qualquer legitimado do art. 82 poderá ajuizar novamente ação, desde que tenha nova prova.
		Qualquer outro fundamento (faz coisa julgada material).	ERGA OMNES Impede novas ações coletivas, mas não impede ações individuais (art. 103, § 1º).
DIREITOS COLETIVOS	PROCEDÊNCIA (faz coisa julgada material)		ULTRA PARTES (limitadamente ao grupo, categoria ou classe)
	IMPROCEDÊNCIA	Por falta de provas (não faz coisa julgada material).	SEM EFICÁCIA Qualquer legitimado do art. 82 poderá ajuizar novamente ação, desde que tenha nova prova.
		Qualquer outro fundamento (faz coisa julgada material).	ULTRA PARTES Impede novas ações coletivas, mas não impede ações individuais (art. 103, § 1º).
DIREITOS INDIVIDUAIS HOMOGÊNEOS	PROCEDÊNCIA (faz coisa julgada material)		ERGA OMNES (consumidor habilita o crédito na liquidação)
	IMPROCEDÊNCIA (se o consumidor foi litisconsorte)		SEM EFICÁCIA (não poderá ajuizar ação individual)
	IMPROCEDÊNCIA (se o consumidor não foi litisconsorte)		SEM EFICÁCIA (poderá ajuizar ação individual)

17.
Convenção Coletiva de Consumo

17.1. INTRODUÇÃO

O Título V do CDC (arts. 107 e 108) introduz ao direito do consumidor a chamada convenção coletiva de consumo.

Trata-se de uma figura jurídica de enorme desenvolvimento teórico e prático no direito do trabalho, a qual tomou força a partir do século XIX.

Contudo, nas relações de consumo, não teve a mesma repercussão.

Na lição de Hélio Zagheto Gama,

> [a] convenção coletiva de consumo foi inaugurada nos Estados Unidos, quando na década de 60 alguns consumidores da Ford entraram em entendimentos com a fornecedora para conseguir influir nos modelos de automóveis então em fase de concepção e lançamento (*Curso de direito do consumidor*, p. 226).

A convenção coletiva é uma importante forma de negociação coletiva da sociedade contemporânea, a qual permite a solução e a composição de eventuais conflitos nas relações de consumo antes mesmo de sua existência.

Esse instrumento guarda uma identidade de finalidade com o compromisso de ajustamento, este previsto no art. 5º, § 6º, da Lei da ACP, porquanto ambos têm por objeto a regulamentação de determinadas condutas do fornecedor no mercado de consumo.

17.2. CONCEITO E NATUREZA JURÍDICA

As convenções coletivas, segundo Daniel Fink (*Código de Defesa do Consumidor*, p. 768), podem ser definidas como:

> um meio de solução de conflitos coletivos, onde fornecedores e consumidores, por intermédio de suas entidades representativas, estabelecem condições para certos elementos da relação de consumo, de modo a atuarem nos contratos individuais.

São, pois, modalidades de autocomposição de conflitos.

Quanto a sua natureza, as convenções coletivas são diplomas normativos que, embora de origem privada, criam regras dirigidas a normatizar situações *ad futurum*.

Desse modo, inscrevem-se na mesma linha genérica dos negócios jurídicos privados bilaterais ou plurilaterais.

17.3. PARTES E LEGITIMAÇÃO

Estabelece o art. 107 do CDC que as entidades associativas de consumidores e fornecedores, bem como os sindicatos de categorias econômicas, são os sujeitos legitimados para celebrar convenção coletiva.

Trata-se, portanto, de um negócio entre particulares.

Nesse aspecto, as convenções diferem dos compromissos de ajustamento, pois deles deverá constar como uma das partes, necessariamente, um órgão público.

17.4. OBJETO, FORMA E EFICÁCIA

As convenções coletivas terão como objeto, de acordo com o *caput* do art. 107 do CDC, condições relativas a:

a) critérios sobre precificação de produtos ou serviços, incluindo os seus acessórios como regras de atualização monetária e fixação de juros;

b) qualidade dos produtos e serviços;

c) quantidade de produtos e serviços;

d) garantias dos produtos e serviços, inclusive com a determinação de prazos e tipos;

e) regras sobre reclamação de produtos e serviços.

> **NOTE BEM**
> Outras condições também podem ser objeto de uma convenção, desde que o seu conteúdo não afaste ou restrinja de qualquer modo a aplicação das regras do CDC. Entre as condições específicas, é possível a inserção de cláusula arbitral ou convenção de arbitragem, nos termos da Lei n. 9.307/96.

O instrumento da convenção deve ser elaborado por escrito, seja por instrumento público ou particular.

Mas a sua eficácia está condicionada ao registro do instrumento no Cartório de Títulos e Documentos (arts. 127 a 166 da Lei n. 6.015/73).

> **ATENÇÃO**
> A falta do registro não afeta a validade da convenção, contudo, impede a sua aplicação pelos filiados das entidades signatárias a um caso concreto.

17.5. OBRIGATORIEDADE E SANÇÕES

Por tratar-se de um negócio privado, as convenções coletivas obrigam somente os filiados das entidades signatárias (art. 107, § 2º, do CDC).

A obrigatoriedade da convenção se estende, inclusive, aos filiados das entidades signatárias que se desligarem após o seu registro, tendo em vista a aplicação do princípio, comum em direito das obrigações, do *tempus regit actum* (art. 107, § 3º, do CDC).

O descumprimento dos deveres e obrigações estabelecidas nas convenções coletivas de consumo permite à parte prejudicada utilizar-se dos instrumentos processuais para exigir sua pretensão violada, seja por meio de tutela específica no caso de obrigação de fazer ou não fazer ou mediante tutela indenizatória.

Finalmente, cumpre observar que o art. 108 do CDC, vetado pelo Presidente da República, previa a possibilidade de as partes signatárias fixarem sanções em caso de descumprimento das disposições da convenção coletiva, inclusive para fins de imposição de penalidades administrativas pela autoridade competente.

O veto derrubou essa forma de executoriedade das sanções, contudo, não retirou a possibilidade da eleição de determinadas sanções, em razão do princípio da autonomia privada que rege qualquer negócio entre particulares, as quais deverão ser exigidas judicialmente.

Referências

AGUIAR Dias, José de. *Cláusula de não indenizar*. 3. ed. Rio de Janeiro: Forense, 1955.

ALEXY, Robert. *Teoria dos direitos fundamentais*. São Paulo: Malheiros, 2008.

AMARAL, Luiz Otavio de Oliveira. *Teoria geral do direito do consumidor*. São Paulo: Revista dos Tribunais, 2010.

ANDRADE, Manuel Domingues de. *Teoria geral da relação jurídica*. V. I (Sujeitos e Objecto). Coimbra: Almedina, 1997.

ANDRADE, Ronaldo Alves. *Curso de direito do consumidor*. Barueri: Manole, 2006.

ARENDT, Hannah. *A condição humana*. 10. ed. Rio de Janeiro: Forense Universitária, 2000.

BANDEIRA DE MELLO, Celso Antônio. *Curso de direito administrativo*. 16. ed. São Paulo: Malheiros, 2003.

BAUMAN, Zygmunt. *Globalização:* as consequências humanas. Rio de Janeiro: Jorge Zahar, 1999.

BENJAMIN, Antonio Herman de Vasconcellos e. *Código Brasileiro de Defesa do Consumidor:* comentado pelos autores do anteprojeto. Ada Pellegrini Grinover [et al.]. 7. ed. Rio de Janeiro: Forense Universitária, 2001.

CARVALHO FILHO, José dos Santos. *Manual de direito administrativo*. 21. ed. Rio de Janeiro: Lumen Juris, 2009.

CAVALIERI FILHO, Sergio. *Programa de direito do consumidor*. São Paulo: Atlas, 2008.

COELHO, Fábio Ulhoa. *Manual de direito comercial*. 20. ed. São Paulo: Saraiva, 2008.

COELHO, Fábio Ulhoa. *O empresário e os direitos do consumidor: o cálculo empresarial na interpretação do Código de Defesa do Consumidor*. São Paulo: Saraiva, 1994.

COMPARATO, Fábio Konder. A proteção do consumidor: importante capítulo do direito econômico. *Revista de Direito Mercantil – Industrial, Econômico e Financeiro*, v. 77, p. 27. São Paulo: RT, 1974.

COSTA JUNIOR, Paulo José da. *Crimes contra o consumidor*. 2. ed. São Paulo: Atlas, 2008.

DE LUCCA, Newton. *Direito do consumidor – Teoria geral da relação jurídica de consumo*. 2. ed. São Paulo: Quartier Latin, 2008.

DENSA, Roberta. *Direito do consumidor*. 2. ed. São Paulo: Atlas, 2006.

EPSTEIN, David; NICKLES, Steven. *Consumer Law*. 2. ed. Eagan: West Publishing Co., 1990.

FACHIN, Luiz Edson. *Estatuto jurídico do patrimônio mínimo*. Rio de Janeiro: Renovar, 2001.

FELLOUS, Beyla Esther. *Proteção do consumidor no Mercosul e na União Europeia*. São Paulo: Revista dos Tribunais, 2003.

FILOMENO, José Geraldo Brito. *Curso fundamental de direito do consumidor*. São Paulo: Atlas, 2007.

GAGLIANO, Pablo Stolze; PAMPLONA FILHO, Rodolfo. *Novo curso de direito civil*, v. I. São Paulo: Saraiva, 2004.

GAMA, Hélio Zagheto. *Curso de direito do consumidor*. Rio de Janeiro: Forense, 2006.

GIANCOLI, Brunno Pandori. *O superendividamento do consumidor como hipótese de revisão dos contratos de crédito*. Porto Alegre: Verbo Jurídico, 2008.

GIGLIO, Ernesto Michelangelo. *O comportamento do consumidor*. 3. ed. São Paulo: Pioneira Thomson Learning, 2005.

LISBOA, Roberto Senise. *Responsabilidade civil nas relações de consumo*. Tese (Doutorado) – Faculdade de Direito da Universidade de São Paulo, São Paulo, 2000.

LÔBO, Paulo Luiz Netto. Responsabilidade civil dos profissionais liberais e o ônus da prova. *Revista Ajuris*, v. 2, mar., p. 541. Ed. Especial. Porto Alegre: Ajuris, 1998.

LOPES, José Reinaldo de Lima. *Responsabilidade civil do fabricante e a defesa do consumidor*. São Paulo: Revista dos Tribunais, 1992.

MARQUES, Claudia Lima. *Contratos no Código de Defesa do Consumidor*. 5. ed. São Paulo: Revista dos Tribunais, 2005.

MARQUES, Claudia Lima; BENJAMIN, Antonio Herman de Vasconcellos e; MIRAGEM, Bruno. *Comentários ao Código de Defesa do Consumidor*. 2. ed. rev., atual. e ampl. São Paulo: Revista dos Tribunais, 2006.

MELLO, Munhoz de. *Princípios constitucionais de direito administrativo sancionador*. Dissertação (Mestrado) – Pontifícia Universidade Católica de São Paulo, São Paulo, 2004.

MENDES, Gilmar Ferreira; COELHO, Inocêncio Mártires; BRANCO, Paulo Gustavo Gonet. *Curso de direito constitucional*. 4. ed. São Paulo: Saraiva, 2009.

MENEZES CORDEIRO, António. *Tratado de direito civil português*. 3. ed. Coimbra: Almedina, 2001.

MIRAGEM, Bruno. *Direito do consumidor:* fundamentos do direito do consumidor; direito material e processual do consumidor; proteção administrativa do consumidor, direito penal do consumidor. São Paulo: Revista dos Tribunais, 2008.

MORAES, Paulo Valério Dal Pai. *Código de Defesa do Consumidor:* o princípio da vulnerabilidade. 3. ed. Porto Alegre: Livraria do Advogado, 2009.

NERY JR., Nelson. Processo civil no Código de Defesa do Consumidor. *Revista de Processo*, v. 61, jan.-mar., p. 27. São Paulo: RT, 1991.

NISHIYAMA, Adolfo Mamoru; DENSA, Roberta. A proteção dos consumidores hipervulneráveis: os portadores de deficiência, os idosos, as crianças e os adolescentes. *Revista de Direito do Consumidor*, v. 76, out.-dez. São Paulo: RT, 2010.

NUNES, Luiz Antonio Rizzatto. *Curso de direito do consumidor*. 2. ed. rev., modif. e atual. São Paulo: Saraiva, 2005.

OSÓRIO, Fabio Medina. *Direito administrativo sancionador*. São Paulo: Revista dos Tribunais, 2000.

RAGAZZI, José Luiz; HONESKO, Raquel Schlommer; HONESKO, Vitor Hugo Nicastro. *Código de Defesa do Consumidor comentado*. São Paulo: Verbatim, [s. d.].

RODRIGUES, Marcelo Abelha. *Sanções administrativas no Código de Defesa do Consumidor*. Salvador: JusPodivm, 2009.

SANSEVERINO, Paulo de Tarso Vieira. *Responsabilidade civil no Código de Defesa do Consumidor e a defesa do fornecedor*. São Paulo: Saraiva, 2002.

SCHMITT, Cristiano Heineck. *Cláusulas abusivas nas relações de consumo*. São Paulo: Revista dos Tribunais, 2006.

SUNDFELD, Carlos Ari. *Direito administrativo ordenador*. São Paulo: Malheiros, 2003.

VIEIRA, Oscar Vilhena. Realinhamento constitucional. In: SUNDFELD, Carlos Ari; VIEIRA, Oscar Vilhena (org.). *Direito global*. São Paulo: Max Limonad, 1999.